戎光祥近代史論集

1

幕末の大阪湾と台場

海防に沸き立つ列島社会

後藤敦史・髙久智広・中西裕樹［編］

戎光祥出版

はじめに――本書のねらいと構成

「台場」と聞いたとき、まず何を思い浮かべるであろうか。

東京のお台場を思い浮かべる読者も、多いかもしれない。また、幕末史に詳しい読者であれば、お台場の由来が、幕末の最も有名な事件の一つ、嘉永六年（一八五三）のペリー来航を機に築造された品川台場であることも知っているだろう。台場とは、大砲を据えた砲台のことで、ペリー来航による危機意識の高まりをうけ、海防の強化を目的に江戸湾（現東京湾）の海上に大規模な台場が築かれた。それが、品川台場である。

本書が取り扱う台場もまた、幕末に築造された台場である。しかし、東京の台場ではない。幕末の時代、大阪湾（淀川沿いを含む）に築造された台場群のことである。

群とあるように、単数ではない。一八世紀後半以降、いわゆる「異国船」が日本列島の近海に姿を現すようになった。この状況に、日本国内では危機意識が高まり、海岸防備（海防）の強化が喫緊《きっきん》の政策課題として浮上した。一八世紀末から幕末にかけて、幕府や藩によって日本の各沿岸に台場が築かれた。石垣を組んだ強固な台場から、土嚢《どのう》を積み上げた程度の台場まで、その構造はさまざまだったが、幕末の時代、日本全体では約一〇〇〇基の台場があったといわれている（原剛『幕末海防史の研究』名著出版、一九八八年）。

そして、大阪湾にも台場が築かれている。本書は、大阪湾における海防と、それにともなって築造された台場について、近年の研究成果を踏まえつつ、その歴史的特質を明らかにしていくことを最大の課題とする。近年、大阪湾の海防や台場をめぐって、どのような研究の進展があったのか。また、日本の諸地域のなかで、大阪湾にとくに着目する研究上の意義はどこにあるのか。まずは、これらの点から説明していきたい。

＊　　＊　　＊

大阪湾の台場跡には、国史跡となっているものが少なくない。国史跡に指定された順でいえば、古くは一九二一年（大正一〇）に指定された和田岬《わだみさき》砲台（現神戸市）、翌一九二二年指定の西宮《にしのみや》砲台（現兵庫県西宮市）がある。この二基の台場に比べれば、指定の年としては新しいが、二〇〇六年には、兵庫県淡路市にある徳島藩松帆《まつほ》台場跡が国史跡となった。また翌二〇〇七年には、明石海峡をはさんで松帆台場跡の対岸に位置する明石藩舞子《まいこ》台場跡（現神戸市）が国史跡に指定された。さらに二〇一一年には、淀川沿いに位置する楠葉《くずは》台場跡（現大阪府枚方市）も国史跡となっている（以上、文化庁「国指定文化財等データベース」〈http://kunishitei.bunka.go.jp/bsys/index_pc.html〉参照）。日本のなかでも、ここまで国史跡としての台場跡が密集しているのは、大阪湾をおいてほかにないであろう。もちろん、国史跡でなければ史跡としての価値が低いということではなく、石垣が良好なかたちで残る徳島藩高崎台場跡（現淡路市）や、堺南台場跡（現大阪府堺市）をはじめ、大阪湾には幕末の息吹《いぶき》を感じることのできる台場の遺構が数多く存在する。

このように大阪湾に台場が密集しているのは、幕末の政治状況と密接に関わっている。周知のように、幕末期に政治的な混迷が深まっていくなか、天皇・朝廷の政治的権威がますます上昇し、一八六〇年代には政局の中心が京都に移った。文久三年（一八六三）には、将軍徳川家茂の上洛が挙行される。京都は、天皇と将軍という二つの権力が居並ぶ政治の中心となったのである。

ここに、京都をどう防衛するのか、ということが重要な政治的課題として浮上した。先述の和田岬砲台や西宮砲台は、円筒形の石堡塔《せきほとう》といわれる堅固な構造をした砲台だが、この二基は、現存していない石堡塔の湊川《みなとがわ》砲台および今津《いまづ》砲台とあわせて、文久三年に着工されている。石堡塔は、西洋式の軍事技術を活用した当時最も強固な砲台ともいえるが、そのような台場群が相次いで築造された一八六〇年代の大阪湾は、まさに幕末の国内政局そのものを反映しているといえる。したがって、大阪湾における海防政策の展開をみていくことで、従来とは異なる観点から、幕末の政治的動向を描くことができるのではないか。これが、本書が大阪湾の台場に着目をする第一の理由である。

一方、政局の中心が京都に移ったことで、畿内近国の社会のあり方そのものが大きく変容したということも、見逃すことができない。台場の築造もまた、地域社会に対して大きな影響を与えることとなった。たとえばその築造には、労働力や物資、資金が必要となる。そのため、台場築造予定地の周辺の町や村に、さまざまなかたちで動員がかかったであろう。このような、大阪湾の海防と畿内近国の社会の関係性を検討することで、幕末という時代が、いわゆる歴史上の著名人に限らない、当時を生きたすべての人びとにとってどのような時代だったのか、という点を解明することにもつながるのではないか。これが、幕末の大阪湾に着目する第二の理由である。

以上の政治・社会に関わる大阪湾の海防史研究の有効性は、実は二〇〇〇年代以降の研究の進展をうけ、かつその進展を牽引《けんいん》した研究者たちの提唱によって、幕末・維新史研究において共通の認識になってきたことといえる。

先述の、国史跡となった台場の指定年に注目をすると、大正期の和田岬砲台・西宮砲台を除いて、二〇〇〇年代に集中していることがわかる。このこと自体、大阪湾の台場研究が進んだことを示しているが、その前提には、城郭史研究における台場研究の蓄積があった。日本の歴史のなかで築かれた最も新しい城郭として、幕末の台場が着目され、中～近世城郭史研究の成果を踏まえた台場研究が進められてきたのである。

しかし、城郭史研究や、あるいは台場跡の発掘調査で明らかにされてきた大阪湾の台場に関する成果が、幕末の政治や社会をめぐる研究に反映され、相互に影響し合うようになったのは、二〇〇〇年代でもとくにここ最近のことである。

その先駆けとなったのが、楠葉台場跡の国史跡指定を含む一連の保存活動で中心的な役割を担った馬部隆弘氏の研究である。氏は楠葉台場を軸に、文久～慶応期（主に一八六〇年代）の政治的特質を明らかにし、かつ楠葉台場の築造が周辺の地域社会に与えた影響に関しても、広範な史料調査をもとに精緻《せいち》に描き出した。馬部氏の一連の研究を通じて、幕末に築かれた台場から幕末の政治・社会の動きをみる方法論やその有効性が、学界内で広く共有されるようになったといえる。

楠葉台場をめぐっては、二〇〇九年五月、大阪歴史学会によって現地見学検討会と関連シンポジウムが開催され、その成果は、同年一〇月に刊行された同学会の会誌『ヒストリア』二一七号の特集「幕末京都口の関門―枚方・楠葉台場跡」としてまとめられた。この特集では、楠葉台場を中心にしつつ、大阪湾の海防・台場に関して、さまざまな観点から分析する論考が収録された。『ヒストリア』二一七号の特集は、二〇〇九年時点までの大阪湾の海防・台場研究の、まさに集大成でもあった。

＊　＊　＊

さて、前置きが長くなったが、本書は二〇〇九年の『ヒストリア』の特集を継承しつつ、幕末の大阪湾の海防・台場に関する最新の研究成果をまとめたい、という構想のもと、刊行にいたったものである。

『ヒストリア』自体、それまでの研究をまとめた貴重な成果ではあるが、学術雑誌という性格上、歴史学界の関係者でなければ入手がなかなか難しい。また、二〇一〇年代に入って研究の水準はさらに高まっていったが、それらの成果を総括するようなものはまだ出ていない。このような問題意識から、幕末史研究を中心に、さまざまな分野において第一線で活躍している研究者に声をかけ、本書の企画を進めてきた次第である。以下、本書の内容について、簡単に紹介をしていきたい。

本書は、大きく分けて、総論二本を加えた三部構成となっている。まず総論では、政治の動き、および社会の変化、というそれぞれの観点から幕末期の大阪湾の海防や台場をめぐる研究成果を整理する。

「総論Ⅰ　幕末政治史と大阪湾の台場」（後藤敦史）は、近世後期～幕末にかけての政治と海防をめぐる研究史を概観し、大阪湾に関する海防史研究を整理する。そのうえで、これまでの先学による研究成果を踏まえ、大阪湾からみる幕末政治史の通史的叙述を試みる。本書を読み進めるうえでの、基礎的な政治史的理解を提示する章でもある。続く「総論Ⅱ　畿内・近国の社会と幕末の台場築造」（髙久智広）は、幕末期における大阪湾での台場築造が、畿内近国の地域社会にどのような影響を与えたのか、という点について、近年の研究成果を整理しながら概観する。総論Ⅰに対応するかたちで、社会史的な面からみた、大阪湾の海防・台場の最新かつ基礎的理解が提示されることとなる。

第1部「台場への視点――幕末期大阪湾をめぐる研究の最前線」は、総論で取り扱った政治史と社会史も含め、多様な観点からの検討によって、大阪湾の海防・台場の歴史的意義に関する議論を深める論考から構成されている。Ⅰ「幕末畿内の政治動向――維新変革の道筋」（久住真也）は、将軍の上洛という歴史的事件を中心に、幕末期畿内の政治史的な動向を描く。また、将軍による大阪湾の巡視にも着目し、このいわば政治的パフォーマンスが、同湾の海防に与えた影響についても言及している。幕末期の将軍およびその権力のあり方に迫る、幕末政治史研究の最前線を示す章である。Ⅱ「幕末期畿内の社会状況――大阪湾警衛を中心に」（上田長生）は、海防に関する畿内の村々の負担という観点から、当該期の社会とその特質を論じる。幕藩体制下における領地支配と、海岸線一帯を守る海防と、そしてその負担を課せられる人びとの生活との、相互の矛盾を通して、幕末期の社会状況を構造的に描き出す。Ⅲ「世界の軍事技術史からみた大阪湾の台場」（唐澤靖彦）は、一九世紀中葉における軍事技術の世界的な動向を踏まえ、大阪湾の台場をまさに世界史のなかに位置づけることを試みた章である。大阪湾の台場の研究が、世界史としての広がりをも有することを見事に示す章といえるだろう。

Ⅳ「城館研究と大阪湾岸の台場」（中西裕樹）は、城郭史研究のなかで進められてきた台場研究を振り返りつつ、城郭・城館という観点からみた大阪湾の台場の特質を検討する。この章を通して、大阪湾に限らず、幕末の台場研究全体に城郭史研究のアプローチを採用する重要性や、その課題が明らかとなる。第1部の最後となるⅤ「石材加工からみた大阪湾岸の台場」（高田祐一）は、高度な技術を要する石材加工という観点から、石造建築物としての台場の特質に迫る。現在も残る石垣などの現地調査と、文献史料の分析とを組み合わせることで、幕末期大阪湾の台場の技術史的特質が明らかにされている。

以上の各論を経て、続く第2部「大阪湾台場研究のパイオニア」では、大阪湾の台場研究のまさに先駆者《パイオニア》として、二人の研究者にご登場いただく。

まず、Ⅰ「楠葉台場研究の回顧と展望」（馬部隆弘）は、先にも名前を挙げた馬部氏が、楠葉台場の研究および保存活動の経緯を振り返りながら、今後の台場研究の課題を提起する。市民のために何ができるか、という点を常に心がけながら研究を進めてきた馬部氏の姿勢は、台場に限らず、あらゆる歴史的資料や遺構を後世に伝えていく活動にとって、大きな手がかりを与えてくれるだろう。続くⅡでは、「淡路島における幕末海防築城」（角田誠）を掲載した。角田誠氏は、城郭史研究の立場から、幕末の大阪湾の台場について、数多くの研究成果を学界に提示してきた。しかし、残念ながら角田氏自身は、二〇一四年に急逝された。今回、角田氏のご遺族の了承を得て、角田誠・谷本進編『淡路洲本城』（城郭談話会、一九九五年）に掲載された論考をここに再掲させていただくこととなった。

以上が、本書に収められた論文の概要である。ただし、実は本書の特徴は、単なる学術書という性格にとどまるものではない。続く第3部「大阪湾岸と淀川べりの台場跡」は、大阪湾岸や淀川河川敷に現在も遺構の残る、あるいは遺構は残念ながらないとしても、現地でその歴史を体感することのできる台場跡について、ひとつひとつ、丁寧な解説をほどこしている。これまでの執筆者のほかに、堺台場に関しては、同台場も含めて堺の歴史に造詣《ぞうけい》の深い小林和美氏に、また、和歌山県下の台場に関しては、和歌山城をはじめとして同県の中～近世の歴史的遺構に詳しい新谷和之氏に寄稿いただいた。もちろん、大阪湾の台場のすべてを網羅《もうら》できているわけではないが、各台場の築造の経緯や現状の説明など、ここでは大阪湾の台場に関する事典としての機能を有している。

学術書でもあり、事典でもある、というのは、一冊の本として欲張りすぎたかもしれない。その試みが成功しているのかどうかは、読者の判断に委ねるしかないが、まずは本書を読み進めながら、幕末当時の大阪湾を少しでも体感していただければ幸いである。

二〇一八年七月

編者を代表して　後藤敦史

目次

第3部　大阪湾岸と淀川べりの台場跡

幕末の大阪湾と台場

——海防に沸き立つ列島社会

総論Ⅰ　幕末政治史と大阪湾の台場

後藤敦史

はじめに

一八世紀後半以来、異国船の日本列島への接近・来航が相次ぐなかで、海防強化は幕府にとって最も重要な政策のひとつとなった。そのため、近世後期～幕末に関する歴史研究では、海防に関して多くの研究蓄積がある。そのような状況のなかで、大阪湾の海防、あるいは台場にとくに着目する研究上の意義は、一体どこにあるのだろうか。

この点を明らかにするため、「総論」にあたる本章では、まずは海防史のこれまでの研究成果を概観し、そのなかで大阪湾の海防史研究がどう位置づけられるか、検討したい。続いて、近年の研究成果を踏まえて、幕末政治史の展開と大阪湾における台場の歴史を、相互に関連づけながら検討していく。読者が本書を読み進めるうえで参照となる通史を描き出すことが、ここでのねらいである。そのうえで、大阪湾の海防史研究に関する今後の課題と可能性に関して、考察を加えていく。本章が掲げる課題のなかには、本書中の「各論」で議論が深められることになる点も多々あるが、ここではあえて多様な論点を示すことで、総論としての責を果たすことにしたい。

一、海防史研究のなかの大阪湾

異国船が日本近海に姿を現すようになったのは、大体、一八世紀の後半からである。以来、幕府の主導で海防強化が進められていくが、近代的な意味で「軍事」と「外交」が分離していたわけではなく、異国船が実際に来航した場合にどう対応すべきか、という対外政策も、海防政策と重なっていた。さらに、海防強化は財政とも密接に関わっており、またどの大名をどの海岸に配備するか、どのように大名に藩領の海防強化を促すか、という幕府と藩との関係をめぐる内政問題でもあった。そのため、政治史研究と外交史の研究、あるいは海防史の研究を截然《せつぜん》と区分することは、現実的には非常に困難である。

しかし、逆にいえばそれは、政治史と外交史、海防史が相互に関連づけられながら、研究が進められてきたということでもある。とくに、一八世紀末からペリー来航以前の時期に関しては、藤田覚氏の一連の研究が、海防の問題を政治史・外交史の展開過程に位置づけるうえで、重要な成果をあげたと評価できる(1)。また、一九九〇年以前の研究に限るが、針谷武志氏による研究史の整理を参考にしても、その時点で、海防史の研究が政治史や外交史、あるいは軍事史・経済史・思想史など、多様な分野との接続のなかで多くの成果をあげていたことがわかる(2)。

一方、このような海防史研究の特質を踏まえつつも、あえて「海防」というキーワードのみで先行研究を拾っていくならば、まずは、日本列島全体の海防の状況を網羅《もうら》的にまとめた原剛氏の研究が重要だろう(3)。列島全体を網羅しているがゆえに、いずれの地域の海防を研究する場合にも、必ず参照にされる文献のひとつである。

地域ごとの海防史に関する研究としては、江戸湾の研究がやはり最も多い。一九世紀前半を通じて、幕府が江戸湾防備に重点を置いていたこともあり、さまざまな観点で研究が進められてきた。近年では、品川台場の防備の実態面に関して淺川道夫氏の研究成果を得た[4]。また、同台場の築造の経緯や、その地域社会への影響に関する冨川武史氏の成果も重要である[5]。品川区立品川歴史館によって、品川台場を取り巻く地域社会の動向や、建築史的な観点による研究がまとめられたことも、近年の貴重な成果といえる[6]。

一八世紀末から一九世紀初頭にかけて、ロシアとの緊張の舞台となった蝦夷地《えぞち》に関しても、江戸湾ほどではないにせよ、研究が進められてきた。先にも言及した藤田覚氏の研究のほか、海防も含めて幕府の蝦夷地政策を総合的に論じた菊池勇夫氏の研究や[7]、近年では、蝦夷地の防備にあたった人びとの動向を追った松本あづさ氏の研究を得た[8]。

以上のように、海防に関する研究は、江戸湾ないしは蝦夷地に関して、とくに多くの成果をあげている。また、各自治体史研究の成果とも相まって、諸藩の海防に関する研究が次々と発表されていることも特筆すべきだろう。

しかし一方で、このように各地域の海防史研究が深まったことに鑑《かんが》みれば、原氏の研究のように、日本列島全体の海防をあらためて見渡す視点が必要になってきているといえよう。その点で、近年の上白石実氏の研究は、非常に参考になる[9]。上白石氏は、幕府が海防強化によって何を守りたかったのか、という点に関して、従来実証的な研究がなされてこなかったことを批判し、そもそも海防とは何か、という根源的な問題を提起する。そのうえで、氏は近世初頭までさかのぼって海防の目的を通時的に検討し、外国人と民衆の接触を防ぐ「異国船の隔離」こそが、近世を通じた海防の目的であったと主張する。

ただし、この目的を日本列島全体にあてはめるためには、地域ごとの海防の特質をもう少し丹念に追う作業も必要であろう。また、近世を通じて、一貫して海防の目的が異国船の隔離にあった、という点も、やはり時代ごとの海防の特質をさらに詳細に見ないことには、疑問が残る。

いずれにしても、海防のもつ普遍的な特質を追究したという点で貴重な上白石氏の成果を批判的に継承していくためにも、各地域の海防史研究の成果を総括しながら、日本列島全体の海防を長期的な時間軸でとらえていくことが、今後の重要な課題といえる。

そして、この課題を達成するうえで、大阪湾の海防が重要な鍵となる、というのが本書の立場である。まず、近世の日本列島全体のなかで、大阪湾の海防は、単なる一事例にとどまらず、幕府の政治や外交の特質を知るうえでも重要となる。西国支配の要として幕府が重視した畿内・近国に関しては、これまでさまざまな観点から議論され、幕府の政治支配の特質が解明されてきた(10)。従来、海防に関しては江戸湾の研究に重点が置かれてきたが、江戸と並んで、大阪、さらに京都という重要な都市につながる大阪湾について検討することは、幕府の海防政策、ひいては政治支配の特質の解明にもつながるであろう。

また、幕府が大阪湾の海防をどのような構想で進めたのか、という点の検討もまた、海防史研究の進展のうえで重要である。大阪湾の海防に関しては、藤井甚太郎氏による「京都の警衛としての摂海の防禦。此《これ》が摂海防備源流の本流をなすもの」という表現にあるように、京都、つまり朝廷を守るために強化が進められた、ということが通説となっている(11)。この〈大阪湾防備＝京都警衛〉という構図は、たとえば先述の上白石氏による「異国船の隔離」という海防の目的と、どのように関係しているのだろうか。京都警衛をめぐる幕府の政策構想という問題や、大阪湾と異国船をめぐる問題など、大阪湾の海防史に関しては、幕府の海防政策の特質を考察するうえで重要な論点が少なくない。

にもかかわらず、海防史研究のなかで、実は大阪湾の海防に着目した研究は、先にも言及した原剛氏の研究以降、なかなか進んでこなかった。しかし、二〇〇〇年前後から、大阪湾の海防史の研究は、着実に増えてきている。

まず、大名の動員・配置という観点から、江戸湾との比較も交えて大阪・京都警衛の特質を論じた針谷武志氏の研究は、幕府の大名統制の特質のなかに大阪湾の海防を位置づけた重要な研究といえる(12)。また、淀川河川敷に築造された楠葉《くずは》台場（現枚方市）に着目し、京都警衛と国内の攘夷派対策という、京都守護職、ひいては幕府の台場築造の意図を解明した馬部隆弘氏の研究は(13)、幕末政治史研究との接続により、大阪湾の海防についての議論を大きく前進させた。この馬部氏の成果とあわせて、淀川の右岸に築造された梶原《かじわら》台場に関する中西裕樹氏の研究は(14)、幕府の京都警衛や大阪湾防備の議論をさらに深化させたと評価できる。また、和田岬《わだみさき》砲台など、兵庫に築造された台場から、幕府の畿内近国支配や、大阪湾防備の特質を論じた髙久智広氏の研究も貴重である(15)。

政治史に関しては、針谷氏の成果をうけて、安政期を中心に、大阪・京都の警衛に動員される大名たちの特質を論じた三宅智志氏の研究もある(16)。さらに、大阪湾の海防が人びとの生活に与えた影響については、髙久氏(17)や上田長生氏(18)の成果があげられる。なお、筆者もこれらの諸研究に大きな刺激を受け、政治史的な観点から大阪湾の海防に関して若干の考察を加えてきた(19)。

二〇〇九年には、大阪歴史学会が楠葉台場を中心に大阪湾の台場全体に関して特集を組んでいる(20)。それまでの大阪湾の海防史研究を踏まえた多様な論点が提示され、本書も、同特集で示された成果を参考にしているところが大きい。

以上のように、ここ数年で、大阪湾の海防史研究が大きく進められてきた。一方、これらの成果を幕末史全体のなかに位置づけた時、どのような歴史的展開を描けるだろうか。近年の研究成果を総括するという意味でも、ここで通史をまとめておく作業は重要な意味を持つだろう。以下では、上述の先行研究に大きく依拠しながら、大阪湾の海防に関して、現時点で描くことのできる通史像の提示を試みたい。

二、幕末政治史の展開と大阪湾の海防政策

通史を叙述する場合、際限のない歴史的事実の数々を単に取り上げていくだけでは、体系的な歴史像を描くことはできない。キーワードなど、軸となるものを設定し、その軸を中心に時間的な展開を追うことで、体系だった叙述も比較的容易になるだろう。

そこで、以下では、大阪湾防備の特質と評価されてきた「京都の警衛」という問題を軸に、同湾の海防の展開過程をたどっていくことにしたい。

京都警衛をひとつの軸とした場合、その特質にしたがって、大きく次のように時期を分けることができる。まず、（1）安政元年（一八五四）九月のロシア艦ディアナ号による大阪湾来航事件までの時期。次に、（2）ディアナ号来航事件の後、幕府によって本格的な海防強化の計画が立てられていく時期。その後、（3）安政五年六月の日米修好通商条約の「無勅許調印」と、その結果による朝幕関係の悪化という事態のなかで、大阪湾防備に大きな変化が生じた時期。さらに、（4）文久三年（一八六三）頃から、政局の中心が畿内へと本格的に移っていくなか、大阪湾に次々と台場が築かれていく時期。以下、この四つの時期区分にしたがって、大阪湾防備の展開を見ていきたい。

（1）一九世紀初頭～ディアナ号来航以前

一八世紀末は、異国船の接近が相次いだことで、対外的な危機意識が一挙に高まった時期にあたる。[21] 寛政四年（一七九二）のロシア使節ラクスマン来航や、文化元年（一八〇四）の同国使節レザノフによる通商の要求、さらに通商を拒否したことによる文化三～四年のロシア海軍大尉フヴォストフらによる北方襲撃事件もあり、とくに北方の海防に関する不安が高まっていた。そのため、寛政一一年（一七九九）には東蝦夷地の直轄化、さらに文化四年（一八〇七）には蝦夷地全体が幕領となっている。

しかし、文化一〇年のゴローニン事件の解決を機に、ロシアとの緊張が緩和されてくると、文政四年（一八二一）には蝦夷地が松前藩に返還された。北方の海防をめぐるこの緩和は、江戸湾防備にも共通している。危機意識の強かった時期においては、文化七年以来、白河藩・会津藩という大藩が江戸湾の防備にあたる態勢がとられていた。しかし、それも文政三年から緩和され、浦賀奉行による防備態勢へと移行している。

一八四〇年代に入ると、アヘン戦争（一八四〇～四二年）によって東アジアの国際秩序が大きく変わることになった。日本でも、このアヘン戦争の情報は大きな衝撃をともなって受け止められた。対外的な危機意識が再び高まり、積極的な海防強化が求められるようになったのである。幕府内には、弘化二年（一八四五）以降、海防掛《かいぼうかかり》が設置され、大目付・目付、勘定奉行・勘定吟味役といった要職にある者たちが、海防について評議・上申をおこなう仕組みが整えられた。[22]

ただし、財政難という状況により、全国的な海防強化の実現はなかなか困難で、江戸湾の海防強化が優先的に進められることになった。一方で、たとえば近世初期には重点的に防備が進められた長崎に関して、幕府は嘉永元年

（一八四八）一二月、佐賀藩・福岡藩が計画した台場築造について、幕府による負担を拒否している。[23]どの海の防備を重点的・優先的に進めるか、という点も、幕府にとって重要な政治的選択だった。

以上のように、一八世紀末以降の歴史過程を概観すると、幕府の海防政策には、時間的な変遷があったことがわかる。対外的な危機意識の強い時期には、海防強化が積極的に推進されるが、危機意識が緩和されると、海防強化の政策上の優先度は低くなる。

この幕府の海防政策の特質を踏まえ、大阪湾防備の展開を確認していきたい。史料の不足もあって、詳細は分からないが、幕府にとって海防強化が重要課題となるなかで、大阪湾の防備も強化が図られたようである。文化六年（一八〇九）には、異変が生じたときに尼崎藩・高槻藩・岸和田藩がそれぞれ摂津国・和泉国の海岸に出兵する態勢が整えられた。また、その翌年には狭山《さやま》藩も加わり、さらに文政八年（一八二五）から同九年にかけて、明石藩・姫路藩・麻田藩・伯太《はかた》藩・三田藩も出兵することになった。

しかし、このような諸藩による出兵の態勢は、幕府の危機意識の緩和や、そもそも大阪湾に異国船が来航することがなかったため、その後、実態を失ったようである。この文化・文政期の出兵態勢は、当時の史料から確認できるわけではなく、幕末の安政元年（一八五四）に大阪の代官たちが調査をした結果から判明したことである。[24]この出兵態勢を調査によって初めて知った代官たちは、たとえこれらの藩による出兵が実現したとしても、各藩の出兵場所も不明瞭で、有効な防備はできない、と主張している。

この代官たちの調査は、大坂城代土屋寅直《ともなお》からの大阪湾防備に関する諮問《しもん》に答えたものである。前年の嘉永六年に、幕府はペリー来航という大きな危機を迎えていた。江戸湾で生じた事態に強い危機意識を抱いた土屋は、西国警衛を担う大坂城代として、大阪湾についても積極的に海防強化を進めていかなければならない、と考えた。彼は代官たちや、また大坂町奉行にも意見を諮《はか》ったうえで、安政元年二月、江戸の老中たちに同湾強化を求める上申書を提出したのである。[25]

その際、土屋は大阪湾が多くの廻船が行き交う「海内無類《かいだいむるい》の要津《ようしん》」にあたると同時に、「当地警衛の儀は、則《すなわち》京都表の御守護」であるとも述べている。大阪湾が日本列島の経済の中心であるとともに、同湾防備が京都、つまり朝廷の警衛につながることを強調し、それを根拠として、大阪湾の海防強化の必要性を主張したのである。

しかし、〈大阪湾防備＝京都警衛〉という認識は、まだ江戸の幕閣中枢では共有されていなかった。土屋の上申書をうけて江戸でおこなわれた評議にて、たとえば評定所一座は、同年八月の上申書で大阪湾防備の必要を事実上否定する意見を述べている。彼らは江戸湾と大阪湾の違いについて、「江戸近海え渡来いたし候旨趣は、御居城程近の処え附込、彼方志願御許容の有無によりては、進退を決候抔《など》、虚喝《きょかく》いたし候に都合宜敷《よろしき》故に付、大坂近海え渡来いたし候ハ、江戸近海とは自《おのずか》ら緩急の差別」がある、と述べている。[26] 異国船が江戸湾に来航するのは、江戸城が近く、その要求の許容の有無によっては進退を決するなど、威嚇をするのに都合がいいからであり、大阪近海に来航するとしても、江戸近海とは「緩急の差別」がある、という。遠回しな言い方ではあるが、要は、異国船は江戸湾に来航するものであって、大阪湾には来ない、ということである。

この上申が、ディアナ号の大阪湾来航事件が生じた安政元年九月一八日の直前であることに注目しておきたい。結局、大坂在勤の者たちの大阪湾防備強化の要請にもかかわらず、幕府全体でみれば、同湾防備に関して具体的な行動がとられないまま、ディアナ号来航を迎える。その背景には、異国船は大阪湾には来ない、という先入観があった。

（2）ディアナ号来航〜安政五年六月

そもそも、なぜロシアの軍艦が大阪湾に来航したのか。ディアナ号来航後の大阪湾防備の特質を見ていく前に、まずはこの点について確認しておきたい(27)。

当時、日本との条約締結に向けて交渉を進めていたロシアは、世界史的には、クリミア戦争（一八五三〜五六年）という状況下にあった。この戦争で、ロシアはイギリス・フランスと交戦しており、日本で交渉をおこなっていた使節プチャーチンは、極東海域でイギリス・フランスの連合艦隊に遭遇することを避けなければならなかった。日本との交渉を早期にまとめたいプチャーチンではあったが、拙速になってはならず、交渉に関してどのようにロシア側が主導権を握ることができるか、考えていた。その結果、プチャーチンは「大胆な第一歩を踏み出す決意を固めた」という。その「決意」とは、「日本の中心部へ直航《ちょっこう》してそのもっとも敏感な神経にふれようという」ことで、「日本人たちは、この閉ざされた聖域に、不意に異国人が現われたことに恐れおののき、早々にこちらの提案条件に応じるであろうと予測」したという(28)。つまり、プチャーチンは京都に近い大阪湾に行くことで、日本との交渉を早期に、かつ有利に終わらせる、という構想を抱き、ディアナ号に乗じて同湾に進入していったのである。

結果的には、交渉が期待通りに進むことはなく、ディアナ号は一〇月三日、天保山沖を抜錨《ばつびょう》し、幕府側の交渉の指定地である下田へと向かった。その下田で交渉がまとまり、日露和親条約が締結されたのは、安政元年一二月二一日のことである。

しかし、異国船は来ないだろうと予想していた大阪湾に、ロシアの軍艦が突如進入してきた事件は、幕府や藩、あるいは朝廷に大きな衝撃を与えることになった。

ディアナ号来航から五日後の九月二三日、有力な神社・寺院（「七社七寺」）に対し、「醜類《しゅうるい》」（ロシア艦）の速やかな退散と「天下泰平」を祈祷《きとう》するように、との孝明天皇の意思が伝えられている(29)。それ以前から、天皇は異国船の頻繁な来航に、何度も同様の祈祷を指示しているが、京都に近い大阪湾に「醜類」が姿を現したという事態に、それまでにない強い危機意識を抱いたことだろう。

このように、天皇が不安の意を表明している以上、幕府としては、京都の警衛をそのままにしておくわけにはいかなかった。一一月九日、幕府は京都所司代脇坂安宅《やすおり》を通じて、朝廷に対し、京都と大阪湾の早急の防備強化を約束している(30)。

この約束にしたがって、早速にも京都と大阪湾の防備の強化が図られた(31)。京都に関しては、安政元年四月から警衛を担っていた彦根藩に加え、一一月一八日、小浜藩と郡山藩が交代で兵を出すことになった。また、篠山藩・淀藩・膳所《ぜぜ》藩・高槻藩には、外国船来航時における京都七口の警衛が命じられている。

さらに、大阪湾に関しては、紀伊藩・徳島藩・明石藩にそれぞれ砲台の築造が命じられた。ただし、これらの三藩は、いずれも幕府の命令の以前から大阪湾の入口を守るために台場の築造を進めていた。ほとんどは簡易なものだったようだが、大阪湾内の台場の多くが一八六〇年代に入っての築造なのに対し、湾の入口にあたる紀淡海峡や明石海峡、また和歌山沖には、五〇年代に築かれた台場跡が少なくない(32)。

いずれにしても、これら一連の経緯からは、朝廷側の不安の高まりという政治的な事態に応じて、すぐに幕府が手を打ったことがわかる。さらに、幕府は直後の一一月一九日、大阪湾のさらなる海防強化を進めるべく、勘定奉行石《いし》

河《こ》政平・目付大久保忠寛・勘定吟味役立田正明の三人に、大阪近海の巡見を命じた。(33)

大阪近海の見分を終えた石河たちにより、安政二年（一八五五）四月、復命書が提出された。(34) この復命書にもとづき、幕府内で同湾の海防に関する評議が進められる。評議の結果、幕府の方針として、安治川・木津川両川口の防備をとくに重視し、安治川口に二基、木津川口に二基の、計四基の台場が築造されることになった。(35)

その築造の場所も含めて、安政二年八月には、勘定奉行川路聖謨《かわじとしあきら》に大阪湾見分が命じられた。(36) 川路による調査結果も踏まえながら、幕府内では、同年一一月頃にはさらなる防備計画が立てられている。老中から大坂城代土屋寅直に伝えられた計画では、大阪表の警衛を津藩、兵庫表の警衛を広島藩・姫路藩、堺表の警衛を郡山藩に委ねるという内容になっている。さらに、大阪・兵庫・堺に幕府の負担で台場を築造し、その完成後には、警衛の諸藩に引き渡すという計画だった。(37) 幕府は、台場の築造と大名による警衛態勢で、大阪湾の防備を固めようと構想していたのである。

しかし、実はその後の経緯を見ると、これらの海防計画が、ほとんど実現していないことがわかる。たとえば、幕府が優先的に取り組もうとした安治川・木津川両川口の台場築造に関しては、確かに安政三年（一八五六）七月には大坂城代の土屋に、同地への西洋式台場の築造の方針が伝えられている。(38) 翌年四月には、安治川口を松江藩が、木津川口を高松藩が防備することになった。(39) しかし、安政五年一一月に大坂城代を辞することになった土屋が、安治川・木津川の台場は築造予定地の「場所替」を検討中、と後任の松平信義に伝えているように、この時点でも台場の築造が進んでいなかったことがわかる。(40)

なぜ、大阪湾の海防強化は計画通りに進められなかったのだろうか。端的にいえば、この時期、朝廷と幕府の関係が安定していたからである。

ディアナ号来航事件を機に、大阪湾防備は、まさに京都の防備として強く意識されるようになった。同艦の来航直前には大阪湾の防備に否定的な見解を示していた評定所一座も、来航直後の一〇月の上申書では、「京地と大坂は唇《しん》歯《し》の地勢」と述べ、京都・大阪の防備を一体のものとして進める必要性を訴えている。[41]

一方で、たとえば大阪湾防備に関して安政二年八月に上申書を出した海防掛の勘定奉行・勘定吟味役が、「御備筋、前後緩急の論は暫《しばらく》差置」いて、同湾の海防強化を進めることで、「京師《けいし》御守衛の御趣意も相立、叡慮《えいりょ》をも安んぜらるべき儀」と述べている。[42]これは、実際に異国船が大阪湾に進入し、攻撃をしてくる可能性や、同湾の防備がどこまで必要か、といった「緩急の論」はともかくとして、「叡慮」を安んずる、つまり天皇を安心させるというところに、防備の重点が置かれていたことを示している。

しかし、逆にいえばそれは、天皇の安心が実現できていれば、海防強化を進める必要も小さくなる、ということでもあった。現に、幕府の防備強化に向けた動きを踏まえ、安政元年一二月には、武家伝奏から幕府に向けて天皇の「御感悦《かんえつ》」と「御安心」が伝えられている。[43]さらに、安政元年四月に焼失した内裏の造営に幕府が尽力したこともあり、この時期、朝廷と幕府の関係は良好を保っていた。[44]このような天皇の「御安心」と良好な朝幕関係は、結果的に、財政難という状況下であえて計画通りに海防強化を推進していく動きに、抑制をかけることになったのである。

（3）安政五年六月以降〜文久改革

しかし、このような良好な朝幕関係が、長く続くことはなかった。安政四年（一八五七）末以降、幕府側とアメリカ総領事タウンゼント・ハリスとのあいだで、日米修好通商条約に向けた交渉が進むなか、幕府は朝廷に対してその調印の勅許を求めていく。しかし、朝廷内では、通商条約の調印に対して強い不安が生じるようになった。それは、兵庫や大阪といった京都に近い港が開かれるのでは、という危惧《きぐ》と相まって、京都警衛に関する不安にもつながっている。同年一二月二三日には、武家伝奏から京都警衛について、「誠に御手薄」であり、天皇が「御不安心」に思っている旨が伝えられた[45]。

さらに、条約勅許獲得のために上京していた老中堀田正睦《まさよし》に対して、安政五年四月三日、「神宮 并《ならびに》 京師殊更に警衛の儀、就中《なかんずく》武備相整候可然《しかるべき》国持《くにもち》の大藩え早々仰せ付けられ候様」に、との要望が伝えられた[46]。伊勢神宮と京都の防備の強化が求められたが、そこには防備を「国持の大藩」に委ねたい、という具体的な要望もともなっていた。「国持」（国主）とは、加賀藩や薩摩藩など、一国全体を領する外様または家門の大藩である。

この朝廷の要求は、幕府に対し、「誰が京都を守るのか」という問題を突きつけることになった。従来の京都警衛は、家門または譜代大名によって担われており、そこには、その大名たちを率いる徳川家こそが朝廷を守る主体である、という政治的なメッセージ性も含まれていた[47]。しかし、朝廷は「国持」をあえて指定することで、外様大名も含めた国持の大藩による京都警衛を指定してきたのである。それは、幕府による京都警衛そのものに対する不安の表明でもあった。

安政五年六月一九日、幕府は勅許を得られないまま、条約の調印を断行した。この「無勅許」の調印に対して、孝明天皇は「如何体《いかてい》中候とも免《ゆる》し難し、実に以て神州の瑕瑾《かきん》」と述べ、強い憤りを抱いている[48]。朝廷と幕府の関係は決定的に悪化し、また大名たちは幕府に対する批判を強め、幕府の権威が損なわれることとなった。また、朝廷が大きな影響力をともなって政治史の前面に出るようになった。

このような状況のなかで、条約調印から二日後の六月二一日、京都・大阪湾の防備の態勢が大きく変更された(49)。まず、京都に関しては、それまで京都を警衛していた彦根藩に加えて、安治川・木津川口を警衛していた高松藩と松江藩が任じられ、桑名藩と津藩も加わることになった。なお、津藩は非常時の出兵であり、伊勢神宮の警衛もあわせて命じられている。一方、大阪湾に関しては、鳥取藩・岡山藩・土佐藩が大阪表の警衛、長州藩が兵庫表の警衛、そして柳河藩が堺表を警衛することとなった。

この安政五年六月に構築された京都と大阪湾防備の特質を見ると、幕府が朝廷の要望にある程度応じつつ、京都警衛を担うのは幕府であることを何とか示そうという政治的意図を有していたことが推測できる(50)。まず、京都警衛を担うことになった藩は、家門もしくは譜代藩で、その意味では従来通りの防備態勢となっている。つまり、京都警衛は外様大名に委ねることなく、徳川家を中心に警衛する、という態勢である。一方、大阪湾に配置されることになった藩は、国持（柳河藩は准国主）の藩だった。京都の警衛に不安があるとして、朝廷側は「国持の大藩」を要望していたが、幕府は国持大名たちを、京都警衛ではなく、大阪湾防備に動員することで、朝廷の要望との妥協を図ったのである。

なお、京都警衛を命じられた松江藩は、その防備を淀川沿いの八幡《やわた》・山崎で固めることになった(51)。京都と大阪湾を結ぶ淀川にも防備を敷くことで、川をのぼって京都に異国船が来ることを防ぐ、という態勢がとられたのである。実際には異国船が淀川を遡航《そこう》する可能性自体、ほとんど想定されていなかったが、京都―淀川―大阪湾という防備態勢を構築することで、万全の京都警衛を政治的にアピールする意図があった(52)。

大阪湾は、しばらくこの態勢で防備が固められる。しかし、日米修好通商条約をはじめとする、いわゆる安政の五ヵ国条約調印以後の政治的状況は、さらに目まぐるしく動いていく(53)。その間の動向を確認していくと、安政五年四月に大老に就任した井伊直弼は、条約調印に関して、将来的な鎖国への引き戻しを約束することで、朝廷から「氷解」、つまり幕府との和解の言質《げんち》を引き出している。その一方で、いわゆる「安政の大獄」にともなう強権的な政治手法により、井伊は幕府の政治的権威の回復を図った。しかし、万延元年（一八六〇）三月、桜田門外の変で井伊が暗殺されたことで、幕府の権威はさらに失墜する。その後、老中久世広周《くぜひろちか》・安藤信正により、穏健的な政治路線がとられるが、文久二年（一八六二）一月には坂下門外の変で安藤が襲撃されるという事件が生じた。

文久二年四月、薩摩藩主の父である島津久光の兵をともなった上京によって、幕末の政局はさらに動いていく。[54]この久光の働きかけで、勅使大原重徳《しげとみ》が江戸に向かい、将軍上洛などの政治改革を求めることにもなった。幕府はこの勅使下向に先んじて、安政の大獄でしりぞけられていた一橋慶喜や松平春嶽《しゅんがく》たちを復権させた。ここに、文久二年五月以降、文久の改革と称される政治改革が開始されたのである。

（4）文久の改革以後

この改革以後、大阪湾防備の歴史も新たな段階に入ったと評価できる。一連の改革政治のなかで、文久三年（一八六三）二月、将軍徳川家茂《いえもち》が上洛のために江戸を発った。寛永一一年（一六三四）の三代将軍家光以来、二二九年ぶりの将軍上洛である。これ以降、将軍が江戸を離れて長期間畿内に滞在するという政治状況が続くことになる。それは、まさに「幕初以来の将軍・幕府による天皇・朝廷の独占状態の崩壊という危機的状況」に対応した動きだった。[55]

こうした「危機的状況」は、幕府の大阪湾防備のあり方にも大きな影響を与えた。外様の大藩が中央政局に介入し、幕府による朝廷の独占という近世の政治秩序が崩れゆくなかで、幕府は自らこそが朝廷を守る主体であることを、視覚的により明確なかたちで示すため、大規模な台場の築造を含めた大阪湾防備の大幅な刷新に乗り出したのである。

実は、すでに文久二年一二月には、朝廷が在京していた長州藩や鳥取藩、土佐藩など計一二藩に、大阪湾防備について諮問するという事態が生じていた[56]。この諮問に対して、たとえば長州藩は、文久三年三月の建白書において、砲台や堀の増築を含む大阪城・尼崎城・岸和田城の大改修、堺や兵庫の和田岬への台場築造、さらに淀川筋への連続した堡塁《ほうるい》の築造、そして将軍の常時滞京という防備構想を展開している[57]。他藩の建白書と比べ、かなり大規模な構想だが、その根底には、幕府による大阪湾防備の不備を突き、その責任を追及しようという長州藩の意図があったと考えられている[58]。

その一方で、幕府も大阪湾の積極的な防備強化を実現させるべく、文久二年一二月一六日、「摂海御台場御築立御用」として老中格小笠原長行《ながみち》が品川を出発し、大阪湾の見分に向かった[59]。小笠原には、勘定奉行津田正路、外国奉行菊池隆吉、目付松平信敏、そして軍艦奉行並の勝麟太郎（海舟）が随行している。また、現地では大坂町奉行川村修就《ながたか》も調査に加わった。翌文久三年二月一日には、小笠原より、津田、松平、および大坂町奉行の川村と鳥居忠善が「御台場築立御用掛」に任じられ、大阪湾への台場築造が本格的に検討され始める。その検討のなかで、兵庫の和田岬、湊川、西宮、今津、および安治川口の天保山に台場を築造することが決定された。

この計画にしたがって兵庫に築かれた四基の台場は、いずれも堅牢《けんろう》な石造の円筒形をした石堡塔《せきほとう》と呼ばれる構造をしていた。これらの台場のなかで、とくに研究が進んでいるのが和田岬砲台である[60]。和田岬砲台は、文久三年五月に着工され、翌元治元年（一八六四）九月には石堡塔が完成し、その後、外郭や塔内の火薬庫の築造が実施されている[61]。

これらの兵庫の台場は、一九世紀前半を通じて欧米諸国が相次いで築造したマルテロ・タワーを模した構造だった。[62]その特徴は、円筒形をしていることから、三六〇度の砲撃が可能というところにある。それは、砲台の前を通過する異国船だけではなく、陸地を通る国内の敵に対しても砲撃が可能、ということも意味している。堅牢な台場によって、朝廷側が求める攘夷決行に向けた幕府の意志を視覚的に表現できると同時に、長州藩など、国内の敵対勢力に対する軍事的な牽制《けんせい》も意図していたと考えられている。[63]

このように、京都警衛という目的に特化していた一八五〇年代の大阪湾防備の目的を超えて、六〇年代には、異国船から京都を守ることを表向きとしつつ、幕府の軍事力を国内に向けて見せつけることが、台場のひとつの重要な役割となっていた。この点は、馬部隆弘氏によって明らかにされてきた淀川の楠葉台場からもうかがうことができる。[64]

先にも述べたように、淀川を異国船が遡航することは、現実としてはほとんど想定されていなかったが、文久三年三月、会津藩より淀川への台場築造の建白書が幕府に提出された。会津藩主松平容保《かたもり》は、前年の閏八月に京都守護職に任じられている。京都所司代では攘夷派の過激な活動を取り締まることができないなかで、幕府は大きな軍事力をもつ会津藩に期待をかけ、新設の京都守護職に任命して京都の取り締まりを委ねたのである。

文久三年三月の建白以前に、会津藩は京都近辺の調査をおこない、浅瀬の淀川を異国船が遡上して京都に行く可能性は低いと判断していた。にもかかわらず、会津藩はあえて淀川沿いに堅固な台場を築くことを選択した。表向きは朝廷に向けて異国船対策であることをアピールしつつ、往来の激しい京街道を抑えることで、国内の攘夷派を牽制しようと構想したのである。また、楠葉台場は稜《りょう》堡《ほ》式《しき》の堅固な構造で築かれたが、その姿は、京都へ通ずる淀川をおさえることで、朝廷を守衛する主体が、京都守護職、ひいては幕府であるということを目に見えるかたちで表現することが可能であった。

しかし、結果的に見れば、このように幕府が築造した台場群が、その目的や機能をうまく発揮することのないまま、日本は明治維新を迎えていくことになる。元治元年から慶応三年（一八六七）にいたる、さらに混迷さを増していく政治史的展開をここで描くことは、もはや紙幅が許さない。また、この最幕末期の大阪湾防備を、政治史的展開と関連づけながら論じるには、現段階ではまだ研究が不足している。たとえば、文久三年以降、大阪湾の海防を担う藩が頻繁に交代しており、その交代は政治史的動向と関連があった可能性が高い(65)。しかし、具体的にどう関連しているのか、という点は十分に検討が進んでいない。また、元治元年三月に摂海防禦を指揮することになった一橋慶喜の構想が、大阪湾の海防の進展に与えた具体的な影響の度合いも気になる点である。

これらは、まさに今後の幕末史研究全体の課題ともいえるが、それ以外にも、大阪湾の海防史については、さまざまな課題、あるいは可能性というものがある。ここまでの通史的理解を踏まえて、次に今後の研究の課題について、私見を述べていきたい。

三、幕末政治史と大阪湾の海防史をめぐる課題

（1）海防の目的をめぐって

前節では、一九世紀初頭から幕末にいたる政治史の展開と、そのなかでの大阪湾の海防の変遷をたどってきた。あらためて、「京都の警衛」という点から見ると、安政元年（一八五四）のディアナ号来航を機に、京都の警衛という目的が前面に出るようになったことがわかる。しかし、京都の警衛を目的にしていたために、大阪湾の海防は、幕府と

朝廷との関係や、あるいは朝廷をとりまく情勢の変化という政治史的な動向に大きく左右されながら展開していくことになる。一八六〇年代には、異国船対策は実質的には後景に退き、幕府が京都を守るということを政治的にアピールし、かつ国内の敵対勢力を抑止することに重点が置かれるようになった。

このような、異国船対策としての海防から、国内対策としての海防に目的が変化したという点は、たとえば品川台場に関しても指摘がなされている(66)。しかし、大阪湾にしても江戸湾にしても、あるいは他の地域の海にしても、海防の目的が変化する具体的な経緯について、まだ十分な実証研究が積み重ねられているわけではない。

そもそも、一節で紹介した上白石実氏によって、海防とは何か、という根源的な問いが呈示されるまで、海防の目的は、漠然《ばくぜん》と異国船から鎖国を守るということを前提に論じられてきた傾向がある。しかし、たとえば大阪湾の海防では、ディアナ号が来航する以前はそもそも異国船が来ることも想定されていなかった。それでも、一九世紀前半を通じて、海防がまったく施されなかったということでもない。一八世紀末以来、全国的な海防強化が求められるなかで、江戸湾や蝦夷地などの防備強化が優先されるなど、その強化の程度は地域差が大きい。その時々で、あるいは、その地域で、何を目的に海防強化が進められたのか、という点を綿密に検討していくことで、時代を通じた海防の普遍的な特質を、より明確なかたちで浮かび上がらせることも可能となるだろう。

その際、次の諸点に留意しなければならない。まず、幕府以外の、藩による海防の目的も視野に入れるということである。大阪湾に関して、本章でも結局、幕府による海防政策の展開しか追うことができなかった。しかし、たとえば幕府はディアナ号来航を契機に大阪湾防備を本格的に構想することとなったが、それ以前から、紀伊藩や明石藩、徳島藩は台場の築造に着手していた。海岸をもつ藩が、異国船来航の可能性をどう想定し、どのような目的で台場を築いたのか、という点が明らかにできれば、幕府の海防政策の特質を相対化しつつ、日本列島全体の海防を総合的に分析することにもつながるだろう。

また、大阪湾の海防史を研究する場合、ひとくちに幕府といっても、その政治機構の特質を踏まえた議論を心掛けなければならない。近年、小倉宗氏が詳細に解明しつつある江戸に対する上方の独自性にも留意した政治史的分析がますます重要である(67)。

この点に関わって、堺北台場について言及しておきたい。大阪湾内で築造された台場のなかで、幕府が最初に築いたのは、堺北台場である。ディアナ号の来航以前か以後かは不明だが、安政元年中には着工され、翌年には完成していたようである(68)。兵庫の台場や、天保山の台場が、文久三年以降に着工されたのと比べると、かなり早い段階で築造されていたことがわかる。

ただし、幕府といっても、実質的には堺奉行が主体となって構想し、築造をおこなっている。史料で確認できる限り、最初に堺の海防強化を提唱したのは、嘉永六年(一八五三)当時、堺奉行を勤めていた川村修就である。川村は同年一二月に出した上申書で、堺が「大坂表初、諸湊、瀬戸内海えの海路」につながる大阪湾内の要地であるにもかかわらず、防禦が整っていないと指摘する。そのうえで、川村は堺が「一都会の地」で、かつ「奉行所をも建て置かれ候場所」であるため、防備を整えなければならないと訴えた(69)。

川村は、必ずしも台場の築造を提唱しているわけではなく、大名による出兵の態勢を整えたいと主張しているのだが、奉行所のある幕府の直轄地で、防備が手薄という状況は不都合、という点は、江戸の幕閣内でもある程度共有されたようである。先にも引用した安政二年八月の上申書で、海防掛勘定奉行・勘定吟味役は堺について、「遠浅にて異船渡来は先《ま》づこれ有る間敷《まじく》」と述べる。しかし、一方で、「奉行差し置かれ候場所へ虚飾を構《かまえ》候ては、近領の響にも相成、万一異船渡来の節は、都《すべ》て御国威をも落し候間、堺御備向の義は追ての御沙汰」を下すべき、と主張する。[70] つまり、彼らは堺に異国船が接近する危険性については否定しつつも、万一、異国船が大阪湾内に渡来した場合、直轄地が手薄では近隣の大名たちに示しがつかず、「御国威」を落としてしまうというのである。

その後、堺の港口の北側に、「土手形」の台場が築かれたということが、安政四年閏五月の堺奉行関行篤の上申書から判明する。[71] なお、この上申書によれば、現在の大浜公園（堺市堺区）にあった堺南台場も、その時点で「追々最《おいおいも》早出来《はやしゅったい》」という状況だったようだが、詳細はわからない。いずれにしても、堺奉行が主体となって、一八五〇年代に台場の築造が進められていったことがわかるだろう。

ここで堺北台場の事例を取り上げたのは、「京都の警衛」という大阪湾防備の目的そのものに関しても、より精緻《せいち》な検証をおこなう必要があることを示すためである。堺の海防強化を訴えた川村の意見書からは、京都の警衛という観点は確認できない。それよりも、奉行所を置く堺に異国船が現れた場合の、幕府の権威の失墜を危惧していた。この危惧は、幕閣内でも共有されていたと考えられる。

ディアナ号来航以前から、大坂城代土屋寅直が京都警衛をひとつの理由に大阪湾防備の必要を訴えていたことを二節で確認した。しかし、土屋以外の大坂在勤の譜代大名や幕臣たち、あるいは警衛を担うことになった諸藩は、同湾の海防強化で何を最も重要な目的と認識していたのだろうか。また、それは江戸の幕閣中枢の同湾防備をめぐる構想にどのような影響を与えたのだろうか。この点を検討することは、大阪湾防備の目的、さらには幕府の海防政策全体の目的を再検討することにもつながるであろう。

（2）さらなる史料の「発見」

研究を進めていくためには、その前提となる一次史料のさらなる「発見」も非常に重要な課題である。大阪湾の台場には、築造の具体的な経緯も、着工や完成した年月さえも不明なものが少なくない。たとえば、文久三年（一八六三）中に築造が開始されたと思われる天保山台場についても、具体的な着工の時期と完成の時期はよくわかっていない[72]。これらの特定は、地道に史料の調査を進めていくしかないだろう。地域にまだ眠っていると思われる史料のさらなる調査が期待されるところである。

その点で、枚方など地域に残る史料を精力的に収集し、さらに絵図や、城郭研究で培《つちか》われた縄張り調査の手法を駆使して、楠葉台場について多くのことを明らかにした馬部隆弘氏の手法は、非常に参考となる。また、近年では高田祐一氏が兵庫の和田岬砲台に用いられた石材に着目して同砲台に関する考察を加えている[73]。考古学的な発掘成果なども含めて、文献資料に限らないアプローチを積極的に取り入れていくことが重要だろう。

また、海外の史料にも積極的に目を向けるべきである。幕末という時代は、欧米諸国を中心に、多くの外国人が日本を訪れるようになった時代でもある。大阪やその近辺を訪問した者が書き残した史料は、海防史研究にとっても大きな手がかりとなるだろう。

たとえば、大阪湾を訪れた外国人の史料は、外国側が同湾をどう見ていたのか、という点を解明することにもつながる。安政元年（一八五四）九月に大阪湾に来航したディアナ号に乗艦し、同湾の測量をおこなったロシア海軍中尉ヨールキンの航海記が、北澤法隆氏によって訳されている。それによれば、当時ディアナ号の乗員たちは、大阪湾に関しては一九世紀初頭に世界周航探検を実施したクルーゼンシュテルンによる日本地図しか情報をもっておらず、慎重に艦を進めなければならなかった。ヨールキンは、大阪の「町に二海里まで近づくと、水深は減少し始める」と述べている。その「水深は、川からランチに真水を満載しても大丈夫な程度」だったという(74)。

この表現は、逆にいえば、ランチ（艦載ボート）でなければ、大阪の中心に近づくことが難しかったことを示唆している。この点に関わって、翌安政二年三月、日本近海測量を目的に下田を訪れたアメリカの北太平洋測量艦隊の司令長官ジョン・ロジャーズは、報告書のなかで、「大きな船舶では、日本の大商業エンポリウムである大阪に接近していくということはできない」と述べている(75)。ロジャーズ自身は大阪湾には行っていないので、これはロシア側から伝え聞いた情報と推測できる。ディアナ号の大阪湾への進入は、欧米諸国側にとっては、大阪の中心部に近づくことは困難だということを印象づける事件であったと評価できるであろう。

一方、欧米諸国による大阪湾の本格的な測量は、安政の五ヶ国条約の締結後、文久元年（一八六一）にイギリス、およびロシアが瀬戸内海を測量しながら航行した際に実施された(76)。実際に貿易が始まっていく状況のなかで、欧米諸国は船舶の安全な航行のため、日本列島の測量と海図作製を進めたのである。

それらの海図のなかで、現在山口県文書館には、イギリス海軍によって作製された一八六一年測量、一八六五年改定版の瀬戸内海の海図が所蔵されている。それを見ると、舞子（Mieco）と書かれたすぐ側に、砲台（Battery）と記されている【図1】。しかし、同じ海図の一八六三年改定版では、何も記されていない【図2】。位置と築造時期から考えて、ここで描かれているのは、文久三年頃に明石藩により着工され、慶応元年（一八六五）頃に完成した舞子台場であろう。海を航行するための海図に、陸上の情報はそれほど精密に描かれるわけではないが、海図以外にも、欧米諸

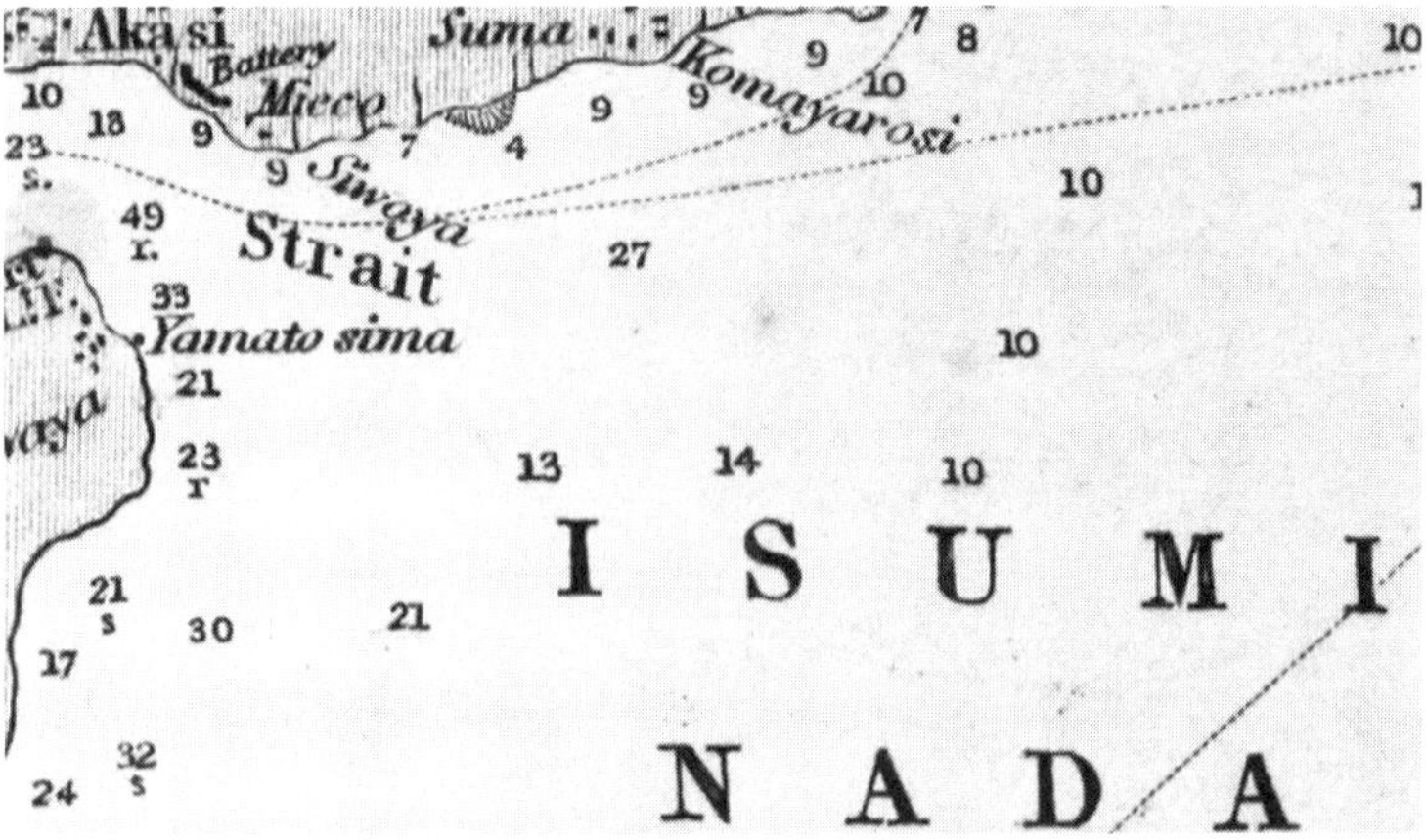

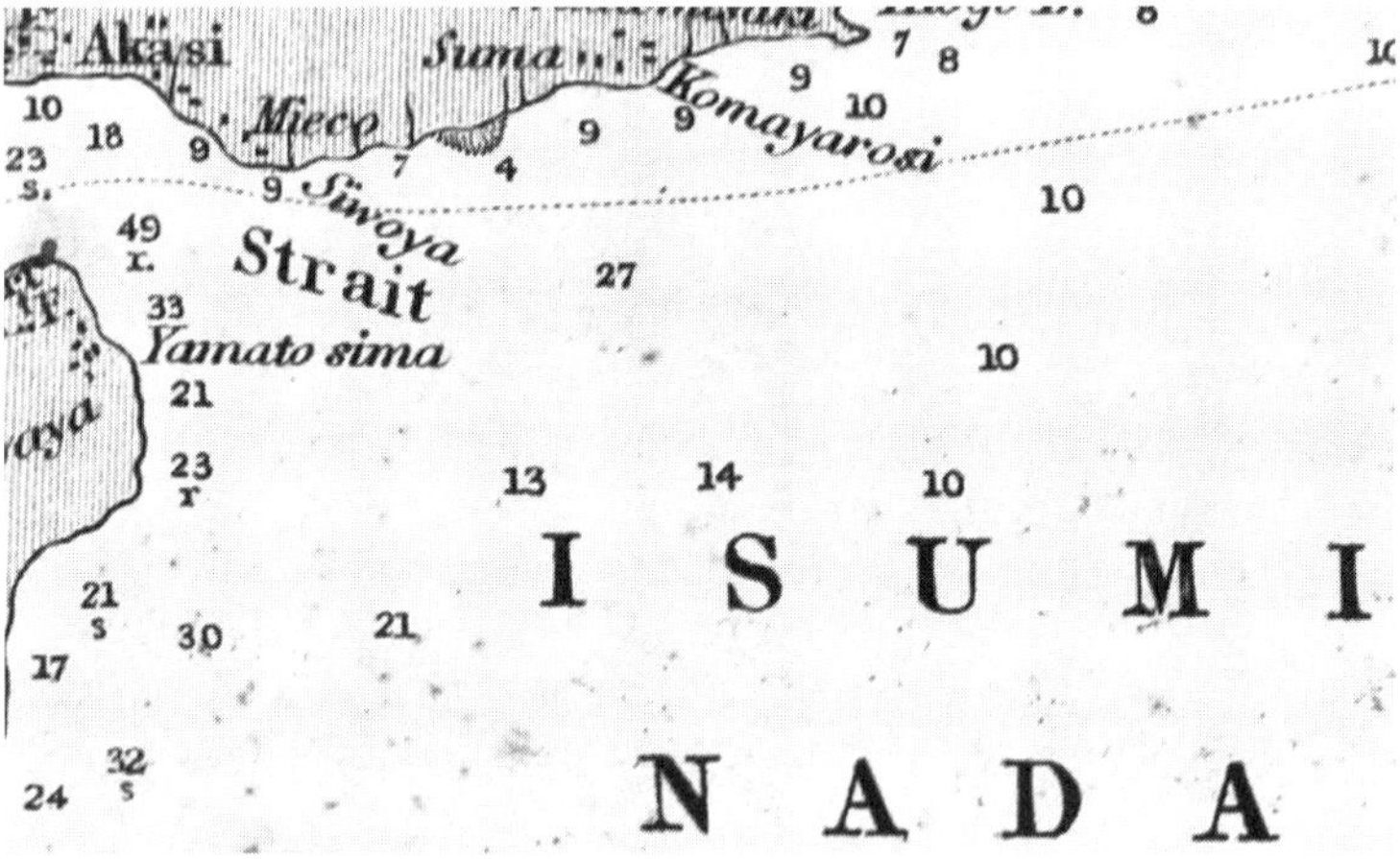

上：図１　1865年改定版の海図　山口県文書館蔵
下：図２　1863年改定版の海図　山口県文書館蔵

国によって作製された地図資料は、台場の築造年代や、あるいは構造を知る手がかりともなりうる。

それは同時に、欧米諸国が、大阪湾についてどのような過程で知識を獲得していったのか、という解明にもつながる。たとえば、慶応元年九月の英仏米蘭四ヶ国連合艦隊の兵庫沖結集も、それまでの大阪湾に関する情報の蓄積が前提になっていたと考えられる。欧米諸国による大阪湾に対する認識を検討することもまた、同湾の海防史の進展につながるであろう。

むすびに

本章を通じて、海防史研究の足跡をたどるとともに、幕末政治史の展開過程と大阪湾の台場との関係について、通時的に検討してきた。近年、大きく進展してきた大阪湾の海防史研究を総括したつもりだが、「海防」というキーワードにとらわれるあまり、多くの重要な研究を見落としているおそれもある。この点、読者のご叱正をたまわりたい。いずれにしても、大阪湾の海防史を研究するうえでの課題と、幕末史全体の研究の進展につながる可能性を示すことができていれば、総論としてまずは成功といえる。まだまだ課題は山積しているが、本章、あるいは本書そのものが、幕末史研究のさらなる発展に寄与することができれば望外の幸である。

註

（1）藤田覚『幕藩制国家の政治史的研究』（校倉書房、一九八七年）、同『近世後期政治史と対外関係』（東京大学出版会、二〇〇五年）。
（2）針谷武志「外圧期について」（『関東近世史研究』三〇号、一九九一年）。
（3）原剛『幕末海防史の研究』（名著出版、一九八八年）。
（4）淺川道夫『お台場』（錦正社、二〇〇九年）、同『江戸湾海防史』（錦正社、二〇一〇年）。
（5）冨川武史「品川台場警衛体制下における東海道品川宿への影響」（『品川歴史館紀要』二三号、二〇〇八年）、同「十三代将軍徳川家定の品川御成における御台場御普請御用掛の役割」（『品川歴史館紀要』二七号、二〇一二年）、同「江戸湾防備から摂海防備へ」（神戸市教育委員会編『品川御台場築造から和田岬砲台へ』神戸市、二〇一〇年）。
（6）品川区立品川歴史館編『江戸湾防備と品川御台場』（岩田書院、二〇一四年）。
（7）菊池勇夫『幕藩体制と蝦夷地』（校倉書房、一九八四年）、同「海防と北方問題」（『岩波講座日本通史』一四巻・近世四、岩波書店、一九九五年）。

（8）松本あづさ「近世後期蝦夷地における異国船防備体制」（『史学雑誌』一一五編三号、二〇〇六年）。
（9）上白石実『幕末期対外関係の研究』（吉川弘文館、二〇一一年）、同『幕末の海防戦略』（吉川弘文館、二〇一一年）。
（10）近年の重要な研究成果として、村田路人『近世広域支配の研究』（大阪大学出版会、一九九五年）、岩城卓二『近世畿内・近国支配の構造』（柏書房、二〇〇六年）、小倉宗『江戸幕府上方支配機構の研究』（塙書房、二〇一一年）、菅良樹『近世京都・大坂の幕府支配機構』（清文堂、二〇一四年）、藤本仁文『将軍権力と近世国家』（塙書房、二〇一八年）など。
（11）藤井甚太郎「摂海防備史」（日本歴史地理学会編『摂津郷土史論』歴史図書社、一九七二年）、三〇四頁。
（12）針谷武志「安政—文久期の京都・大坂警衛問題について」（明治維新史学会編『明治維新と西洋国際社会』吉川弘文館、一九九九年）。
（13）馬部隆弘「京都守護職会津藩の京都防衛構想と楠葉台場」（『ヒストリア』二〇六号、二〇〇七年）、同「京都守護職会津藩の京都防衛構想とその実現過程」（『城館史料学』六号、二〇〇八年）、同「淀川警衛体制と京都守護職会津藩の関門構想」（『ヒストリア』二一七号、二〇〇九年）。
（14）中西裕樹「梶原台場の復元と幕末の城郭」（『城館史科学』六号、二〇〇八年）、同「梶原台場の歴史と構造」（『ヒストリア』二一七号、二〇〇九年）。
（15）髙久智広「摂海御台場築立御用における大坂町奉行の位置」（『ヒストリア』二一七号、二〇〇九年）。
（16）三宅智志「大坂湾警衛と国主大名」（『鷹陵史学』三八号、二〇一二年）。
（17）髙久智広「文久—元治期における兵庫・西宮台場の築造」（『居留地の窓から』四号、二〇〇四年）。
（18）上田長生「幕末期の大阪湾警衛と村々」（『大塩研究』六八号、二〇一三年）。
（19）拙稿「楠葉台場以前の大坂湾防備」（『ヒストリア』二一七号、二〇〇九年〈拙著『開国期徳川幕府の政治と外交』有志舎、二〇一五年再掲〉）、同「幕末政治史と大阪湾防備」（神戸市教育委員会編『一九世紀日本の国際環境と和田岬砲台』神戸市、二〇一二年）。
（20）「特集 幕末京都口の関門—枚方・楠葉台場跡」（『ヒストリア』二一七号、二〇〇九年）。
（21）以下、一八世紀末～一九世紀前半の動向については、平川新『〈日本の歴史12〉開国への道』小学館、二〇〇八年）、横山伊徳

『〈日本の近世５〉開国前夜の世界』（吉川弘文館、二〇一三年）などを参照。
(22)　拙著前掲『開国期徳川幕府の政治と外交』。
(23)　梶原良則「長崎警備と弘化・嘉永期の政局」（中村質編『開国と近代化』吉川弘文館、一九九七年）、一九七〜一九八頁。
(24)　『〈大日本古文書〉幕末外国関係文書』五巻、一九五号（東京大学出版会、一九八五年）。
(25)　同右、一九三号。
(26)　兵庫県史編集専門委員会編『兵庫県史』史料編幕末維新一（兵庫県、一九九八年）、二八頁。
(27)　以下、拙稿「もうひとつの「黒船来航」」（秋田茂・桃木至朗編『グローバルヒストリーと戦争』大阪大学出版会、二〇一六年）を参照。
(28)　高野明・島田陽訳『〈新異国叢書一一〉ゴンチャローフ日本渡航記』（雄松堂書店、一九六九年）、六一六頁。
(29)　『孝明天皇紀』二巻（平安神宮、一九六七年）、二七〇〜二七三頁。
(30)　『幕末外国関係文書』八巻、七七号。
(31)　同右、九六号。
(32)　大阪歴史学会企画委員会「大阪湾岸の台場跡」（『ヒストリア』二一七号、二〇〇九年）、一〇六〜一〇七頁。
(33)　『幕末外国関係文書』八巻、九九号。
(34)　大阪市史編纂所・大阪市史料調査会編『新修大阪市史』史料編六巻、近世Ⅰ政治１（大阪市、二〇〇七年）、七一三〜七一七頁。
(35)　『新修大阪市史』史料編六巻、七二五〜七二七頁。
(36)　同右、七二七頁。
(37)　同右、七三九〜七四一頁。
(38)　同右、七四五頁。
(39)　『幕末外国関係文書』一五巻、三一二号・三一四号。
(40)　「大坂城代跡役松平豊前守より御役向御尋合ニ付御書取下書」（国文学研究資料館所蔵土浦土屋家文書、整理番号三六－Ｄ五一）。
(41)　『幕末外国関係文書』八巻、五七号。

（42）『新修大阪市史』史料編六巻、七一九頁。
（43）『幕末外国関係文書』八巻、一三八号。
（44）家近良樹『幕末の朝廷』（中央公論新社、二〇〇七年）、一五三～一五四頁。
（45）『幕末外国関係文書』一八巻、二〇五号。
（46）『幕末外国関係文書』一九巻、三八三号。
（47）針谷前掲「安政―文久期の京都・大坂警衛問題について」、七〇～七二頁。
（48）『孝明天皇紀』二巻、九二二頁。
（49）『幕末外国関係文書』二〇巻、二〇七号。
（50）三宅前掲「大坂湾警衛と国主大名」、一二三～一二四頁。
（51）枚方市立中央図書館市史資料室編『楠葉台場跡（史料編）』（財団法人枚方市文化財研究調査会・枚方市教育委員会編、二〇一〇年）、四～五頁。
（52）馬部前掲「淀川警衛体制と京都守護職会津藩の関門構想」、四八頁。
（53）以下、安政五年以降の政局については、家近良樹『孝明天皇と「一会桑」』（文藝春秋、二〇〇二年）、久住真也『幕末の将軍』（講談社、二〇〇九年）、青山忠正『〈日本の近世6〉明治維新』（吉川弘文館、二〇一二年）などを参照。
（54）町田明広『島津久光＝幕末政治の焦点』（講談社、二〇〇九年）。
（55）久住真也『長州戦争と徳川将軍』（岩田書院、二〇〇五年）、八頁。
（56）『孝明天皇紀』四巻、二七六～二七八頁。
（57）末松謙澄『防長回天史』第三編下（マツノ書店、一九九一年）、六七～六九頁。
（58）原前掲『幕末海防史の研究』、五九頁。
（59）以下、髙久前掲「摂海御台場築立御用における大坂町奉行の位置」を参照。
（60）和田岬砲台については、神戸市教育委員会編『大阪湾防備と和田岬砲台』（神戸市教育委員会、二〇一四年）を参照。
（61）和田岬砲台の築造過程については、神戸市教育委員会編『和田岬御台場御築造御用留』（神戸市教育委員会文化財課、二〇一四年）

を参照。
(62) 唐澤靖彦「世界最後のマルテロ・タワー─和田岬砲台」（神戸市教育委員会前掲『大阪湾防備と和田岬砲台』）、一九頁。
(63) 髙久智広「解題」（前掲『和田岬御台場御築造御用留』）、二一五頁。
(64) 以下、楠葉台場に関しては、註13の馬部氏の諸論考を参照。
(65) 原前掲『幕末海防史の研究』、一七八～一八〇頁。
(66) 佐藤正夫『品川台場史考』（理工学社、一九九七年）、一四五頁。
(67) 小倉前掲『江戸幕府上方支配機構の研究』。
(68) 大阪歴史学会企画委員前掲「大阪湾岸の台場跡」、一一〇頁。
(69) 「異国船渡来之節堺浦并泉州筋海岸警衛向之儀ニ付奉伺候書付」（国文学研究資料館所蔵土屋家文書、整理番号二九─D七四二）。
(70) 『新修大阪市史』史料編六巻、七二一頁。
(71) 前掲「異国船渡来之節堺浦并泉州筋海岸警衛向之儀ニ付奉伺候書付」。
(72) 大阪歴史学会企画委員前掲「大阪湾岸の台場跡」、一〇九頁。
(73) 高田祐一「石材加工からみた和田岬砲台の築造」（兵庫県歴史文化遺産活用活性化実行委員会編『幕末・明治の海防関連文化財群の調査研究』、二〇一五年）。
(74) 北澤法隆「幕末来航プゥチャーチン艦隊の日本沿岸水路調査」その2（『水路』一三二号、二〇〇五年）、四三頁。
(75) Allan B. Cole, *Yankee Surveyors in the Shogun's Seas* (Princeton, 1947), p. 102.
(76) 拙稿「幕末外交と日本近海測量」（『歴史学研究』九五〇号増刊号、二〇一六年）。

【付記】堺台場の調査に関して、山本尊敏氏（イラストレーター名義：山本ゾンビ氏）より多大な御協力を賜った。記して謝意を表したい。

なお、本章は平成二七～二九年度日本学術振興会科学研究費補助金（若手研究B）による研究成果の一部である。

総論Ⅱ　畿内・近国の社会と幕末の台場築造

髙久智広

はじめに

幕末期までに、日本の沿岸には異国船の軍事的脅威に対する備えとして、数多くの台場と呼ばれる軍事施設が建設された。その数は全国でおよそ一〇〇〇ヶ所といわれている。(1)大阪湾岸で台場が築造されるようになる画期は、嘉永六年（一八五三）のペリー来航にあり、以後、明治維新を迎えるまでの一〇数年間に一〇〇基を超える台場が築造されていく。(2)これは、全国で築造された台場の一割に達する数であり、一八五〇～六〇年代の時期にこの海域が政治的・軍事的にいかに重視されたかがうかがえよう。(3)

大阪湾岸の台場築造の時期分布をみると、アメリカやロシア艦隊の相次ぐ来航に強い危機感を抱いた紀州・徳島・明石の三藩により整備が進められた嘉永六年から七年の時期と、将軍徳川家茂《いえもち》が上洛し、幕府みずからが大阪湾防備の強化に乗り出す文久三年（一八六三）以降の時期と二つのピークが確認できる。すでに通商条約を欧米諸国との間で締結している文久三年以降の台場築造は、異国船の脅威に対する軍事的対応というよりも、幕府による国内体制の再編と新たな対外関係の構築という二つの国家的な政治課題への対応という意味合いを強くもった。安政五年（一八五八）前後の大阪湾防備の質的変化は、「全領主階級」による海防への移行、(4)あるいは「幕府と藩を越えた、日本という「国家」全体の重要な課題」への変化(5)として捉えられるが、台場築造にかかる動向も基本的にはこれに符合する。

文久三年三月一九日、町方による土塁台場の築造を指揮するために兵庫に出役した大坂町奉行所与力《よりき》八田五郎左衛門は、名主・惣代らを大坂町奉行所の出張所である兵庫勤番所に召し出して、兵庫がおかれている状況を、京・大坂を中心として全国的に展開する「御変革」のなかにあると説明し、台場築造をはじめ幕府がこの地で展開する諸施策への協力を強く求めた。

当時の幕府は、朝廷との関係ではいまだ得られていない兵庫開港の勅許を得るため攘夷実行の具体策を示し、自らが朝廷を守護する主体であることを明示することを求められた一方で、対外的には文久二年に遣欧使節団を派遣して「ロンドン覚書」を締結し延期した江戸・大坂の開市、兵庫・新潟の開港に向けて、その準備を進める必要にも迫られていた。幕府がこの地で行った諸施策は、まさに「攘夷」と「開港」という矛盾する課題の克服にむけた取り組みであった(6)。文久三年五月一八日、将軍徳川家茂は大阪湾の防備策について奏聞《そうもん》するなかで、兵庫を「海内《かいだい》無双之好港」と述べ、大阪湾防備上の最重要地に位置付け、さまざまな施策を展開していく(7)。

なかでも、兵庫・西宮《にしのみや》での台場築造はその象徴ともいえるが、あわせて大阪湾の海図作成や兵庫での蒸気艦船への石炭供給体制の構築、兵庫の後背地にあたる摂津国八部《やたべ》郡車村・妙法寺村での炭鉱開発など、大型蒸気艦船時代に見合った港湾機能の近代化も進めていく。わずか一年で閉鎖されることにはなるが、繋留《けいりゅう》設備のほか艦船を修繕するためのドックを併設する神戸海軍操練所の開設、同操練所の閉鎖により頓挫《とんざ》した神戸村での造船所建設計画もその一つである。幕府にとって、港湾の近代化には幕府海軍の拠点、外国交際の拠点となる「将軍の港」としてふさわしい機能を備える目的があった。そして、近代的な台場群の整備をはじめとする軍備には、畿内における「将軍の政治空間」にふさわしい威容を整える意味があった。

つまり、当時、大阪湾岸に築造された台場群には、「将軍の武威」を象徴する装置としての役割が期待されていたといえる。しかし、このようにきわめて高度な政治的対応として構築されたものでありながら、それを実現した組織や受け入れた地域社会との関係、技術的な背景などについては基礎的事実さえもいまだ不明瞭な点が多い。

幕末期、幕藩領主たちは「日々刻々と変化する畿内社会の状況」に「心を砕く必要があった」とされるが[8]、先にみた八田の言は、幕府であっても施策の実現にはその状況に心を配り、地域社会に協力を求めていくことが不可欠であったことを物語っている。近年、幕末期の畿内・近国における政治と社会双方の関係性を意識的に問う必要性が指摘されているが[9]、台場築造の現場はまさに政治と社会が結びつく「御変革」の最前線であった。本稿では、その台場群の築造が実現された経緯を、とくに社会との関係に焦点を絞って検討しようとするものである。そのために、次の三つの課題を設定する。

まず、どのような組織・機構が台場築造を推進したのかを明らかにしておく必要があるだろう。大坂は「西国有事に備えた幕府の一大軍事拠点[10]」とされ、大坂城代を頂点とする軍事機構が構築されていたが、これまでの研究では、それとの関係はほとんど意識されてこなかった。しかし、台場築造には地域社会の協力・動員を要したのだとすれば、従来の大坂の軍事機構や支配機構といかなる関係性にあったのかを問わねばなるまい。

次に、台場築造を地域社会がどのように捉えたのか、またそれを推進する幕府、あるいは畿内に拠点を求める西国諸藩と地域社会がどのような関係にあったのかを明らかにすることである。本書では、上田長生氏がかかる問題関心から、主に大阪湾警衛により負担を強いられる大坂周辺の幕府領村々と警衛を担当する大名、そして幕府との関係性について論じている(11)。本稿では、上田氏の論を補完する意味も込めて、和田岬台場と湊川崎台場が築造された直轄都市兵庫、なかでも都市運営の主たる機関である惣会所組織の動向に着目したい。軍事施設である台場は軍事的要衝に築かれるものであり、都市に限定されるものではないとの指摘もあるが(12)、文久期以降の台場築造・改築が大坂・兵庫・西宮・堺など主に畿内の直轄都市で行われている点に鑑《かんが》みれば、都市との関係性を問うことも重要な課題となろう(13)。

また、幕末期の畿内・近国の諸都市には、惣会所に培《つちか》われた行政的力量以外にも、豊富な経済力や成熟した流通システム、そして高い技術力が備わっており、それらが台場の築造を現場で支えている。これに関連して三点目の課題として注目したいのは、台場の築造を支えた職人とその技術についてである。

後述するように、文久三年以降に築かれる台場は、西洋からもたらされた新しい知識にもとづく構造を採る。では、その実現を支えたのはどのような技術で、その技術をもつ職人がどのように集められ、動員されたのか。近年、幕末期の畿内における労働力需要の問題に光をあてる研究もみられるが(14)、労働力の中身や質についてはいまだ検討が不十分である。とくに、台場の築造には石工《いしく》、大工、船大工、鍛冶《かじ》・鋳物師《いもじ》、左官など多種多様な職人が携わっており、幕末期の畿内社会の技術的達成を明らかにするうえでも、職人集団との関連を検証する意義は小さくないだろう。

一、大阪湾岸における台場築造の経緯

まず、大阪湾における台場築造の経緯を概観しておきたい。この地域で台場が築造されるようになる最大の要因は、先に述べたように嘉永六年（一八五三）六月のペリー率いるアメリカ艦隊の浦賀来航にある。

本書にて後藤敦史氏が述べるように、[15]当時、江戸湾防備を最優先課題と位置付ける幕府は、大阪湾防備にほとんど策を講じていなかったが、大阪湾への進入口となる紀淡海峡・明石海峡に所領をもつ紀州・徳島・明石の三藩が、これを契機としてそれぞれ整備をはじめている。まず、紀州藩では嘉永六年九月に海士代官仁井田源一郎が建策した「海防議」に基づいて、家老らに警衛を命じ、それぞれの分担を定めて、和歌山城下および加太浦、友ヶ島の海域に約三〇ヶ所を整備している。[16]また、明石藩では同年六月に出崎浜・大蔵谷八幡神社浜・舞子東浜の三ヶ所で、[17]徳島藩でも翌七年五月に繕方奉行今田増之助を築造奉行として、淡路島の由良浦生石《おいし》・六本松で築造を開始している。[18]

嘉永期の動向で注目されるのは、台場整備の必要性を唱える対外的な状況認識である。紀州藩で「海防議」を著《あらわ》した仁井田は、「軍機」に熟練した欧米諸国の艦船が「南海より浪華《なにわ》へ乗附、大炮を打掛、直に禁闕《きんけつ》を衝」くような事態、つまり軍事力に優れた欧米の艦船が南海上から大阪湾に侵入して、朝廷に迫るような事態を想定している。仁井田の憂慮が正鵠《せいこく》を射ていたことは、翌嘉永七年（一一月に安政と改元）九月に軍艦ディアナ号を率いて大阪湾に侵入したロシア海軍中将プチャーチンが、天皇の居所に近い大阪湾に侵入することで日本側に脅威を与え、交渉を有利に、そして早期に進める意図をもっていたことからも理解される。[19]

この事件を経て、幕府は対外的な脅威を表明した朝廷との関係を重視し、京都守衛の強化とともに大阪湾についても防備の強化をはかるべく紀州・徳島・明石の三藩に対し、紀淡海峡および明石海峡の要害への台場築造を命じている。[20]だが、紀州藩では安政二年（一八五五）五月より友ヶ島の六ヶ所で台場築造に取り掛かるものの、[21]西洋流砲術導入に対する藩内の忌避感やロシア艦来航以降の海防支出による藩財政の逼迫《ひっぱく》、その御用金や浦組の動員など大きな負担を強いられた領民の反発、幼少の藩主徳川慶福《よしとみ》の下で自身の権益強化をはかる付家老水野忠央《ただなか》の動きや将軍継嗣などの問題が複合的に絡み合い、以後の技術導入や軍備増強は進まなくなる。[22]明石藩では、先々代（八代）藩主松平斉《なり》韶《つぐ》を中心に西洋流（高島流）砲術の導入[23]や大砲の鋳造に積極的に取り組んでおり、斉韶が自身の隠居料を拠出した大砲鋳造は老中首座阿部正弘からも褒賞《ほうしょう》されてもいる。[24]だが、江戸湾および国許双方の海防にかかる負担[25]や嘉永三年（一八五〇）春の「居屋敷類焼」[26]、安政二年一〇月の大地震による江戸藩邸の被災[27]は財政窮迫に拍車をかけ、軍備増強や台場増設の足かせとなった。そのため、同藩で九台場の増設が始められるのは、幕命から八年を経た文久二年になってからである。

これに対し徳島藩は、幕命を受けるとただちに紀淡海峡を臨む由良浦高崎、明石海峡を臨む岩屋浦松帆で近代的な台場の築造に取り掛かっている。[28]このうち、数度にわたる拡張工事を経て、文久元年に完成する高崎台場は東西一三〇×南北四〇〇メートルに及び、大砲四〇門を備えうるほどの規模をもつ。[29]また、松帆台場も東西四〇〇×南北二〇〇メートルの規模をもつ台場として、文久元〜二年頃に完成をみる。明石海峡の潮流が予想以上に激しかったため実現はしなかったが、松帆台場には高速艇を出撃させうる松帆湊と呼ばれる港湾設備も附属する計画だった。[30]

これ以前には、複数の台場を分散的に配置し、集中砲火を浴びせる防禦法を採る場合が多く、個々の台場は大砲を一〜二・三門程度備える程度の小規模な土塁台場が主流だった。[31]それに比べて徳島藩の築いた台場は、いずれも完成までに七〜八年を要するも、従前とは比較にならない、台場そのものの威容で敵を牽制《けんせい》しうるほどの傑出《けっしゅつ》した規模と構造を誇った。徳島藩では他にも藩主蜂須賀斉裕《なりひろ》の指示で、洲本城代稲田氏が炬口《たけのくち》台場、霞台場の整備を進めている。斉裕は後に幕府の海軍総裁・陸軍奉行をつとめるように軍備・軍制の近代化に積極的であり、とくに紀州藩との大きな違いとなって表れたといえよう。

文久期以降、大阪湾岸では、徳島藩が築いたような西洋からもたらされた近代的築城術を取り入れた大規模な台場が主流を占めるようになる。京都守護職会津藩が築造した楠葉台場・梶原台場、彦根藩が改築した堺南台場、幕府の命に従い、資金の貸与や備砲・玉薬の供与を条件に明石藩、尼崎藩が既存の台場を改築・整備した舞子台場・大高洲新田台場もこれに該当する。なかでも、舞子台場は楠葉台場や梶原台場などと同様に稜《りょう》堡《ほ》式《しき》と呼ばれる構造を採るが、他の台場が一〇〇メートル以上の規模があるなかで、東西約七〇メートルと小ぶりである。しかし、稜堡式台場の多くが下段を石積み、上段は土塁とするなかで、舞子台場は国内では他に例がない総石造の構造を採る。(32)

幕府自身も文久三年（一八六三）以降、兵庫・西宮と大坂天保山《てんぽうざん》にあわせて五基の台場を築造するが、兵庫・西宮で取り組んだ四基の台場には、唐澤靖彦氏が指摘するように、(33)世界の軍事史上「マルテロ・タワー」（日本では「石堡《せきほ》塔《とう》」）と称される堅牢な石造砲塔を中央に据え、周囲に五稜郭型または円形の土塁台場を配する新しい構造を採る。「石堡塔」を有する台場もまた、日本では兵庫・西宮の四基以外に類例がない。文久の軍制改革において西洋式兵制が導入されたように、西洋の近代的な軍制・軍事技術の導入は時代の趨勢《すうせい》であり、台場に関してもその導入如何が問われていたといえる。

文久期の台場築造は、築造エリアも嘉永期とは異なる特徴をもった。先に述べた将軍徳川家茂が奏聞した大阪湾の防備策で最も重視されているのは、「西ノ宮駅」から「播州境」にいたる海域で、(34)「海内無双之好港」と評する兵庫については、和田岬をはじめとする要地への台場築造、大砲の鋳造、海軍所の建設、そして将来的な造船計画にも触れる。これは、後に御台場築立御用掛が手掛けていくことになる軍備施策と一致する。また、西宮以東に関しても、安治川・木津川両川口、そして泉州海岸への台場築造と川筋の警衛強化の必要性に言及している。だが、以前の海防策では最も重視された紀淡・明石両海峡については、従来通り「摂海東西の門戸たる第一の要地」とはしながらも、両海峡の台場だけでは敵艦を「必定討留《ひつじょううちとめ》」ることは困難であると述べており、軍事的な評価は一歩後退している。

また、築造にいたる動機付けも、嘉永期のそれとは変化していることが指摘されている。馬部隆弘氏や中西裕樹氏が明らかにしたように、淀川筋の警衛を目的とする楠葉台場や梶原台場は、攘夷を「名目」としながら、内実では京街道や淀川を京都に向かう長州藩勢を食い止める関門としての機能が期待されていた(35)。また、兵庫・西宮の台場群についても、朝廷との関係から「建前」として攘夷を標榜《ひょうぼう》しつつ、実態としては長州藩を中心とする尊王攘夷派勢力に対し、幕府の軍事的・技術的優位性を顕示し、牽制する意図があったと考えられている。つまり、幕府にとって文久期の台場築造は、湾内に侵入しようとする異国船に対する備えとは別の、国内的な課題への対応という意味合いも帯びるようになっていた。

このように、同じく大阪湾岸に築かれた台場であっても、嘉永期と文久期では、主体、規模・構造、築造エリア、動機付けに大きな違いがあることが理解される。とくに文久期の台場築造は、幕府が主体となり、大阪湾「内海」部において面的に展開した点、海軍操練所の設置や造船所の建設計画、炭鉱開発、石炭会所の設置など、畿内における幕府海軍の拠点整備、港湾の近代化にかかる諸施策とあわせて集中的に実施されている点に特徴がある。

二、台場築造の組織と大坂の軍事機構

幕府にとって政治的・経済的基盤が薄い畿内において、これらの施策を実現するためには、それを担いうる組織・

機構が必要になる。では、幕府はどのような組織・機構によって台場築造に取り組んだのか。従来の大坂の軍事機構・支配機構との関係を視野に入れながら確認していくことにしよう。

文久二年一二月、幕府は将軍家茂の上洛に先立って、将軍後見職一橋慶喜《ひとつばしよしのぶ》と老中格小笠原長行《ながみち》らを派遣し、京・大坂守衛強化の具体化を検討させることとした。ただし、一橋慶喜は入京を優先しており、実態として大阪湾防備計画の策定にあたったのは小笠原長行一行であった。小笠原の下には勘定奉行津田正路《まさみち》、外国奉行菊池隆吉、目付松平信敏《のぶとし》らが御用掛《ごようがかり》として従っている。江戸湾防備を目的とする品川台場の事例では、海岸防禦掛（以下「海防掛」）を兼務する勘定奉行松平近直《ちかなお》・川路聖謨《かわじとしあきら》、目付堀利忠、勘定吟味役竹内保徳《やすのり》、勘定吟味役格江川太郎左衛門が築造に携わっており、海防掛の流れを汲《く》む外国奉行を含む御用掛は、品川台場の築造にかかる組織編制を踏襲《とうしゅう》したものと思われる。また小笠原は、軍艦奉行並勝海舟以下の軍艦方もともなったが、彼らは湾内の測量や海図作成、幕府重役の視察における軍艦運用を主な役割としており、台場築造に携わる勘定奉行以下の御用掛とは役割に違いがあった。

さて、文久二年一二月一六日に軍艦順動丸で品川を出港した小笠原一行は、二一日頃に大坂に入り、二四日より紀州加太浦・淡州岩屋浦・明石などの調査に取り掛かっている。小笠原は翌三年二月一日に改めて「摂海御台場築立御用」を拝命すると、六日に津田・菊池・松平の三人を「御台場築立御用掛」に任じ、さらに翌七日には大坂東町奉行川村修就《ながたか》と同西町奉行鳥居忠善をこれに加えている。(36) 大坂町奉行は御用掛拝命以前にも代官らとともに小笠原らの調査に関わっていたが、この段階での役割は海岸見分にかかる案内者の手配を村々や宿場に指示する程度の、在地支配を担う立場としての後方支援であった。しかし御用掛就任により、大坂町奉行はこの地での台場築造に深く関与していくことになる。

では、御用掛に大坂町奉行を加えた理由はどこにあるのか。小笠原はこの点について、老中衆中宛ての書状に「大坂海岸の儀に付き町奉行取扱これ無く候ては差支えの儀もこれ有り」(37)、つまり大坂の海岸で台場築造を進めるにあたり、現地の支配を司《つかさど》る大坂町奉行の関与がなければ支障があると記している。冨川武史氏が明らかにしたように、品川台場の事例では、江戸近郊および関東の幕府領の支配を担う代官が資材や御用金調達を担っている(38)。また、京都守護職会津藩が修築した楠葉台場の築造でも、勘定奉行、目付と京都町奉行が御用掛を構成しており(39)、台場築造は在地支配を担う職を介した社会の動員と協力が不可欠だったことがうかがえる。さらに、小笠原は東西両町奉行を御用掛に任じた点について、本来は「一人取扱い申し渡すべく候とも存じ候へども、追って上金等取り扱わせ候節に至り不都合の儀もこれ有る」ため、両奉行に申し渡したと述べている。つまり、小笠原は資金調達の面でも大坂町奉行を欠かせない存在とみなしていた。

ただし、この御用掛の態勢も和田岬台場の着工に移る五月になって見直しが図られる。まず、五月二日に西町奉行の鳥居が堺奉行に役替えとなり、これまで目付として御用掛を務めてきた松平信敏が跡役に就任する。そして、六日には東町奉行川村修就が西丸留守居に転じ、かわって書院番頭有馬則篤がその席に就く。このとき、それまで御用掛を率いていた小笠原は横浜鎖港談判のためすでに大坂を離れており、老中板倉勝静《かつきよ》が後任にあたった。板倉はこの役替えにあわせて東町奉行有馬則篤を御用掛からはずし、西町奉行松平信敏一人に台場築立御用の専任を命じている。

その後、七月一五日になって勘定奉行津田正路が大目付に転出、替わって勘定吟味役鈴木重嶺《しげね》が御用掛に加わる。また、松平信敏の大坂町奉行就任後、御用掛目付は空席となっていたが、九月になってようやく酒井忠恕《ただひろ》が就任する。ただし、御用掛目付の変更はその後も頻繁に繰り返されており、それにともなって空席期間や江戸との往復による不在期間が生じている。また、大坂町奉行の御用掛就任にともなって、外国奉行菊池隆吉の関与は低下していき、六月九日には箱館御用のため兵庫を離れることとなる(40)。

御台場築立御用掛の職掌《しょくしょう》は、台場築造・大砲鋳造のほか、神戸海軍操練所や造船所の建設、大坂城内の武備管理まで、およそ大坂の軍備全般を網羅《もうら》するものである。こうした御用掛の人事状況のなかで、松平信敏は兵庫・西宮および天保山での台場の工事に目途がつき、大目付に転出する慶応三年（一八六七）までその職にあった。このことから、幕府の台場築造事業を含む大坂の軍備全般は、大坂西町奉行松平信敏を中核とする御台場築立御用掛によって推進されたといってよい。ただし、彼の上層部に関しては、元治元年（一八六四）四月に「神戸操練所御取立差配」を主管する若年寄稲葉正巳《まさみ》が加えられるなどの変更もみられる。

これに対し、台場築立御用からはずれた東町奉行有馬則篤はどのような役割を担ったのだろうか。有馬は小姓組番頭、書院番頭を歴任した知行高三五〇〇石の大身の幕臣であり、当時、上洛していた将軍家茂の直属部隊の長官として書院番組を率いていた。彼は海防や外交に通じた先役の川村・鳥居、台場築造事業の中核となる松平信敏のような実務吏僚ではない。基本的に、民政を司る大坂町奉行に番頭を歴任した三〇〇〇石以上の幕臣が就くのは異例である。文久三年八月一八日の政変後、大和・河内で発生した浪士体の者たちによる放火・乱妨行為が問題となった際、有馬は大坂加番を勤める美濃国加納藩主永井尚服、大和国に所領をもつ柳本藩主織田信成と芝村藩主織田長易《ながやす》、大坂警衛を担当していた美濃国苗木藩主遠山友禄《ともよし》と播磨国小野藩主一柳末徳《ひとつやなぎすえのり》に対して、大坂および近在における浪士らへの警戒と捕縛に関する大坂城代松平信古《のぶひさ》の指示を通達している。

大坂東町奉行としての有馬の動向を詳しく追うことは史料的制約から難しいが、この例をみる限り、彼は大坂城代を頂点として定番《じょうばん》、大番頭・大番衆、加番で担われていた大坂および大坂城の守衛体制に新たに組み込まれる形となったといえる。このことは、文久四年（二月に元治と改元）一月に行われた、大坂城代による神戸海軍操練所および和田岬・湊川崎台場の視察に、大坂定番京極高富とともに有馬が随行していることからも理解できる。つまり、五月に行われた大坂町奉行の役替えによって、台場築造をはじめ大坂における幕府軍備の全般を所管する西町奉行と、大坂城代・定番らとともに大坂守衛の一端を担う東町奉行とに、軍政面に関しては分掌する体制が形作られたといえよう。

三、台場築造と社会

（1）御台場掛と惣会所組織

このように、幕府による台場築造は、大坂町奉行松平信敏と勘定方（勘定吟味方も含む）と目付方からなる御台場築立御用掛によって実施されていく。御用掛の下には現場で工事の指揮にあたる勘定・普請役、勘定吟味役改役・同下役、大坂町奉行所与力・同心、徒目付《かちめつけ》・小人《こびと》目付からなる「御台場掛」が組織され、兵庫・西宮勤番所の地付同心は「御台場御用助掛」としてこれに附属した。

このうち、勘定方は設計や見積・施工、現場に納入される用材の管理や出納《すいとう》を所管し、目付方は現場見廻りや幕府重役らの巡見が行われる際の宿割り、馬繋場や上陸場の手配を担当した。他にも御台場築立御用のために来津《らいしん》している幕臣やその家臣らが、町方で買い求めた品々の代金に未払いはないか、あるいは非分の行いはないかなどの監察も行っている。また、町奉行方は、日々の工事検分や雇用する職人・人足の指揮・監督、労務管理などが主な役割である。出務の形態はそれぞれの職掌によって異なるが、彼らは台場の工事現場付近に設けられた会所に詰め、相談しあいながら具体的な指示を出している。

明和六年（一七六九）の上知以来、兵庫の町方は大坂町奉行所とその出張所である兵庫勤番所の支配を受けていたが、台場築立御用をめぐって、御台場掛の面々も惣会所の運営に携わる惣代やその下で雑用にあたる小使らを重用するようになる。兵庫の町政運営は岡方と北浜・南浜（あわせて浜方。また岡方をあわせて三方《みかた》という）に置かれた惣会所によって行われ、惣会所は選挙によって選ばれた名主と、惣会所に雇用され、この職を専業する惣代や小使で構成されている。

このうち、御台場掛の下で幕府御用を主に担ったのは惣代や小頭たちで、掛諸役の応接や動静管理、資材置場などに用いる土地利用に関する町人らとの調整、各種資材を調達しうる商人の斡旋《あっせん》を行っている。また、目付方の下では、内命に従って、御台場掛やその家臣らの不正調査にも携わっている。ただし、幕府がこの地で行っていた施策は台場築造だけではなく、彼らはさまざまな局面でそれらの御用にも動員されていた。彼らが担った御用は、海防状況の視察に訪れる将軍徳川家茂以下、幕府重役らの応接や兵庫港に入港する幕府軍艦への水・食料・燃料などの供給、乗組員の宿泊所や風呂の手配、蒸気船の燃料となる石炭の保管管理、大阪湾の測量にかかる軍艦方の応接など多岐《たき》にわたった。

小使らは基本的に惣代の下で、幕府重役らによる台場視察の先払いや案内役を務めていたが、御台場掛の求めに応じて、彼らの旅宿での雑用にも従事した。岡方惣代と浜方惣代の間で交わされた口述によれば、御台場掛与力・同心らの旅宿には従来、小使市兵衛を派遣していたのだが、文久三年暮から彼らの旅宿が二軒に分かれたことから、小使をもう一人差し出すように命じられている。(41) これに対し、惣代らは御用繁により惣会所も多忙を極めていることから、御台場掛において直接賄《まかな》ってくれるよう回答したのだが、それでも御台場掛の与力・同心らは、惣会所雇の小使の派遣に強くこだわった。

大坂町奉行による広域支配の実現において、兵庫の惣代らが古くから重要な役割を担っており、高い行政能力をもっていたことは河野未央氏によって指摘されているところである(42)。また、同奉行所の与力・同心と惣会所の関係を見直してみれば、「御台場掛」の肩書で来津する与力・同心も惣会所の構成員たちにとっては見知った顔ぶれで、惣代・小使の幕府御用への関与も従来の関係性の延長線上にあったといえる。小笠原の書状に示されていたように、大坂町奉行を台場築立御用の中心に据えた意味もそこにある。

近世後期以降、兵庫では幕府御用にも携わる惣代たちが「家」を確立し、苗字が下賜《かし》されるなど惣会所での地位を高めたのに対し、名主の地位は相対的に低下したともいわれている(43)。ただし、幕末期に限れば、名主と惣代・小使らの関係性は単純な地位の上昇・下降だけでは説明できない。たとえば、慶応元年（一八六五）一二月、熊本藩の浜本陣を務める兵庫南浜和田崎町の安田惣兵衛は、同藩の藩士佐野亥・郎に対して次のように届け出ている(44)。

> 私儀、近頃大坂町奉行様より兵庫名主と申す役儀申し付けられ、段々相断り辞退仕り候えども、推して相勤候よう申し付けられ候につき、拠どころなく御請け仕り相勤め罷《まか》りあり候あいだ、この段御届申し上げ奉り候、もっとも兼ねて仰せ付けさせられ候御国用向きには、聊《いささ》かも差し支え相成り申さざるよう仕るべく候あいだ、宜しく御聞き置き成し下さるべく候

本来、名主の選出は他の惣会所の名主と個別町の年寄らによる選挙によっていた。しかし、この届書で安田惣兵衛は「推して相勤め候よう申し付けられ」たと、名主の選出にかかる大坂町奉行の介入を示唆している。ここで注目さ

れるのは、安田惣兵衛の熊本藩に対する申し開きである。彼は名主就任について「段々相断り辞退」してきたが、「拠どころなく御請け」したと、大坂町奉行からの要請に積極的に応じたわけではないことを弁明する。そして、同藩から任じられている産物方元締格の「御国用向き」については、「聊かも差し支え相成り申さざるよう」につとめると強く申し添えている。

浜本陣とは、主に西国の大名と個別に関係を結び、参勤交代の際などに宿所や休憩所を提供するかわりに、年貢米や国産品を取り扱いうる特権を与えられた商人たちであり、京・大坂に政局の舞台が移る幕末期において、浜本陣は西国諸藩の畿内における拠点の一つになる。幕府と朝廷、西国雄藩のパワーバランスが流動化するなかでどこに軸足を置くのか、その選択は彼らにとって死活問題であった。兵庫には、浜本陣のほかにも諸大名の御用達をつとめる有力商人が多数存在したが、彼らの経営基盤が大名との関係にある以上、それを優先することは当然であっただろう。

また、その関係性のなかで西南雄藩との結びつきを強め、多分に政治性をもった自律的動向を示すようになる者もあらわれてくる。安田惣兵衛家に伝わる「安田氏家譜」によれば、文久三年八月一八日の政変時、長州藩は三月にはすでに当地の警衛から離れていたものの、実兄の絵屋右近右衛門、兵庫津一の豪商北風荘右衛門と協力して、落ち延びてきた長州藩士と三条実美ら尊皇攘夷派公卿七人を絵屋に匿《かくま》い、船を提供して長州藩領まで逃したという[45]。大坂町奉行所盗賊方は元治元年七月に発生した禁門の変後、長州藩の敗走兵に逃走用の船を貸し出す動きがあったとして、兵庫の船役人や小渡海仲・大渡海仲・廻船仲の役人らを呼び出し、長州藩士への船の貸与を禁止している[46]。「安田氏家譜」の記述には誇張も含まれるが、大坂町奉行所の対応をみる限り事実にもとづいていると考えていいだろう。

絵屋・北風の両家も安田惣兵衛家と同様、代々名主をつとめてきた家の一つである。あわせて、絵屋は長州藩の浜本陣もつとめ、同藩の大坂蔵屋敷から毎年一石を給されるなど家臣的待遇を受けていた。安政五年（一八五八）に同藩が西摂海岸の警衛に就いた際にはその本陣とされ、二人扶持を加えられている。(47) また、北風荘右衛門も、長州藩が兵庫南浜船大工町に地所を求めるにあたり「長州持名代」として名を連ねており、彼もまた同藩とは近い関係にあった。

これらの事例からみえてくるのは、政治状況が混沌を極めるなかで、台場築造をはじめとする幕府御用に取り込まれていく惣代・小使と、主家である大名との関係から、幕府の影響力が強くなった惣会所から距離を置こうとする名主、またはそれをつとめうる有力町人層の姿である。ただし、元治二年（慶応元年）四月に岡方惣代高井本次郎と浜方惣代石原加左衛門・榎並直五郎が名主らとともに、幕府軍艦方に対して碇泊《ていはく》中の御用にかかる手当の支給を歎願しているように、(48) 幕府側に全面的に従属していたわけではなく、惣会所の組織としては名主らと一体性を保持していた。また、北風荘右衛門は、文久三年に兵庫町方が幕命に従って築造した「仮台場」の費用銀三二貫五〇〇匁《もんめ》のうち一七貫目を負担し、慶応三年に兵庫商社が設立された際には、老中首座板倉勝静の要請に従って、その肝煎《きもいり》に就任するとともに多額の上納金を拠出している。

このように名主層に関しても、幕府に強い不信と不満をもっていたとしても、関係する大名に軸足のすべてを預けたわけではなかった。経済活動を通じて西南雄藩と密接な関係性を築きつつ、幕府との関係についても距離を測りながら対応を見極めようとする畿内の有力商人の存在については、すでに谷山正道氏や荒武賢一朗氏らによって指摘されているところである。(49) ただ、兵庫の名主層に関していえば、開港場に選定され、また幕府の直轄港的性格を有するようになった港湾都市の運営に携わるべき立場から、まったく自由になることは容易ではなかったと思われる。

一方、幕府側としても、名主層のもつ経済力と町政運営への影響力も無視できるものではなかった。それゆえに名主層を含む惣会所機構の全体を取り込むことを希求したのだと思われる。名主の選出に大坂町奉行自身が介入し、兵庫商社の肝煎就任と基金の拠出を依頼するにあたり、老中首座板倉勝静が北浜名主の北風荘右衛門のもとに、わざわざ勘定奉行服部常純《はっとりつねずみ》を派遣するという丁重な形をとったのもその表れである。

(2)「御軍艦黒龍丸御修覆場御取建」一件にみる幕府と兵庫町方

また、地域社会の同意と協力なくしては各施策を実現することが困難だったことも事実である。慶応二年(一八六六)に行われた幕府軍艦黒龍丸の修覆をめぐる幕府側と兵庫町方のやり取りにはその状況が如実に示されている。当時、整備が急がれた課題の一つとして、大型蒸気艦船の修理に対応しうる造船所の機能があった。一九世紀半ばまでに、兵庫は造船業を核とする工業都市的要素も獲得していたが、それはあくまでも和船を前提とした近世的な機能で、大型蒸気艦船に対応しうるものではなかった。(50) 神戸海軍操練所の建設や神戸村での造船所の設置構想は、まさにこの課題の克服を目指すものであった。勝海舟の建言によって、元治元年五月一四日に開所となった同操練所は、一万七一三七坪、約五・七ヘクタールの敷地を有し、繋留設備のほか艦船を修繕するためのドック(船渠《せんきょ》)を併設した。五月には長崎製鉄所が同操練所の附属施設となり、六月には神戸での造船所建設を進めるべく、造船学や蒸気機関に詳しい人材の選出にも取り掛かっている。(51) だが、これらの計画は神戸海軍操練所の閉鎖とともに頓挫してしまう。

慶応二年三月、こうした状況下において軍艦黒龍丸の修理が必要となった幕府軍艦方は、修船用ドックの代替機能を兵庫港の中央に位置する船溜《ふなだま》り「築嶋船入江」に通じる流路・築嶋船入川に求めた。(52) しかし、兵庫の三方惣会所は、船の退避場所である築島船入江への流路を封鎖されてしまえば、風波により破損する船も生じ、とくに小船持ちは日々の暮らしが立ち行かなくなる、とする船持ちらの意向を受け計画の中止を訴えている。だが、軍艦方はこれを無視する形で築嶋船入川での修理に向けた準備を始める。また、三方惣会所の中止を求める再三の訴えに対し、軍艦方や大坂町奉行所が示した回答は、船が破損した際の補償提案だけであった。そのため、六月一五日には渡海船年行司らの「衆気荒き船稼ぎの者、不意の儀にて如何様《いかよう》の心得違い候やも計りがたく」と書き添えた嘆願書を、三方名主は連名で幕府側に提出した。実は、この前月には兵庫・西宮を起点として「大坂十里四方は一揆《いっき》おこらざる所なし」といわれるほど畿内一円に拡大した大規模な打ちこわしが発生している。[53] 彼らはその経験をもとに、「衆気荒き船稼ぎの者」たちを発火点として、打ちこわしが再燃する可能性を暗に示して交渉の手札としつつ、幕府に再考を求めたのである。

　幕府がこの添書きを無視しえなかったことは、最終的に老中首座板倉勝静の政治判断により築嶋船入川での黒龍丸修復計画が中止され、閉鎖されていた神戸海軍操練所のドック跡地の利用へと切り替えられたことからも明らかである。[54] 幕府にとって黒龍丸の修理が急務である一方、兵庫開港を一年半後に控えるなか、地域社会の安定化も無視できない課題であった。旧神戸海軍操練所のドック跡地の利用にあたり、それが所在する神戸村との交渉を担当した大坂西町奉行が再三にわたり支障の有無を神戸村に尋ね、念書まで提出させた理由もそこにある。

四、台場築造と職人・技術

（1）嘉納次郎作による台場築造差配

次に、台場築造を担った職人とその技術についてみていくことにする。兵庫・西宮での台場の工事は、御台場掛の下で御用を請け負った摂津国菟原《うばら》郡御影村の嘉納次郎作が、差配方として担当している。彼は近江国滋賀郡坂本に生まれ、灘の酒造家本嘉納（現在の菊正宗酒造）の分家で、廻船部門を担う嘉納次作家に養子入りして同家を継ぎ、廻船業者としての実力を培っていった(55)。彼が差配方に選出された経緯は詳《つまび》らかでないが、元治元年（一八六四）に始まる天保山台場の工事については、入札によって次郎作に決定したことが史料上確認できる(56)。彼は台場築造以外にも幕府の廻船御用をつとめ、幕府艦船を託されて江戸―大坂・兵庫間の定期航路の開設も行っており、幕府の諸施策を支える有数の廻船業者の一人だったといえよう。次郎作は、差配方代として兵庫に森清之助を、西宮に嘉納佐五郎を配して現場の指揮をとらせ、みずからは御台場掛との折衝《せっしょう》や事業全体の統括にあたっている。

彼が請け負った兵庫・西宮の台場群は、中央に据える石堡塔に数多くの巨石を用いるため、石材の伐《き》り出しから現場での積み上げまで、それを担いうる高い技術をもつ石工《いしく》を一定数以上確保する必要があった。まずはその状況を具体的に追ってみたい。

当初の計画では、石材は兵庫からほど近い御影村山中より伐り出す予定だった。だが調査の結果、必要とする大きさの石材を伐り出しうる場所が山深く、運送等の費用が嵩《かさ》むため、かえって高値になることが判明したことから、瀬戸内海の島々から伐り出す案に切り替えられる。そこで石切り場とされたのが、備中国の神島《こうのしま》・北木島《きたぎしま》・白石島《しらいしじま》の三島や真鍋島《まなべしま》、児島郡宮浦村、讃岐国の塩飽《しあく》諸島や小豆島《しょうどしま》、伊予国薄多島（伯方島《はかたじま》）などである。

だが、塩飽島浦々惣代が御台場掛に提出した口上書(57)をみてみると、「石工ども病気の者も数多ござ候につき延引にあいなり」と、傷病による石工の欠員が生じ、これを補充できない状況が伝えられている。そのため、神島外浦では庄屋熊太郎と石工浅吉を伊予国伯方島に派遣して二〇人を雇い入れる契約を結んでいる。さらに、同島の庄屋廣太郎のもとに赴き、他所稼の石工三〇人ほどを神島ほか三島に差し向けてくれるよう依頼している(58)。しかし、備中国小田郡の支配を担当する代官大竹左馬太郎の手代八嶋荘八郎が「石工人雇入れ方、種々丹精《しゅじゅたんせい》いたし候へども、存じ込みの通り石工参らず」と嘆いているように、手を尽くしても思うように石工は集まらなかった。神島の場合も、浅吉と契約を結んだ二〇人のうち、実際に神島に赴いたのは九人に過ぎず、「他所稼」すなわち他所から出稼ぎにきている石工は一人も応じていない。当時、今治藩でも四ヶ所で台場が築かれており、条件面で幕府より恵まれていたのだろう。

そのため森清之助らは、石工を安定的に確保するために相応の手当支給を提案し、御台場掛もこれを了承している(59)。それでも石材の延着は続き、さらに島方では、石工たちが内々に一二月二〇日を目途に年内は仕事納めにすると申し合わせている、との噂まで立ち始めた。その真偽は定かでないが、一二月一一日、御台場掛は急きょ塩飽島や神島・北木島・白石島に掛を派遣し、「緊急を要する事業であるから別途手当を支給している。にもかかわらず早々に仕事納めとするのは以ての外《ほか》であり、正月三が日も兵庫に到着した石材は直《ただ》ちに陸揚げするから、年内は押詰り候まで出精して働くように」と、島々の年寄・役人中を介して石工や石積船頭らに厳しく通達している(60)。

このように石材需要が増大するなかで、島方の石工や石積船頭らはより良い条件を求め、また自分たちのペース、労働条件のもとで仕事にあたろうとする動きをみせていたのである。こうした状況は、築造現場でも同様であった。文久三年八月、嘉納次郎作は「和田岬御台場御差急ニ付捗《はかどり》取方并御増方凡積書付(61)」とあわせて御台場掛に提出した伺い書のなかで、優秀な石工を雇用するためには賃金割増や手当の充実が不可欠であると訴えている。

たしかに、各地で台場の築造が進められるなかで、文久三年一一月には職人・人足の賃金相場はそれぞれ従前の二人前まで高騰《こうとう》しており、とくに熟練技術を要する職種ほど高い上昇率をみせていた。だが、次郎作は賃金割増や手当支給を無尽蔵《むじんぞう》に認めていたわけではない。台場築造には石工以外にも船大工、家大工、左官、鍛冶・鋳物師、杭打ちや玉砂利の運搬、松脂焚《まつやにた》き人足など多種多様な職人や人足が関わっている。西宮・今津台場石堡塔の基礎杭を打つ工事では日々一五〇人の人足が出勤しており、和田岬石堡塔の見積書によれば、内部の木造建屋部分の建築だけで大工が延《の》べ一万九七九人、人足二五〇〇人が必要だと試算されている。(62)「殊《こと》の外高賃(63)」と認識されるほどの賃金上昇がみられるなか、それだけの数の職人・人足に対応するのは容易なことではない。慶応二年に次郎作は銭六〇〇文だった定人足賃を一〇〇文増しの銭七〇〇文に引き上げているが、これは米価が一升あたり三〇〇文以下になるまでの暫定的措置としているように米価上昇に対応したものだった。(64)

また、賃金の総体的な高騰につながる一律の賃金割増にも否定的で、「諸職へ割合下されては外場所へも差響く」ため、「職々働き方精粗に随い割渡す」べきだと述べている。(65)そのかわり、傷病者に対する補償や慰労・勤勉手当（酒代金や手当銀）の支給、和田神社や西宮神社の神事祭礼時、あるいは中元前後や盆、重陽《ちょうよう》の節句といった「田舎の習い」に応じた休業など、賃金以外の労働条件整備にも意を注いでいる。(66)

『西宮市史』では、台場築造にかかる職人・人足等の賃金を「いずれも当時としては破格」であったと評する。(67)しかし、事業の完遂を目指す立場からいえば、職人・人足の需要過多により全国的に賃金が高騰するなかで、高い技術をもつ人材を安定的に確保するためには「御時節柄」を弁《わきま》えた条件整備に取り組む必要があった、というほうが正しいであろう。

（2）台場築造に携わった職人と技術――「平成の大修理」からみえてきたこと

兵庫・西宮での台場築造に携わった石工とその技術に関しては、高田祐一氏による研究がある。(68)高田氏は、史料上確認される矢割り・玄能払《げんのうばら》い・荒切・中切・上切の最大五工程に及ぶ加工技術が、石材のどの面に用いられているかを現存する石材の加工痕の分析から確認している。

このように、文献史料と現存する構造物を対照することは、台場築造に関与した職人集団の技術の種類やレベルを理解するだけでなく、当時の畿内・近国社会の技術的成熟度を測るうえでも重要な作業となってくる。その意味で、内部木造部分の全面的な解体をともなった史跡和田岬砲台にかかる「平成の大修理」事業は、重要な成果をもたらしたと考えている。(69)ここでは、その一端を紹介しておきたい。

兵庫と西宮の台場築造には、和船の建造を生業とする船大工が数多く携わっている。台場中央に設けられる「石堡塔」の内部は一階・二階と三階（屋上）の三層構造からなっており、一階には火薬室が設けられ、二階・三階に大砲が据えられるようになっている。また、一階中央部には井戸が備えられているが、ここから汲み上げられた水は発砲により高温となった砲身の冷却水として用いられる。しかし、一階には火薬室があることから、冷却水が一階に漏れ出さないよう二階・三階の床面を防水にしなければならない。そのために援用されたのが、船材の接合面から水がしみこまないよう完全な水密状態にする「槙縄苧打込《まきなわおうちこみ》」と呼ばれる和船の建造技術であった。これは、槙皮を繊維状にしたものを縄にし、充填材として板材と板材の接合部に埋め込み、さらに上から溶かした「水瀝」を流し込んで固めることで浸水を防ぐという技術である。(70)「瀝青《れきせい》」という場合、天然のアスファルトやピッチ、タールなどを意味するが、修理作業を通じて「水瀝」は松脂を溶かしたものであることが判明している。(71)これは文献史料では知りえない知見が得られた一例である。

この技術が高く評価されていたことは賃金からもうかがえる。この工程では家大工も三階の漆喰《しっくい》下地となる杉皮を敷き貼る作業を行っているが、彼らの賃金が一人当たり銀四匁三分なのに対し、船大工は銭一貫一一六文である。この作業が行われた元治元年の大坂の銀銭相場は銭一貫あたり銀一三匁八分四厘《りん》であり(72)、換算すれば家大工の三倍以上になる。

一九世紀半ば、北前船や内海船など当時を代表する廻船集団が兵庫を畿内における拠点の一つとしていたことが知られている。彼らはここを商業上の拠点としてだけでなく、航海で傷《いた》んだ船を修理し、新造船を発注する修船・造船基地としても位置付けていた。当時の兵庫は造船業を核とする工業都市的発展もみせており、船大工や碇《いかり》鍛冶をはじめ、全国的にみても高い技術をもつ職人たちが集住していた。その技術が石堡塔には使われているのである。

同様のことは、鉄具類の製作技術からもうかがえる。石堡塔には鎹《かすがい》や石材を接合するためのダボ、鉄千切、二階・三階の重さを支える鉄柱や座鉄、梁《はり》と柱を支えるL型の鉄具やそれを固定するボルト・ナット・ワッシャなど数多くの鉄具が使用されている。なかでも、とくに注目されるのはボルトやナットにネジ切が施されている点である(73)。日本では安政期、長崎製鉄所に旋盤《せんばん》が導入されたことが知られている。ただ、現時点では長崎製鉄所に鉄具を発注した記録は見つかっておらず、和田岬砲台から取りはずしたネジを計測しても溝のピッチや深さがバラバラで、そもそも旋盤を用いた様子がない。これらの鉄具は、御台場掛から兵庫永沢町の鋳物師金屋八左衛門や大坂の玉屋房次郎・釘屋又兵衛に発注されたことがわかっており、また「平成の大修理」によって「カジ善」と刻まれた座鉄も確認されている。おそらく、これらの鉄具は彼ら兵庫や大坂の鍛冶や鋳物師たちの手によってひとつひとつ作り出されたのだろう。彼らは新しい知識を彼らなりに咀嚼《そしゃく》し、みずからの技術をあてはめることで成し遂げているのである。

幕府は威信をかけて、このような新しい知識に基づいた台場の築造に取り組んだ。その設計は勝海舟に学んだ蘭学者佐藤与之介によるとされるが、その実現は畿内社会に培われた職人と彼らの技術的達成によって支えられていたといえよう。

おわりに

本稿では、大阪湾岸における幕末期の台場築造、とくに文久三年（一八六三）以降、幕府が大阪湾岸で主導した台場群の築造を中心に、三つの課題を設定して検討を加えてきた。

まず、幕府は大阪湾防備の強化を実施するにあたって、台場築造をはじめとする幕府軍備については大坂西町奉行松平信敏を中核とする御台場築立御用掛に専任するとともに、大坂城代をトップとする従来の大坂守衛体制には、大坂東町奉行に据えた書院番頭経験者を組み込むなど、従来の大坂の軍事機構を再編・強化した。さらに、長州征討にむけて大坂城代の下に再々編していることからも台場築造を含む軍備強化が「攘夷」を標榜しつつ、「西国有事」に対する備えとしての意味合いを色濃く有していたことを物語っている。

また、軍備の中核に大坂町奉行を据えたのは、その実現にはこの地域に暮らす人々の動員と協力が不可欠だったからである。本稿では、とくに兵庫の惣会所と御台場掛との関係に着目したが、従来の支配関係を下敷きにしていることで、その目論見は機能したと評価できるだろう。ただし、兵庫には古くから西国の諸大名と個別の関係を結ぶ有力町人が多数存在し、主家大名との関係が彼らの動向にも少なからざる影響を与えていた。また、間近に控える大坂・兵庫の開市・開港を見据えるなかで社会秩序の安定は必須で、とくに慶応二年以降、幕府は地域社会の動向に注意を払い、配慮を示すことも求められた。

技術的側面においては、文久期以降の台場築造が、この地域に培われた伝統的技術の達成によって支えられていたことを指摘した。本稿でみたような近代的技術の実現過程における努力や工夫は、実は世界遺産「明治日本の産業革命遺産」に位置づけられる佐賀藩や、韮山《にらやま》代官所の江川英龍が挑んだ日本で初となる反射炉《はんしゃろ》の建設や鉄製大砲の鋳造の場面にもみられることである。(74)この点に鑑みれば、大阪湾岸で行われた台場築造も日本の技術的な近代化を基礎において支えていたと評することが可能である。つまり、それを成しうる高い技術の数々とその技術をもつ職人たちが質・量ともに、この地域に蓄積・集積されていたことを意味する。こうした技術的蓄積の様相を捉えることも、政治的・行政的・経済的指標だけでは測れない畿内社会の特質を図る一つの指標と成りうるだろう。

本稿では、大阪湾岸における台場群築造の経緯を、とくに社会との関係に焦点を絞って検討してきた。こうした事実を丹念に積み重ねていくことで、大坂町奉行所与力八田五郎左衛門が認識していたような、京・大坂を中心に全国的に展開した幕末期の「御変革」状況のなかに、この事業がどのように位置づけられるのかが明らかになってこよう。本稿はその基礎作業の一つである。

註

(1) 原剛『幕末海防史の研究』(名著出版、一九八九年)、三一〇頁。
(2) 大阪歴史学会企画委員「大阪湾岸の台場跡」(『ヒストリア』二一七号、二〇〇九年)。
(3) 大阪湾岸の台場に関する研究がどのように行われてきたのか、少し長くなるが近年の状況について確認しておく。当該地域における台場研究は、馬部隆弘氏が指摘するように、以前では軍事史的視点からの機能分析や築造経過の整理、あるいは軍事態勢の分析に留まるものが多く、大阪湾防備という国家的課題の解決策として実施された事業であるにもかかわらず、幕末維新史のなかに台場を積極的に位置づけようとする研究がほとんどなかった（馬部隆弘「京都守護職会津藩の京都防衛構想と楠葉台場」『ヒストリア』二〇六号、二〇〇七年）。しかし、二〇〇〇年代に入り、文化財としての台場遺構の保護にかかる取り組みを起点として、築造にいたる政治的背景や前提となる対外的な要因に言及するような研究もみられるようになった。前章で後藤敦史氏が指摘した、大阪湾防備に関する研究の進展もその動向と関連する。

　こうした変化の要因として、山本雅和氏が指摘したように（「【わたしたちの文化財】明石藩舞子台場跡―発掘調査と保存・史跡指定―」『ヒストリア』二一七号）、一九九八年六月の「埋蔵文化財発掘調査体制等の整備充実に関する調査研究委員会」報告があげられる（「埋蔵文化財の把握から開発事前の発掘調査に至るまでの取扱いについて（報告）」、埋蔵文化財発掘調査体制等の整備充実に関する調査研究委員会、一九九八年六月）。委員会報告は以後の埋蔵文化財行政の指針となるが、この報告では文化財保護法が規定する埋蔵文化財の時代範囲を近世・近代まで拡大し、あわせて地域の特徴を十分に考慮し調査対象としていくこと、補完的資料としてではあるが文献や絵図・民俗資料等を十分に活用すべきことが謳《うた》われ、以降、大阪湾岸の台場遺構の保護にも適用されてきた。徳島藩松帆台場跡（二〇〇六年指定）、明石藩舞子台場跡（二〇〇七年指定）、京都守護職松平容保が築造した楠葉台場跡（二〇一一年指定）の相次ぐ国史跡指定はその成果によるところが大きい（『松帆台場・松帆湊』淡路町教育委員会、二〇〇五年、『舞子砲台跡』神戸市教育委員会、二〇〇六年など）。

　なかでも、楠葉台場に関しては馬部隆弘氏が綿密な文献史料の探索と分析を行い、その成果を『枚方市文化財調査報告第六〇集　楠葉台場跡』（本編）・（史料編）（財団法人枚方市文化財研究調査会・枚方市教育委員会、二〇一〇年）をはじめとする一連の研究成果に結実させている。さらに、大阪歴史学会による現地見学検討会や会誌『ヒストリア』誌上での特集など、同台場の遺構保存にむけた取り組みも研究の進展を後押しした（「小特集：大阪府枚方市楠葉台場跡の保存問題をめぐって」『ヒストリア』二〇六号、二〇〇六年、「特集・幕末京都口の関門―枚方・楠葉台場跡」同二一七号、二〇〇九年）。

　また、二〇〇七年度から七ヶ年度にわたって実施された国指定史跡和田岬砲台の保存修理事業（平成の大修理）も、当該地域の台場研究を牽引《けんいん》する役割を果たした。当時の築造記録に基づく解体修理により、「石堡塔」と称される石造砲塔の構造や使用資材、技術・工法に関する新たな知見が加えられたほか、修理事業と並行して継続的に開催された講演会・シンポジウムによって、台場築造をめぐる国際環境から明治以降の保存に関する問題まで幅広い議論が交わされている（唐澤靖彦「マルテロ・タワーとしての和田岬石堡塔：その世界史的位置」『和田岬砲台の源流を探る』二〇一〇年、冨川武史「江戸湾防備から摂海防備へ—品川御台場からみた和田岬砲台—」『品川御台場築造から和田岬砲台へ』二〇一〇年、角田誠「明治初年における大阪湾の防備と和田岬砲台」『明治期における和田岬砲台』二〇一一年、後藤敦史「幕末政治史と大阪湾防備—和田岬砲台築造の諸前提—」『一九世紀日本の国際環境と和田岬砲台』二〇一二年、高田祐一「石材加工からみた和田岬砲台の築造」『石材加工からみた和田岬砲台の築造』二〇一五年、拙稿「幕末の巨大プロジェクト—大阪湾の防備と砲台の築造に関わった人々—」『幕末の巨大プロジェクト　大阪湾防備と和田岬砲台』二〇〇八年。なお、シンポジウムについては『大阪湾防備と和田岬砲台』二〇一四年。いずれも神戸市教育委員会編・神戸市兵庫区役所発行）。

また、兵庫県教育委員会が実施した台場・砲台遺構の分布調査は、兵庫県域に限定したものではあるが、一定地域に計画・築造された台場に関する情報を網羅的に収集し、個別に研究されてきた台場を面的に捉えようとした点で貴重な試みである（『兵庫県の台場・砲台』兵庫県教育委員会、二〇一三年）。加えて関連史料の公刊が進んだことも、研究の蓄積に結び付いた（梅渓昇「西宮・今津砲台築造関係史料について　一～三」『研究報告』一～三号、西宮市立郷土資料館、一九九一・一九九三・一九九六年、『新修大阪市史』六　近世Ⅰ政治1、大阪市、二〇〇七年）、拙稿「「和田岬・湊川崎砲台関係史料」について　一～三」『研究紀要』二〇・二二・二五号、神戸市立博物館、二〇〇四・二〇〇六・二〇〇九年、「「嘉納次郎作家文書」に含まれる台場築造関係史料」『同』二七、二〇一一年、『和田岬御台場御築造御用留』神戸市教育委員会文化財課、二〇一四年）。ほかにも、堺台場に関するシンポジウムや見学会、展示会が二〇一五年以降継続的に開催され、その過程で堺台場に関する資料も広く知られるようになってきている（『関西城郭サミット番外編　お台場シンポジウム二〇一七　品川台場と堺台場［資料］』大阪湾お台場シンポジウム実行委員会、二〇一七年）。

（4）岩城卓二『近世畿内・近国支配の構造』（柏書房、二〇〇六年）。
（5）後藤敦史『開国期徳川幕府の政治と外交』（有志舎、二〇一五年）。
（6）図録『開国への潮流—開港前夜の兵庫と神戸—』（神戸市立博物館、二〇一七年）。
（7）維新史料編纂事務局編『維新史』三巻（維新史料編纂事務局、一九四一年）、四一九～四二四頁。

(8)　岩城卓二「畿内の幕末社会」（明治維新史学会編『講座明治維新2　幕末政治と社会変動』有志舎、二〇一一年）。
(9)　宮地正人『幕末維新期の社会的政治史研究』（岩波書店、一九九九年）。岩城前掲「畿内の幕末社会」。
(10)　前掲岩城『近世畿内・近国支配の構造』、研究代表者：岩城卓二「基盤研究（B）幕末期における大坂・大坂城の軍事的役割と畿内・近国藩」（二〇一四〜二〇一七年度）など。
(11)　上田長生「幕末期畿内の社会状況――大阪湾警衛を中心に」、本書第1部Ⅱ。
(12)　馬部隆弘「楠葉台場の設計と施工の過程」（前掲『楠葉台場跡（史料編）』）、二五四頁。
(13)　「特集　畿内から見た幕末維新期の社会―直轄都市を中心に―」（『日本史研究』六〇三号、二〇一二年）。
(14)　岩城前掲「畿内の幕末社会」、上田長生「幕末期の大阪湾警衛と村々」（『大塩研究』六八号、二〇一三年）。
(15)　後藤敦史「幕末政治史と大阪湾の台場」、本書総論Ⅰ。
(16)　東京大学史料編纂所データベース『大日本維新史料稿本』ＫＡ〇〇三―三一八〜三二四、『南紀徳川史』一三（名著出版、一九七一年）、一五九〜一六二頁。武内善信「「海防図」を読む―幕末和歌山藩の御台場と海防―」（『和歌山市立博物館研究紀要』三号、一九八八年）。
(17)　橋本海関『明石名勝古事談』（中央印刷出版部、一九二〇年・一九七四年復刻）。
(18)　川越重昌「由良浦台場（淡路）築造始末」（『淡路の歴史』大阪淡友会、一九七七年）、『日本城郭史体系』一二　大坂・兵庫（新人物往来社、一九八一年）など。
(19)　後藤前掲『開国期徳川幕府の政治と外交』、二七五頁。出典は、高野明・島田陽訳『ゴンチャーロフ日本渡航記』（雄松堂、一九六九年）、六一六頁。
(20)　『幕末外国関係文書之八』、二二一〜二二二頁。また、安政期から文久期の京・大坂湾守衛における大名配置については、針谷武志「安政―文久期の京都・大坂湾警衛問題について」（明治維新史学会編『明治維新と西洋国際社会』吉川弘文館、一九九九年）、幕府政策の推移については後藤前掲『開国期徳川幕府の政治と外交』など。
(21)　『南紀徳川史』一三（名著出版、一九七一年）、一八三頁。
(22)　『和歌山県史』近世（和歌山県、一九九〇年）、七九九〜八一〇頁。

(23)『大日本維新史料稿本』ＡＮ〇〇四―三六九〜三七一。
(24)『大日本維新史料稿本』ＡＮ〇四六―九八九〜九九一。
(25)前田結城「幕末明石藩の政治動向の基礎的考察」(『Ｌｉｎｋ』七号、神戸大学大学院人文学研究科地域連携センター、二〇一五年)、四九〜五〇頁。
(26)『大日本維新史料稿本』ＫＡ〇二三―九〇四〜九〇六。
(27)『大日本維新史料稿本』ＡＮ〇四五―九六七〜九七〇。
(28)徳島藩の台場築造経緯については、前掲『日本城郭史体系』第一二巻、角田誠「淡路島における幕末海防築城」(『淡路洲本城』城郭談話会、一九九五年。本書第２部Ⅱ)、西ヶ谷恭弘編『国別城郭・陣屋・要害・台場事典』(日本城郭史学会、二〇〇二年)、前掲『兵庫県の台場・砲台』などを参照した。
(29)岡山大学池田家文庫絵図公開データベースシステム「戦略絵図Ｔ一―一―六七　由良浦高崎砲台図」http://ousar.lib.okayama-u.ac.jp/ikedake/ezu/metadata/2762。
(30)前掲『松帆台場・松帆湊』。
(31)角田前掲「淡路島における幕末海防築城」。
(32)前掲『舞子台場跡』、四二〜四三頁、山本前掲「明石藩舞子台場跡」、一三四頁。
(33)唐澤靖彦「世界の軍事技術史からみた大阪湾の台場」、本書第１部Ⅲ。
(34)『維新史』三、四一九〜四二四頁。
(35)馬部前掲「京都守護職会津藩の京都防衛構想と楠葉台場」、同「淀川警衛体制と京都守護職会津藩の関門構想」(『ヒストリア』二一七号、二〇〇九年)など。
(36)小笠原壱岐守長行編纂会編『復刻版　小笠原壱岐守長行』(土筆社、一九四三年)。
(37)『復刻版　小笠原壱岐守長行』、一五〇〜一五二頁。
(38)冨川武史「品川御台場の築造と地域社会」(品川区立品川歴史館編『江戸湾防備と品川御台場』岩田書院、二〇一四年)。
(39)馬部隆弘「楠葉台場の設計と施工の過程」(前掲『楠葉台場跡(史料編)』)、二六五〜二六七頁。

(40) 前稿「摂海御台場築立御用における大坂町奉行の位置」(『ヒストリア』二一七号、二〇〇九年)では、「外国奉行菊池隆吉は、御台場築立御用掛には任じられず、御台場築立御用における外国奉行の比重は低下する」(九二頁)と述べたが、老中格小笠原長行の書状(『復刻版　小笠原壱岐守長行』一五〇～一五二頁)に「在坂の廉以掛申渡候」とあり、大坂滞在中に限定して御用掛に任じられていた。ここに訂正する。

(41) 『岡方文書』二―二、四五八頁。

(42) 河野未央「近世兵庫津の町役人・惣代の職務について」(『歴史と神戸』四六―二、二〇〇七年)。

(43) 河野未央「近世期兵庫津の都市構造―町役人をめぐる問題を中心に」(第四回西摂研究会報告・第二回兵庫津研究会との合同研究会、二〇〇〇年)。

(44) 『神戸市文献史料』四(以下『文献史料』神戸市教育委員会、一九八二年)、六〇頁。

(45) 『文献史料』四、三五～三八頁。

(46) 『岡方文書』二―二、五七五頁。

(47) 『文献史料』二八(二〇一五年)、一九五～二〇二頁。

(48) 『岡方文書』三―一(一九八四年)、四三～四四頁。

(49) 谷山正道「幕末大和の豪商と雄藩―高田の村島氏一族と長州藩との物産交易をめぐって―」(『民衆運動からみる幕末維新』清文堂、二〇一七年)、荒武賢一朗「幕末期における大坂の特質―御進発をめぐる社会状況」(『日本史研究』六〇三号、二〇一二年)。

(50) 前掲『開国への潮流』。

(51) 『勝海舟全集』一三、一六九～一七〇頁。

(52) 黒龍丸修理一件については、『岡方文書』三―一、九一～一〇九頁。

(53) 酒井一「慶應二年大坂周邊打毀しについて」(『国史論集』二号、読史会、一九五九年)。

(54) 「御軍艦黒龍丸御修覆場御取建」(神戸大学附属図書館所蔵「住田文庫」のうち)。

(55) 『本嘉納商店々史』(本嘉納商店、一九五九年)。

(56) 『岡方文書』二―二、四八五～四八六頁。

(57)『御用留』、五三〜五四頁。
(58)『御用留』、七一〜七四頁。
(59)『御用留』、七四〜七五頁。
(60)『御用留』、一〇一〜一〇二頁。
(61)『御用留』、六三〜六八頁。
(62)梅溪前掲「西宮・今津砲台築造関係史料について　一」、拙稿前掲「和田岬・湊川崎砲台関係史料」について　三」。
(63)拙稿前掲「「嘉納次郎作家文書」に含まれる台場築造関係史料」、五四〜五五頁。
(64)『西宮市史』六、一〇〇頁。
(65)拙稿前掲「「和田岬・湊川崎砲台関係史料」について　二」。
(66)『御用留』、六三〜六五頁。
(67)『西宮市史』二（西宮市、一九六〇年）、九七四頁。
(68)髙田前掲「石材加工からみた和田岬砲台の築造」。
(69)前掲註3。
(70)拙稿前掲「「和田岬・湊川崎砲台関係史料」について　二」。
(71)松林宏典「和田岬砲台（台場）」（前掲『兵庫県の台場・砲台』）、三三一〜三三七頁。
(72)草野正裕「近世後期における大坂と江戸の銭相場―金（銀）相場との対比において―」（『甲南経済学論集』五一―一・二・三・四、二〇一一年）。
(73)松林前掲「和田岬砲台（台場）」、三三五頁。
(74)本多美穂「品川台場と佐賀藩―鉄製砲の供給をめぐって―」（前掲『江戸湾防備と品川御台場』）、『幕末佐賀藩反射炉関係文献調査報告書』（佐賀市教育委員会、二〇一三年）など。また、佐賀藩の反射炉建設・鉄製砲鋳造の位置付けについては、富田紘次氏よりご教示いただいた。

第1部

台場への視点——幕末期大阪湾をめぐる研究の最前線

I　幕末畿内の政治動向——維新変革の道筋

久住真也

はじめに

本稿は、幕末畿内の政治動向について、国家権力の問題を軸に据えてアウトラインを描くことを目的とする。一般にペリー来航以後、政治の中心が江戸から京都に移ることは周知のことである。しかし、それは具体的にいかなる意味を持っているのだろうか。慶応三年（一八六八）一二月九日の王政復古政変で将軍職が廃止されるまで、江戸では幕府の統治機構は厳然と存在していた。対して京都にそれに匹敵するものは存在せず、天皇や公家に統治者としての十分な準備と実力があったわけでもない。要は、統治機構などの問題ではなく、日本の進路が決定される際、その決定に正当性を賦与する要素が京都に存在し、それを無視しては国家意志が形成されない状態が生まれたことを意味するのである(1)。

たとえば、慶応三年一〇月一四日に将軍徳川慶喜は、有名な大政奉還の上表を提出したが、一一月一〇日に関東の徳川家臣に発した諭告のなかで、次のように述べている。

我久敷《われひさしく》京師《けいし》に客居し、懐郷之情甚《はなはだ》切なれ共、公武の務め更ニ余暇なく、昨秋相続以後ハ、関東人心之勤惰・向背ニも拘る故、愈《いよいよ》以て東帰之念日夜無止《やむなく》といへとも、国家多事の時ニあたり、辱《かたじけな》くも先帝（孝明天皇）以来厚く朝廷之殊遇《しゅぐう》・寵頼《ちょうらい》を蒙り、君臣之情義、即今禁闕《きんけつ》の側を離る丶能はす、実に進退維谷（進退に窮すること）とも可謂なれ共、強忍担当（忍び難きを堪え）、偏ニ名義を重んし、朝廷を尊み、祖宗ニ事《つか》ふ、我困心衝慮之艱《かん》、諒《りょう》知《ち》すへし……(2)

すなわち、慶喜は一橋家から宗家を相続以後、幕府役人の状況や人心の動向を考慮して江戸への帰還を望んでいたができなかった。その理由として、激務としての「公武の務め」、朝廷からの厚い信頼、天皇との「君臣之情義」をあげている。本拠地としての江戸と京都の板挟みとなり、進退に窮する慶喜の臣下への弁明でもあり、同時に苦衷の吐露でもある。ここでいう「公武の務め」とは何か、また東帰を断念させた畿内の情勢とはいかなるものだったのか、これらを本稿では論じることになるだろう。

以下、叙述に際しては三つの視角を設定する。一つ目は、伝統的権威の上に君臨した天皇や将軍のあり方が、国事問題の発生によってどう変化したか。二つ目は、それとの関連で、政治の視覚化という現象が幕末の段階でいかに展開したか。三つ目は、畿内政局の矢継ぎ早の展開が、幕府や藩組織にいかなる影響を与えたかについてである。これらは、王政復古以後の政治状況を考えるうえでも重要であることを示したい。

なお、史料の引用に際しては、読みやすさを考慮し、必要に応じてルビを付し、（　）内に註記を施した。

一、将軍上洛前の政治状況

まず、政治の中心が畿内に移る前提として、幕府の政権担当者としての自明性が崩壊していく状況を、将軍上洛の直前までの範囲で見ていく。

天皇が政治の中心に浮上する大きな契機となったのが、安政五年（一八五八）の日米修好通商条約調印をめぐる問題である。勅許を求める江戸の幕府に対し、孝明天皇と中下級廷臣がその要求を押し返したことから始まった。結局、幕府は単独で調印に踏み切るが、それが天皇による水戸藩への戊午の密勅降下（条約の再考、諸大名からの意見聴取などを命じたもの）につながり、反動として井伊直弼による安政の大獄、さらにそれに対する反動として、安政七年（万延元）三月三日に桜田門外の変が起きた。

この一連の事件は、いくつかの重要な点を提示した。まず、幕府が事前に条約調印の許可を求めたように、幕府は外交問題については単独で決定する権限がないことを広く印象づけたことである。天皇と将軍の関係を見れば、江戸時代で実質的な国家の統治者の地位にあったのは将軍である。近世の最末期を別にすれば、天皇は政治の実権を失っており、幕府の同意を基本とした朝廷運営を強いられた。

一八世紀後半以後、いわゆる大政委任論が登場し、理論や理念のうえで天皇が国家の君主として位置づけられ、将軍は一時的に政治を委任されているという考えが一般化しても、それがただちに将軍の地位低下や幕府の弱体化を意味するわけではなかった。ただし、幕府の政策に異議を唱える場合、「叡慮」を引き合いに抵抗する道を開いたことは軽視できない。そうした歴史経緯もあり、幕府も困難な条約調印に際し、正当性を得るために勅許を求めたのだろう。

右に加え、ペリー来航以後、幕府が大規模に諸大名に対して諮問を行い、天皇も戊午の密勅で「国家之大事」においては、「大老・閣老其他三家・三卿・家門・列藩外様譜代共一同」による群議評定を命じていたように[3]、親藩も含む列藩を単位とした国内の合意形成が重視された点があげられる。すなわち、幕末の政治過程は大きく見れば、「叡慮」

（天皇の考え）と「公議」の尊重という時代潮流のなかで、とくに「叡慮」を重視する「公議」、逆に「公議」を重視する「叡慮」、双方が幕府の意志を規制していく過程ともいえよう。

強権を発動した井伊直弼が倒れた後、幕府に残された道は朝廷や列藩との協調という方向しか残っておらず、それゆえに「叡慮」はますます重視され、それを支える「公議」の構成要素である雄藩による、国事への介入を制御できない事態にいたる。

そのなかで、天皇は明確な権力主体として浮上していく。万延元年（一八六〇）六月に天皇の和宮降嫁に関する諮問に答えた侍従岩倉具視は、皇妹降嫁で幕府に恩を売り、条約の破棄と国政の大事件の逐一奏聞を命じ、「関東え御委任の政柄を、隠然と朝廷に御収復の御方略」、すなわち王政復古を主張した。(4) 後述するように、文久三年（一八六三）以降の政治のあり方は、岩倉の狙い通りになっていく。

また、文久元年五月に「航海遠略策」をもって開国策を朝廷と幕府に入説した長州藩は、朝廷優位の公武合体を重視しつつ、天皇に対して、「鎖国」政策からの転換を「厳勅」をもって幕府に命じることを求めた。(5) 続いて、翌文久二年四月に藩兵を率いて上洛した島津久光は、大納言近衛忠房を通じて、公武合体のための朝廷・幕政改革の必要性を言上し、(6) 実際に勅使大原重徳の江戸下向を実現させた。

この勅使の改革要求によって幕府の政事総裁職に就任したのが、安政四〜五年の将軍継嗣問題で一橋派として政治中枢から退けられていた松平春嶽（前越前藩主）と、将軍後見職に就任した一橋慶喜である。前者の春嶽は、文久二年五月に始まる幕府の文久改革の方向性に大きな影響を与えたが、そこで主張したのが「幕私」改革だった。それは、幕府本位の政治のあり方を批判するもので、具体的に朝廷尊崇の大義を示すための将軍上洛と、諸大名の負担軽減・

軍備充実を目的とした参勤交代制度緩和・大名妻子江戸居住制の廃止、献上物の進献廃止などを実現させていく。

久光の率兵上洛の直前、熊本藩の尊攘派である魚住源次兵衛は、藩主細川慶順《よしゆき》にあてた長文の意見書のなかで、将軍と大名の関係について次のように述べている。すなわち、「元和以来今に至迄、嘗《かつ》て幕府をさして君上と称候儀は全く無之、乃《すなわち》幕府も諸大名も官位は同く天朝より叙任候儀をもつて見候ても、君臣にあらざる儀は明白に相分候」と。つまり、近世の始めより幕府と細川家は君臣関係ではないと断言している。さらに、「たとへば天朝は父母、幕府列藩は兄弟の続の如きものに御座候」とし、今は大兄（幕府）の臣僕（幕吏）が、父母（天朝）に白刃を突きつけている状況で、二男三男（大名）は、その臣僕を打ち倒し、臣僕の行為は兄（幕府）の考えによるのかを糾明すること等を主張した。(7)

実際のところ、藩祖以来、幕府と密接な関係を築いた熊本藩では、魚住の言うような認識は少数だったと思われる。しかし、魚住の認識を追認するように事態は展開していく。文久二年の久光上洛以降、朝廷の内勅で有力大名が入京し、参内のうえ天皇から天盃を賜る事例が急増する。天盃下賜は君臣関係の確認に他ならないが、具体的に見ると、文久二年一〇月の長州藩主毛利慶親《よしちか》を皮切りに、文久三年三月の将軍上洛前までに参内した大名は三八人にのぼり（一橋慶喜・松平春嶽・松平容保ら幕府関係者、正式の扱いでない島津久光も含む）、のべ回数では六一回を数える。(8)それ以前は、幕府関係者を除けば、大名が単独で天皇と対面するなどありえないことだった。しかし、幕府はこれを阻止する正当な理由を見いだせなかったのである。

右のような流れと並行して、王政復古と朝廷改革を目指す公家集団が、破約攘夷論（条約を破棄して攘夷を行う）に転換した長州藩と共に攘夷実行を主張し、朝廷内で力を持った。そして、同年一〇月末に三条実美と姉小路《あねがこうじ》公知《きんとも》が勅使として江戸に下向した。三条らは、将軍家茂に攘夷実行と禁裏での親兵設置を命じ、後者については幕府は具体的回答を保留したが、攘夷実行については圧力に抗しきれずに承諾に追い込まれた。またこのおり、長年の将軍と勅使の対面儀礼に変更がなされた。すなわち、従来は将軍が終始上段に座して勅使を迎えたのに対し、このときは勅使両者と対面する際、終始上段の勅使に対し、将軍は中段に留まり、勅命を伝達される際に上段に昇るという変更がなされたのである。(9) 以後の政局において、この年六月に幕府が予告し、九月に正式に布告した将軍上洛（翌年二月に出発）と、攘夷実行問題に注目が集まっていく。

そもそも、幕府は安政五ヶ国条約にもとづき、横浜・長崎・箱館での自由貿易を開始するにいたるが、条約への反発にともなう政治的混乱の影響もあり、五ヶ国以外の西洋諸国との条約締結は、一部の例外を除いて凍結する方針を打ち出さざるを得なかった。(10) さらに、和宮《かずのみや》降嫁の条件として一〇年以内の鎖国への復帰を朝廷に請け合うなどして、かろうじて求心力を保とうとした。先の攘夷要求の承諾も、その流れのうえにある。

もちろん、攘夷に突き進む流れに抗《あらが》う動きも存在した。たとえば、幕府の御側御用取次であった大久保忠寛は、三条実美ら勅使の江戸到着前、松平春嶽の政治顧問横井小楠に対し、朝廷に攘夷反対の意見を奏上し、聞き入れられなければ、断然政権を奉還して徳川家は駿河・遠江・三河を領する諸侯に下るべきだと述べ、横井を感心させた。(11) この段階では、そのような考え方は実際に老中を動かす力を持ち得なかったが、約三年後の慶応元年一〇月に大久保が勝海舟に送った書翰によれば、このとき、将軍家茂と松平春嶽は政権奉還論に理解を示したという。(12) 以後も、攘夷実行をめぐる政局のなかで、将軍辞職論も含む政権返上論が唱えられるが、将軍や幕府関係者のなかに、すでにこの時期「政権奉還」という思考が形づくられた点は軽視できない。

それに加えたいのは、右とも絡む幕臣一般の朝廷への反発である。文久二年閏八月頃の風聞では、幕府の末端の旗本に君臣の名分を弁《わきまえ》えない者が多いとして、「当春以来　勅諚之趣等ニて頗《すこぶ》る関東之武威衰頽《すいたい》之形に属し候を憤り、紛々と議論いたし　朝廷ニて理非之　仰も候ハ、御譲位をすゝめ奉り候も　皇国之御為抔《など》と申罵候者有之」と報じられている。[13] つまり、思い通りにならない天皇を退位させろという一種の放言が、幕府有司の口から頻繁に発せられていたのだろう。同時期に、和学講談所の塙《はなわ》次郎が老中の指示で廃帝の故事を調査したという風聞が流れ、文久元年一二月に和宮下向に随従した岩倉具視らに対し、将軍家茂が二心なきことを誓う直筆誓書を呈したこと、[14] 翌年一二月に長州藩士によってその塙が暗殺された事件も、このような幕臣一般の雰囲気を背景に考えなくてはならない。

外交問題に端を発する開国政策への反発と政治の混乱、幕府の開国政策の撤回という流れのなかで、天皇と雄藩は重要な役割を果たした。江戸城で有形無形の力で諸大名をコントロールした将軍の「御威光」による支配は崩壊し、自明だった政権を担当する慣習が根本的にゆらぎつつあった。将軍は、天皇からあらためて大政委任のお墨つきを得るため、それにふさわしい行動を示さなくてはならなかった。約二二九年ぶりの上洛は、従来の将軍のあり方を決定的に変化させ、畿内を政治の中心に押し上げる契機となっていくのである。

二、視覚化される政治の動き

（1）将軍上洛と摂海巡視

近代の政治権力が「見える天皇」による行幸や巡幸を通じて視覚化され、支配の重要な要素となったことはつとに指摘されてきた。(15) しかし、権力や政治の動向が視覚化される現象は、すでに幕末から本格的に始まっていたことはもっと注目されていい。洛中や大坂では、公武関係者の行列を目にする機会が頻繁となり、膨大な人々の前で政治が「動いている」ことが実感されたのである。

その起点となったのが、将軍上洛である。幕府は当初、軍艦による上洛を触れていたが、出発直前に生麦事件の賠償要求に絡むイギリス艦隊の動向が原因となり、急きょ陸路東海道に変更した。行列の人数は約三〇〇〇～四〇〇〇人ほどで、三代家光が寛永一一年（一六三四）に挙行した上洛での約三〇万七千人とは比較にならない少なさだった。また、行列は質素・簡易を標榜し、沿道の規制もきわめて緩いものとなった。そのため、歩行や馬上で移動した将軍の姿が膨大な人々の目に触れ、江戸では上洛を題材とした多くの錦絵が摺《す》られたのである。(16) この将軍上洛による政治の視覚化と熱狂は、三月四日の家茂の入京によって畿内に本格的にもたらされるが、まず政治の動向について見ておこう。

三月七日に初参内した家茂に対し、朝廷より勅書が下された。それは、「征夷将軍」を従来通り委任して攘夷成功などを命じたもので、事柄によって諸藩へ直接命令することもあるとしていた。(17) これは、国政全般の委任を望んでいた幕府の思惑と異なるもので、将軍は攘夷は委任されたが、国事はこの限りではないことが示されたのである。(18)

幕府はこの事態を挽回できないまま、攘夷実行を前提にした政治的セレモニーが展開されていく。まず、雨天の中を決行された三月一一日の賀茂社行幸（攘夷祈願の目的）では、鳳輦《ほうれん》の前後に関白と将軍以下諸大名など公武関係者が雨に濡れながら随従した。その状況を目にしたある人物によれば、行列を見るため大坂や近国から膨大な人々が押し寄せ、「市中は勿論《もちろん》、加茂川原幷水中之無差別大群集、老若之方怪我人も有之、実ニ古来より無之」状況だったという。[19] この行列は、武士や庶民など膨大な人々に対して、公武合体と君臣の名分を視覚的に表現してみせたのである。

続く四月一一日・一二日にかけて行われた石清水八幡宮行幸（将軍家茂は体調不良で不参加）では、一橋慶喜以下老中や諸大名が随従した。在京の会津藩士は、「御通之御道筋洛中ハ勿論、洛外郷村ニ至迄貴賤男女群集いたし　御所より八幡迄両側ニ引続　夥敷《おびただしき》事ニて驚目《きょうもく》候事ニ候」などと報じている。[20]

このように、天皇が禁裏を出ることも画期的だったが、同時に将軍が攘夷を中心とする国事の先頭に立つ状況が生まれることにも注目したい。[21] 上洛以前より、将軍自ら禁裏を守衛すべきだという認識は幕府関係者のなかに生まれており、とくに雄藩との政治的競合の観点からその必要性が唱えられた。[22] それは、安政期以降の摂海防禦の重要性への認識とあいまって、将軍の職掌を形作っていった。[23] 将軍家茂は、五月一〇日を攘夷期限とすることを四月二〇日に奏《そう》聞《もん》すると、翌四月二一日には単独で石清水八幡宮へ参詣した後、そのまま大坂城に入った。

将軍の大坂入城も、やはり寛永一一年の家光以来だった。以後、家茂は大坂河口付近の台場や大坂湾内の視察を行っていく。[24] 注目したいのは、将軍として初めて蒸気船に乗って湾内を視察したことである。初日の四月二三日は天保山の台場予定地を視察したのち、海上で順動丸に乗り込み兵庫に向かった。神戸の台場を海上より視察し、兵庫の和田岬と西宮に上陸のうえ、台場を視察している。また、同月二八日は陸路堺にいたり、そこから順動丸で友ヶ島の台場を視察し、摂津の大川浦に碇泊した。翌二九日には紀州方面に南下して加太浦に上陸し、紀州藩主徳川茂承《もちつぐ》に迎えられ、大砲演習などを視察して天保山に戻った。

続いて、五月四日には播磨の舞子浜に上陸して明石藩の砲台と演習を上覧。淡路の松帆崎台場を海上から視察し、南下して由良に上陸のうえ、阿波藩の演習を上覧し、天保山から帰城したのは五日朝だった。家茂は海上視察と同日、また別に一日かけて、大坂の河口付近、神崎川や木津川周辺の諸藩の固め場や銃器保管場の視察を精力的に行った。以上の行程の中心は、明石海峡（舞子浜・松帆崎）と紀淡海峡（加太浦・友ヶ島・由良）の防禦を確認することにあった。これらの箇所は、外敵侵入の防御線として重視され、家茂が前年に攘夷を奉承して以後、文久二年の一二月一七日には、朝廷より阿波・紀州両藩に厳備が命じられていた経緯もある。[25] これに対応し、直後に幕府では老中格の小笠原長行がこれらの地点を海上視察しており、家茂の視察はそれを基礎にしたものと考えられる。

将軍視察の背景について、一橋慶喜は江戸の老中に宛てた書状のなかで、「諸藩一同」が必要性を主張し、天皇も同様の考えだったため、家茂が心配して「御自身御世話も被遊」ことになったと述べている。[26] つまり、朝廷や諸藩の懸念を払拭することに主眼があったのである。また、将軍自身が船に乗り、各地に上陸して警備を視察することは、台場を守る諸藩の士気を高め、攘夷に懐疑的な幕府内部を引き締める効果も期待される。幕府が五月一〇日の攘夷期限を諸藩に触れたのが、視察の初日（四月二三日）だったのは単なる偶然ではないだろう。家茂の摂海巡視は、将軍自身が攘夷の先頭に立つ意味が込められていたのである。

また、巡視の行き帰りに際し、家茂が大坂城下を徒歩や騎馬で移動したことにも注目したい。当時、将軍の御成がある場合、事前にその日の行程と通過予定の道筋が触れられた。沿道の心構えや準備、警備のためである。そのため、城下では家茂の御座船への搭乗地点や帰路の上陸地点に人々が群集する現象が見られた。[27] また、四月二八日には、家茂は堺に向かって騎馬で駆け通し、四天王寺などに立ち寄っているが、そのときの目撃談は次のように言う。

此時将軍様御召物、水あさぎ《（浅黄）》之かたびら《（帷子）》、ブツサキ、御着物紺かたびら、銀作り之陣笠、後ロニシツペイ《（竹篦）》御差なされ、踏込織物、紺足袋ニ藤一枚ぞふり御召ニ（而）御行、平人共右之装束ヲ見て、阿々トいふて涙を流し悦ブ

悦ブ悦ブ、実ニ下を憐ミ被下トて、御通り節わ南無将軍様ト拝スル[28]、

将軍と下々を隔てる壁が取り払われ、陣笠をかぶり、ブッサキと称される割羽織に竹篦《しっぺい》を持った将軍の姿に興奮の声があがったのである。家茂は兵庫や神戸などの上陸地点でもわずかな供で移動しており、それ以前の重々しい将軍の御成というイメージを打ち壊している。

総じて文久期以降、大坂では海路上陸して京都に向かう幕府高官が通過する機会が増え、人々は頻繁に行列を目にすることになった。これは京都でも事情はまったく同じで、視覚化された政治動向の中心に、賀茂社行幸や石清水八幡宮行幸、将軍の摂海巡視があったのである。

（２）錦絵のなかの畿内政治

この政治の視覚化という問題を、錦絵出版という現象からさらに見てみたい。将軍上洛を契機として出された錦絵の総数は、のちに慶応四年の天皇の東京行幸に際して出された錦絵の数をはるかに上回っている。まず、将軍上洛を題材としたものでは、大判一枚からなる通称「御上洛東海道」と呼ばれるシリーズがある（正式には「東海道名所風景」）。これは、三代歌川豊国をはじめ歌川派の人気絵師一六人が参加し、総数は一六二枚（一六三枚とする説もある）からなる、おそらく浮世絵史上で最も大きなシリーズである。絵柄の多くは、東海道を上洛する将軍とその行列を、名所風景とのコラボで描いたものである[29]。

そのほか、大判竪一枚を横に三枚つなげてワイド感を楽しむ、いわゆる三枚続が多数出版された。筆者が現時点で確認した範囲では、詳細が分かる三枚続は五七を数える。三枚続は通常一枚づつ売られるため、これを一枚当たりに

換算すると一七一枚となり、「御上洛東海道」と合わせると、上洛予定が布告された文久二年九月から家茂が江戸に帰還する六月前後まで、少なくとも大判三三三枚分の版木が彫られたことがわかる。特定のテーマで、短期間にこれだけの錦絵が制作された例はないように思う。ちなみに、これらの作品はいずれも江戸の絵師と版元による制作で、江戸市中で主として売られ、一部は他国出身者の手を経て江戸以外に伝播《でんぱ》したと推測される。

ここで、売り物としての錦絵に注目する理由は、単に上洛への人々の熱狂を示すためだけではない。錦絵は、実際に天皇や将軍の行列を見ていない人々にも、視覚的体験を提供する意味を持った。そして、「上洛」や「天皇と将軍」などのイメージを、想像図という形で（よって事実そのものではない）、広範な人々が政治を読み解く共通のフィルターの役割を果たした。そこから見える畿内の政治のイメージとはいかなるものだろうか。

まず、三枚続を例にとろう。五七の作品中、京都・大坂など畿内を舞台とした題材は一七あるが、そのうち、将軍参内や天皇の行幸などが一一あり、公武間のイベントに江戸の関心が集まったことがわかる。たとえば参内図を見ると、「源義家朝臣奥州征罰《ママ》之図」（歌川芳盛画）、「頼朝公昇殿之図」（歌川芳宗図）などは、源頼朝に仮託して将軍参内を描いたもので（将軍を頼朝と重ねる慣例があった）、いずれも烏帽子に狩衣、あるいは衣冠か束帯姿の将軍が、紫宸殿に擬された場所に昇殿した図や、南庭（紫宸殿前の庭）に将軍がひれ伏す図である。ちなみに、天皇は御簾で姿が隠されている。これは、実際の政治と同じく、将軍が天皇の臣下であることを強く意識した絵柄といえよう。また、将軍が天皇の命を拝受しているような描き方が多いのも、攘夷実行を誓う将軍の姿を重ねたもののようである。実際の公武関係は、絵師や版元を含む江戸の人々に広く認識されていたのである。

そして、図1に掲げた「石清水八幡宮風景図」（歌川芳艶画）に注目してみたい。本図は文久三年四月に出版された

図１　石清水八幡宮風景図　歌川芳艶画

ものだが、天皇の鳳輦は描かれていないので、四月二一日の家茂単独の石清水八幡宮参詣を題材にした可能性が考えられる。特徴として、画面中央に右から左（京都から大坂方面）へ向かう将軍一行が描かれ（将軍は「源頼朝公」という短冊で示される）、手前の淀川には吹流しや旗を立てた幕府の船が多数見え、中央左には淀城、左奥には大坂城、「兵庫」「湊川」の短冊が見える。もとより遠近の感覚は不正確で、強引に三枚のなかに京都近郊から兵庫までを押し込み、そのなかに将軍一行を配した図である。

　これは、一見すると単なる畿内の名所と家茂一行のコラボに見えるが、描かれた範囲が実際の家茂の可動範囲と重なっていることに注意しなくてはならない。文字情報として何ら説明がなされなくても、人々は現実の政治を想像できる仕組みになっているのである[30]。畿内と将軍一行というメッセージほど、この時期の政治をわかりやすく示したものはない。

　一方で、先に言及した大判一枚シリーズの「御上洛東海道」では、一六二枚の全作品中、将軍滞京中の洛中と周辺を扱ったものは三二枚確認されるが、そのなかには、将軍が内裏での蹴鞠や、加茂競馬を上覧する図、嵐山や賀茂川を遊覧する図、四条河原で夕涼みを行う図など、架空の絵柄が多数ある。これらは、上洛錦絵の多くの絵柄に登場する満開の桜を背景に、泰平のなかの公武融和を表現しているかのようであり、血生臭いテロが横行し、激しい駆け引きが行われている現実政治とは無縁の世界がそこには広がっている。ここから我々は、江戸の人々のいかなる心理を読み解けばよいのだろうか。

それについては、この時期、都市としての江戸が衰退することへの慨嘆《がいたん》が見られるのに注目したい。たとえば、将軍上洛直後の二月、江戸にいたある人物が報じた書状では、将軍不在の江戸は不景気となり、文久改革の影響で大名妻子が帰国し、空き屋敷が増えたことが述べられ、「只今迄之江府、繁花変して武蔵野ニ成候半《はん》、実に江都の繁壮ハ昔ニ成申候」とある(31)。上洛錦絵には、国家全体がゆらぐなか、江戸の人々による、安定した秩序の復活と、その延長線上に江戸復活への願望が込められていたと言えないだろうか。畿内の政治動向は、江戸の人々の存立基盤に関わっていたのである。

三、元治元年の大政委任

ここでは、以後の政局について見ていきたい。文久三年二月、イギリス艦隊による生麦事件の賠償要求があり、攘夷方針との兼ね合いで江戸では対応に苦慮し、幕府内で激しい対立が起こった。結局、イギリスの圧力を前に、五月九日に老中格の小笠原長行《ながみち》が横浜で賠償金を支払い、その後、将軍への事情弁明のため、摂海警衛を名目に歩兵・騎兵を率いて海路上洛の挙に出た(32)。しかし、兵力をもって朝廷に開国を迫る計画との風聞が流れ、京都の将軍以下は対応に追われた。家茂は朝廷から江戸帰還の許しを得ると、六月九日に大坂で小笠原を引見し、罷免のうえ城代預けとし、自身は海路順動丸で一六日に江戸に帰還した。以後、江戸では外交方針をめぐり混乱が続くが、幕府は八月に改めて横浜鎖港の方針を布告するにいたる。

一方、五月一〇日以後、長州藩は馬関海峡で外国船を砲撃し、朝廷からは監察使が派遣されるなど、国内の分裂傾向が顕著になっていた。将軍不在の京都では、長州藩と、攘夷・朝廷改革を目指す公家によって、大和国親征行幸の布告（八月一三日）が実現する。しかし、孝明天皇は本来大政委任を是認しており、急進的な攘夷を好まず、かつ三条ら朝廷改革派を忌避していた。そのため、皇族の朝彦親王や、会津藩、在京の薩摩藩士と連携して、クーデターによって三条実美らと長州藩を退け、親征行幸を中止に追い込んだのである（八月一八日政変）。

これにより、公武合体の気運が再び高まるなか、勅命により将軍家茂は海路翔鶴丸で大坂を経由して二度目の上洛を果たした（文久四年＝元治元年正月一五日）。その前後に、京都で松平春嶽・伊達宗城・山内容堂・島津久光、さらに一橋慶喜・松平容保が朝廷から「朝議参予」に任命された（いわゆる参予会議）。彼らは長州藩など攘夷勢力を排除しつつ、大政委任を軸とした公武合体体制の確立を目指した。

そして、正月二一日と二七日の家茂参内時に示された天皇の宸翰《しんかん》（後者は大名にも示された）は、天皇と将軍のパーソナルな関係を強調し、それを軸に公武協調を実現させようという意欲を示していた。また、長州藩と三条以下を排除すること、無謀な攘夷を好まないことなどを述べ、さらに、天皇と将軍・大名を親子関係にたとえ、挙国一致を「武臣」に訴えかけた点が特徴的である[33]。

これによって、一見公武関係は順調に滑り出したように見えるが、いくつかの問題点を内包していた。すなわち、天皇が露骨に長州や三条らを敵視したことで、客観的には挙国一致ではなく、国内の分裂傾向を強めたという点、さらに、将軍と大名の関係をともに天皇の「赤子」と表現したことが、あくまで将軍と大名を区別することを望む幕府の反発を招いた点が指摘できる。後者について言えば、客観的に見ても、将軍と大名を並列扱いにすれば、両者の関係は「武臣一般」に解消され、王政復古（大政委任の否定）の趨勢《すうせい》に歯止めがかからなくなる。

そして、より大きな問題は、この二度の親翰の草案を島津久光が作成したという事実だった[31]。この件は、天皇と少数の朝廷・薩摩藩関係者のみが知ることだったが、それを察知した一橋慶喜は、薩摩に天皇が奪われるという危機感をもち、天皇と久光をつなぐ参予会議を解体に追い込んだ。以後、五月に将軍が東帰すると、慶喜は京都において有力大名の国政介入を阻止する方向で朝廷の独占を図り、薩摩藩との対立関係に入っていく。

一方、目を転じて公武間の儀礼に注目すると、二度目の将軍上洛では、初度の上洛と比較して家茂への厚遇が目立ち（従一位右大臣への昇進、参内時の板輿《いたごし》の拝領、深宮《しんきゅう》での将軍を招いての内宴など）、家茂の頻繁な外出が見られるのも特徴である。その外出について参内以外で見ると、皇室の菩提寺である泉涌寺への参詣（二月七日）は朝廷尊崇の趣旨によるものであるが、関白二条斉敬邸（三月二八日）や前関白近衛忠熙邸、朝彦親王邸（ともに四月九日）への訪問と合わせ、公武協調のための儀礼的行為と見ることができる。

他方、二月一二日に訪問した金地院（南禅寺の一画）と知恩院、東本願寺と別邸（枳殻《きこく》御殿）は、いずれも歴史的に徳川家と関係の深い場所だが、前二者は賀茂川を超えた洛東にあり、家茂の行動範囲はすこぶる広い。洛中の度重なる将軍の行列は、公武関係の安定化を象徴し、多くの人目に触れたであろう。次の将軍慶喜によって決定的となる、朝廷との結合による「京都の将軍」化の先取りである。

そして、四月二〇日に天皇より在京中の将軍に対し、大政委任の御沙汰が下された。これは政令一途を目的に「一切御委任」を明示したが、他方で「国家之大政大議」は奏聞を命じており[35]、厳密な意味での大政委任ではないという見方もできる。しかし、幕府内部でこれを大政委任の否定、あるいはそれと矛盾すると考えている様子はない[36]。実際問題として、天皇を度外視して政治を運営することはもはや不可能であるという、幕府衰勢の自覚が背景にあるように思われる。他方で、この大政委任により、天皇も幕府とともに政治責任を負わねばならないことになった点は注目される。

また、大政委任の御沙汰と同時に、朝廷は幕府に対して横浜鎖港の実現を命じたが、五月の将軍東帰後、幕府内部の対立により六月には開国主義をとる老中以下諸役人が中枢に進出した。加えて、横浜鎖港を目指して武力蜂起した水戸の天狗党の壊滅と、七月一九日の禁門の変は攘夷推進勢力に大きな打撃を与え、幕府は第一次長州征伐を理由に横浜鎖港方針を棚上げした[37]。そして、翌慶応元年一〇月、イギリス・フランスなど列強の圧力によって、幕府の奏請によりついに朝廷は条約を勅許し、国家としての攘夷方針は完全に消滅した。それと並行して、幕府は有力藩と対立する形で長州再征を推し進め失敗する。以上の過程で、あくまで幕府を支持する「叡慮」と、幕府を批判する列藩の「公議」は分離を始めた。そして、幕府と結合した天皇・朝廷も「公議」の批判対象となり、その権威は失墜していく。そこから、摂関制度の廃止にいたる根本的な朝廷改革のレールが敷かれていくのである。

四、畿内と国元の綱引き

ところで、畿内の政局は短期間で目まぐるしく展開するが、それは畿内と国元（本拠地）に分離した幕府や藩、全体的な政局にいかなる問題をもたらしたか。最後にこの点を考え、幕府倒壊以降を展望したい。

文久期以降の政局の展開を早めた要因の一つとして、将軍以下幕府首脳の海路利用があげられる(38)。家茂の場合、最初の上洛では海路は復路のみだったが、二度目の上洛（文久三年一二月末）は往路・復路ともに蒸気船だった。後者は、最初の上洛からわずか約半年後で、かつ江戸城本丸が消失した直後だったことを考えても、海路なくしてはありえなかった。また、海路と蒸気船の利用は、西国諸藩の政治戦略にも影響を与えた。重要なところでは、慶応二年以降、薩摩・長州両藩の盟約の履行や、以後の倒幕運動において、兵力を迅速に上方に集中させる条件を提供している。

このように、蒸気船の登場は畿内と他地域の距離を縮める役割を果たしたが、そのことは、幕府や藩に迅速な意志決定を強いることになった。しかし、この時期、あらゆる組織内部で政策決定に関わる層は拡大する傾向にあり（「公論」の重視）、それは迅速な決断と矛盾する側面を持っていた。また、海路によって距離が縮まったとはいえ、畿内と本拠地とのタイムラグはある程度は避けられない。そこから、しばしば畿内の出先（家臣だけでなく滞在中の殿様も含む）が独走し、国元の意向と食い違いが起こる。すでに、薩長など倒幕派の動向を、藩の動向として単純に捉えることへの警鐘は鳴らされていたが(39)、近年も薩摩藩では、島津久光が出先の西郷隆盛らの独走を警戒して監視下に置こうとしたことや、久光自身は武力倒幕を是認していなかったという見解が示されている(40)。それはすなわち、結果的に薩摩藩の国元は倒幕戦に引きずりこまれたことを意味する。

出先の独走は、政治の中心にあった幕府にも当てはまる。たとえば、文久三年八月一八日政変は、将軍以下幕府中枢が関与しないところで、京都守護職の会津藩などによって断行された。この情勢変化によって、前述のように将軍はわずか半年で再び京都に引き出されることになる。そして、同じく将軍不在中に起きた元治元年の禁門の変も、同年三月に禁裏守衛総督・海防禦指揮に就任した一橋慶喜を中心に乗り越え、松平容保、桑名藩主松平定敬（四月に所司代就任）と合わせた、いわゆる一会桑《いっかいそう》が以後、天皇・朝廷首脳と連携して政局をリードしていく。続く第一次長州出兵では、度重なる在京勢力の要請にもかかわらず、将軍は江戸を動かず、その結果、征長総督徳川慶勝らの独走を生み出した。

　これらの過程は、畿内の政治の展開に、本拠地の江戸が追いつけない状況を示しており、同時に江戸のなかで畿内の政局へのコミットを拒否する力が働いていることも見逃せない。すなわち、元治元年（一八六四）の禁門の変前後から、将軍が畿内の政局に関与することを拒否する復古的な幕閣が登場し、彼らは一時期、公武関係を危機に陥れた[41]。しかし、視野を広げれば、このような江戸の姿勢は決して特異ではなく、諸藩でも藩自体の保全を目的に、畿内で展開される政局の渦中から、藩主や隠居を国元に引き戻す動きが存在したのと、同様の動きと見るべきだろう。

　とはいっても、国家意志に正当性を賦与《ふよ》する天皇が京都に存在する限り、畿内から距離を置き続けることは不可能だった。そして、度重なる勅命への対応をめぐり、江戸の復古的な幕閣と、京都の一会桑や徳川慶勝、薩摩藩などとの対立は激しくなっていった。幕府の命運を左右した慶応元年五月の長州再征と、閏五月以降の将軍畿内滞在は、江戸の将軍・幕閣が畿内に引っぱられた挙げ句の果てに、逆に政局の主導権を取り戻すべく打って出たという性格を帯びていたのである[42]。以後、将軍は次の慶喜も含めて江戸に帰還することはできなくなっていく。

　しかし、将軍による長期の畿内滞在は、畿内の幕閣と江戸の留守政府との間で、政策をめぐる不協和音を招く原因にもなった。すでに、文久三年・元治元年の両度の将軍上洛の結果、攘夷実行や横浜鎖港実施をめぐって幕府内で激しい対立があり、それによって幕府は体力の消耗を強いられた。結局、将軍が畿内に滞在しても、逆に江戸に引きこもっても、幕府は組織内の合意形成に苦しみ、困難な状況に置かれたのである。

本稿の冒頭で触れた将軍慶喜の大政奉還の決断も、このような状況のなかで理解すべき問題である。つまり、幕府有司への諭書のなかで、「今度独断を以て、非常之大変革をなせしは……」と述べるている点はあらためて注目できる。幕府組織が京都と江戸に分離した状況で、明確な合意形成がないまま将軍の「独断」で徳川二五〇年の政権が終わりを告げたのだから、多くの憤懣《ふんまん》を生んだことは当然であった。臣下に諭書を発しなければならなかったこと自体が、そのことを示しているだろう。

巨大な組織が二つに分かれた場合、平時でも意志疏通や合意形成には困難がともなう。まして、畿内政局は組織の命運に関わる政治決断を絶え間なく求め、幕府や藩は、畿内と国元両者の意志疏通が不十分ななかで決断や改革を迫られ、内部抗争に消耗した。同様の問題は、戊辰戦争以後、全国規模で拡大していくだろう。

おわりに

幕府の倒壊のうえに誕生した天皇政府も、今まで見てきた幕末の畿内政治に見られた要素を継承している。つまり、天皇が自ら政治の先頭に立ち国事に乗り出す点、さらに、その姿をアピールするため政治の視覚化がなされた点などである。慶応二年一二月に孝明天皇が死去したのち、睦仁《むつひと》親王（明治天皇）が践祚《せんそ》したが、摂政をはじめ朝廷首脳は、幕府と連携した人々であった。慶応三年一二月九日の王政復古は、幕府を廃止するだけでなく、それと一蓮托生《いちれんたくしょう》の朝廷を作り変えることを意図し、摂関制度を廃止し、戊辰戦争を乗り切るなかで天皇親政を成立させる。

翌慶応四年三月一四日の五箇条の誓文と同時に出された宸翰には、「一身の艱難《かんなん》辛苦を問《とわ》す、親《みずか》ら四方を経営し汝億兆を安撫《あんぶ》し、遂には万里の波濤《はとう》を拓開し国威を四方に宣布し、天下を富岳《ふがく》の安きに置んことを欲す」という文言がある。(43) その言葉通り、天皇は大坂に自ら駕《が》を進め、続いて戦争での民の艱難を救うことを標榜しつつ東幸の途につく。この東幸で天皇は鳳輦《ほうれん》に身を隠していたとはいえ、天皇の視覚化による支配の重要な画期となったが、これは幕末の将軍上洛の経験上に位置づけられる。(44) ちなみに、天皇がかつての将軍のように、大々的に身体を沿道にさらすようになるのは、明治五年（一八七二）の西国巡幸を嚆矢《こうし》とする。

そして、畿内に国家の政治中枢が形成されていく幕末政治の趨勢は、二度にわたる天皇の東京行幸によって大転換を遂げるのである。

註

（1）原口清『幕末中央政局の動向』（岩田書院、二〇〇七年）、ジョン・ブリーン『儀礼と権力　天皇の明治維新』（平凡社選書、二〇一一年）第一章など。
（2）『徳川慶喜公伝　史料編』三（東京大学出版会、一九九七年）、二一一～二一三頁。
（3）『水戸藩史料』上編乾（吉川弘文館、一九七〇年）、口絵写真。
（4）吉田常吉・佐藤誠三郎編『日本思想体系56　幕末政治論集』（岩波書店、一九七六年）一七三頁。
（5）『孝明天皇紀』三（平安神宮、一九六七年）、六〇九～六一〇頁。
（6）前掲『幕末政治論集』、二二六～二二八頁。
（7）同右、二七二～二七三頁。
（8）大名の参内状況は、『孝明天皇紀』四（平安神宮、一九六八年）および『維新史料綱要』四（東京大学出版会、一九八三年）による。
（9）『続再夢紀事』一（東京大学出版会、一九八八年）、二四三頁。
（10）福岡万里子『プロイセン東アジア遠征と幕末外交』（東京大学出版会、二〇一三年）第三章。
（11）前掲『続再夢紀事』一、一六四～一六五頁。

(12)『勝海舟全集別巻　来簡と資料』（講談社、一九九四年）、二二一～二二三頁。
(13)『鹿児島県史料　玉里島津家史料補遺南部弥八郎報告書』一（鹿児島県、二〇〇二年）、七一～七二頁。
(14)『孝明天皇紀』三、七一八～七一九頁。
(15)佐々木克『江戸が東京になった日』（講談社選書メチエ、二〇〇一年）、原武史『可視化された帝国』（みすず書房、二〇〇一年）など。
(16)以上、拙稿「文久三年将軍家茂上洛の歴史的位置」（『千代田の古文書2』千代田区教育委員会、二〇一三年）による。
(17)『孝明天皇紀』四、四六四～四六五頁。
(18)原口前掲書、二一一～二一二頁。
(19)鈴木棠三・小池章太郎編『近世庶民生活史料　藤岡屋日記』第一一巻（三一書房、一九九二年）、六頁。
(20)『会津藩庁記録』一（東京大学出版会、一九八二年）、四七八頁。
(21)拙著『幕末の将軍』（講談社選書メチエ、二〇〇九年）では、「国事の将軍」と捉えた。
(22)原口前掲書、二二四～二二五頁。
(23)後藤敦史「楠葉台場以前の大坂湾防備」（『ヒストリア』二一七号、二〇〇九年）。
(24)以下の行程は、「昭徳院殿御上洛日次記」（『続徳川実紀』四、吉川弘文館、一九八二年）による。また、大坂湾と周辺台場の設置状況は、「大阪湾岸の台場跡」（前掲『ヒストリア』二一七号）を参考にした。
(25)『孝明天皇紀』四、二九〇～二九一頁。
(26)『徳川慶喜公伝　史料編』一（東京大学出版会、一九九七年）、五一一頁。
(27)「鍾奇斎日々雑記」一七（『大阪編年史』二四、大阪市立中央図書館、一九七七年）、一六～一七頁。
(28)「末代控」（同右、二〇頁）。
(29)研究史などの詳細は、註（16）拙稿。
(30)鳥瞰図と政治の関係については、杉本史子「時事と鳥瞰図」（『千葉県史研究』一六、二〇〇八年）参照。
(31)『東西紀聞』一（東京大学出版会、一九六八年）、二二五頁。
(32)『小笠原壱岐守長行』復刻（土筆社、一九八四年）、二二八～二三四頁、『杉浦梅潭目付日記』（みずうみ書房、一九九一年）、一五四～一五五頁。
(33)『孝明天皇紀』五（平安神宮、一九六九年）、二〇～二七頁。
(34)宸翰と薩摩藩の関係、参予会議解体については原口前掲書、二八五～三一三頁による。
(35)『孝明天皇紀』五、一四八～一四九頁。
(36)前掲『杉浦梅潭目付日記』、三二一～三二三・三五六～三五七頁など。
(37)この間の経過は、拙著『長州戦争と徳川将軍』（岩田書院、二〇〇五年）第一章。
(38)幕末の海軍については、神谷大介『幕末の海軍』（吉川弘文館、二〇一八年）参照。
(39)小野正雄『幕藩権力解体過程の研究』（校倉書房、一九九三年）、二六一～二六三頁。
(40)家近良樹『西郷隆盛と幕末維新の政局』（ミネルヴァ書房、二〇一一年）第三章、同「島津久光の政治構想」（前掲『幕末維新の政治と人物』）。
(41)註（37）拙著、第三章。
(42)同右、拙著、第四章。
(43)『復古記』一復刻（マツノ書店、二〇〇七年）、八三四頁。
(44)註（16）拙稿および、椿田有希子『近世近代移行期の政治文化』（校倉書房、二〇一四年）。

Ⅱ

幕末期畿内の社会状況——大阪湾警衛を中心に

上田長生

はじめに

幕末期の政治過程は、畿内社会やそこに暮らす人々にどのような影響を与えたのだろうか。一方で、畿内社会のあり方は、いかに政治変動を規定したのだろうか。

近年の幕末史研究では、膨大な史料を読み解くことで、政治過程がきわめて精緻《せいち》に描き出されている。[1] ところが、政局が展開した場である畿内社会そのものへの関心は弱く、幕末期に当該地域に生きたさまざまな階層の人々が、そうした政治変動をいかに捉え、関わったのかはあまり明らかにされていない。

だが、豊かな幕末維新史像を描くためには、豊富な研究蓄積をもつ幕末政治史と、近世史研究で進められた地域社会論を意識的に架橋《かきょう》していく必要がある。宮地正人氏が、「幕末維新期なる巨大でダイナミックな過渡期を動態としてとらえつくそうとするならば、それは社会的な広がりと深みから政治過程を逆照射していかなければならない」[2]として、「社会的政治史」の必要性を提起したことに通じる。また、畿内・近国社会論から近世史に問題提起を続ける岩城卓二氏が、「精緻な実証成果が日本の近世から近代への変革論として結実するには、政治と社会の関係性を意識的に問う姿勢を持つことが必要だ[3]」と指摘する通りである。岩城氏は、摂津・和泉・播磨に散在していた五万石余りの一橋家の領知が、いかに一橋慶喜の政治活動を支えたのかを、歩兵・夫役人足などの負担実態から詳細に明らかにしている(4)。また、京都守護職松平容保に与えられた畿内の役知領支配の実態を解明した馬部隆弘氏の研究(5)や、天皇陵の修復・管理から朝廷と畿内社会の関わりを検討した拙著(6)なども、そうした問題意識を共有している。

このような政治過程と社会の関わりを考えるうえで、畿内の人々が当時の政治変動や軍事行動にいかに関係したのかを問うことは有効と思われる。ここでは、幕末期の大阪湾警衛と周辺地域の関係から、こうした問題に迫ってみたい(7)。大阪湾警衛にどこからどのように人が動員されたのかを追うことで、周辺地域の人々の関わりがみえてくるだろう。

一、ディアナ号来航と大坂周辺地域

本書のなかでもたびたび言及されているように、大坂周辺地域に本格的な幕末の到来を告げたのは、ロシア船ディアナ号の来航だった。ディアナ号来航は、大阪湾の防備の不十分さを白日の下にさらし、徳川幕府・朝廷に大きな衝撃を与えた。一八世紀末以降の日本近海への外国船来航を受けて、幕府は全国の沿岸防備の強化に乗り出すが、大阪湾では文化六年（一八〇九）に畿内・近国の大名へ警衛を命じただけで、台場や屯所が設けられたわけではなかった。

嘉永七年（一八五四）九月一八日、ディアナ号が天保山沖（大阪市港区）に来航すると、大坂の幕府役人を統括する大坂城代土屋寅直《ともなお》と大坂町奉行佐々木顕発《あきのぶ》・川村修就《ながたか》は、九三家の蔵屋敷に詰める諸大名の家臣を動員し、人足を含めて一万数千人が天保山を固めた。ディアナ号は二週間ほどで下田へ向かったが、その間、蔵屋敷の機能停止や見物人の取り締まりなどで、大坂周辺地域に大きな影響を与えた。

では、突然の天保山防備で、幕府役人は必要な人足をどのように確保したのだろうか。そもそも大坂城は西国有事に備えた幕府の軍事拠点で、近世を通じて、城代・定番・大番・加番などの譜代大名・旗本が詰めていた(8)。その数は、蔵屋敷の役人を含めて、八〇〇〇人以上と推計されている(9)。大坂城守衛にあたっては、当然ながら多数の人足を使う必要があり、人足頭を通じて調達がなされていた。そうしたなかで、突然、軍事動員がかけられた場合どうなったのか。

譜代大名が務める大坂加番に人足を調達していた御用商人藁屋《わらや》忠助は、ディアナ号来航で安治川口防備のために諸藩蔵屋敷が人足を買い上げてしまい、足軽・人足は平常の一日一二四文では納得しないので、城内御用の人足賃を倍にしてほしいと願っている(10)。蔵屋敷は、元来、各藩の米や産物を売買するために設置されたものであるから、軍事的な機能はほとんどもっていなかった。そのため、天保山防備に対応するためには、大阪市中から人足を買い入れなければならず、それまで大坂城の御用を務めていた人足が不足してしまったのである。つまり、この段階の大坂は、突然の軍事動員には耐えられない状態になっていたのである。

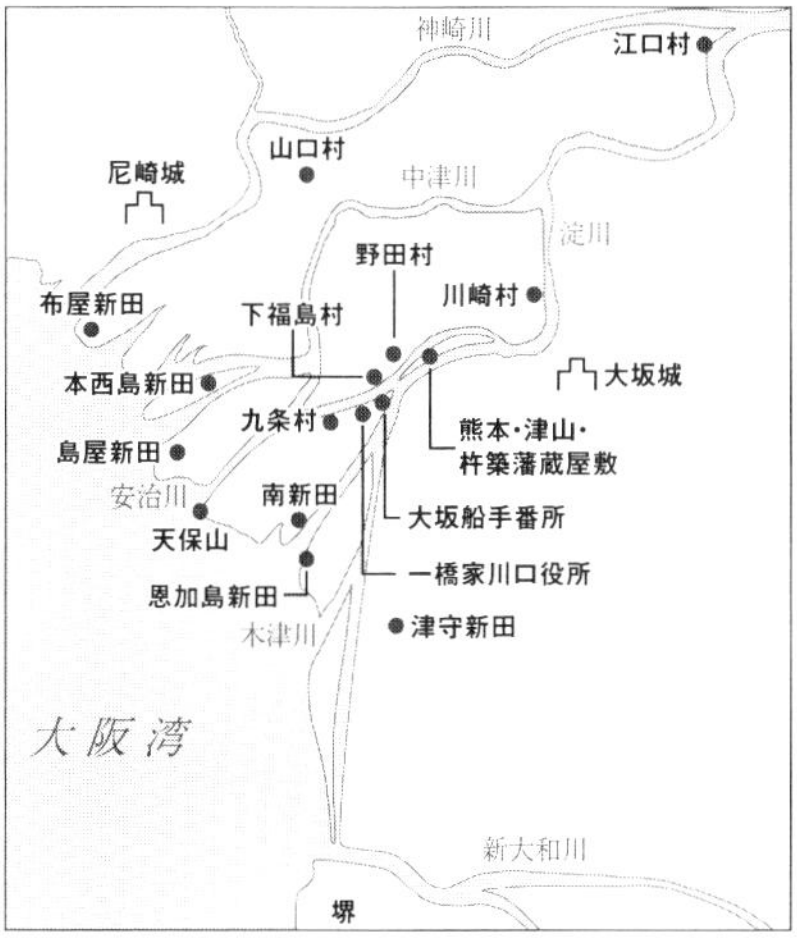

図1　大阪周辺の村々概略図

各蔵屋敷でも、武具の調達などに追われた。小倉藩蔵屋敷では、武器類が手薄なため具足一八領を送ってほしいと国元に願い、小倉からは藩士一一名と火縄銃二〇挺を含む武器類が送られている(11)。また、文久・元治年間（一八六一〜六五）には、熊本藩・津山藩・杵築《きつき》藩が蔵屋敷内で鉄砲稽古を行っていることが確認でき、蔵屋敷の性格も変化していったことがわかる(12)。

幕府役人の人足調達に話を戻すと、その苦心がよくわかるのが大坂船手である。大坂船手（川口奉行）は、九条島（大阪市西区）東北端に番所を置き、大坂に入津する船の監察や幕府官船の管理などにあたった旗本役で、江戸時代初期には西国における海軍の要だった(13)。当然、ディアナ号来航時には大坂船手も警衛にあたるため、人足の供出を大阪湾岸の幕府領村々に命じた。三節でみるように、大阪湾岸の村々はすべて幕府領で、谷町・鈴木町（大阪市中央区）の代官の支配を受けていたが、命を受けた村々は鈴木町代官所に対応を問い合わせた。これに対して代官所は、「代官所以外に御用人足を出す筋合いにないと断り、以後は人足差出しを求められても、しかるべき筋と交渉してほしいと答えよ」と指示している(14)。幕府役人・諸藩が人足調達に奔走している状況がうかがえるとともに、同じ幕府の役人にもかかわらず、大坂船手は幕府領から人足を調達できなかったことがわかる。

その後も、大坂船手は人足を動員する手段がなかったようで、安政六年（一八五九）にアメリカ船が来航した際には、船手番所に火災時に駆け付けることになっていた西成郡下福島村・野田村（大阪市福島区）などの七か村に差出しを命じて、何とかしのいでいる(15)。幕府役人の大坂船手ですら、すでに大阪湾警衛に人足を動員する基盤もルートももっていなかったのである。

以上のように、近世には全国市場の中心として経済都市となっていた大坂は、本来の西国における軍事拠点としての性格を形骸《けいがい》化《か》させており、突然の有事には兵・武器・人足などすべての面で対応できない状況になっていた。

ところで、大坂・京都周辺は、幕府領の他に大名・旗本・公家・寺社などの所領が分散錯綜《さくそう》して配置されていた。こうした各領地の村々は、ディアナ号来航にどのように対応したのだろうか。摂津国に城・陣屋を置く尼崎・三田・

高槻・麻田藩をはじめ、山城・大和・播磨・和泉国の諸大名も出陣したことが確認できる。[16] 尼崎藩の場合、一九世紀初めからたびたび講を組んで領内から出資させ、藩財政を補填《ほてん》してきたが、嘉永三年には大阪湾防備を名目に「太平講」を企画していた。[17] ディアナ号来航時には、九月一九日にまず一七〇〇名の兵を出し、二〇日には兵庫から天保山北を持場としたため、尼崎城下海岸に一隊、灘筋海岸へ一隊を派遣している。さらに、大坂蔵屋敷へ補備隊一隊、別に四八名を伝法浦西海岸の防備に出している。[18]

また、摂津・和泉・播磨に領知を有していた一橋家では、泉州村々の惣代庄屋が大坂川口の御固場所や役所で賄《まかな》い御用を務めることになり、銀二三五〇匁《もんめ》余りの臨時入用が生じた。その内訳は表1に示したが、ディアナ号が大阪湾に入った九月一七日以降、一橋家の川口役所（大阪市西区）への報告や岸和田藩役人との連絡、城代土屋が大砲を曳《ひ》いて大津川を渡る際の助人足やたびたびの漕船供出、紀州藩の軍勢などの通過で破損した大津川仮橋の修復費など多岐にわたる。泉州村々は、摂津・播磨の領知村々も負担してくれるように川口役所に願い、摂州は六〇〇匁近くを負担することになった。当然これは、わずかとはいえ郡中入用として各村の百姓が負担することになった。[19]

その後、畿内の領地を飛び地として支配する大名・旗本も、それぞれの地域における海防や軍備増強に努める必要が生じたため、さまざまな負担を村々に課した。たとえば、旗本松下鎌太郎の知行所だった島下郡上音羽村（大阪府茨木市）では、異国船入用と安政期のあいつぐ地震で被害を受けた江戸屋敷の修復費として、村全体で銀四貫、庄屋は二貫を献金させられている。[20] アメリカ・ロシアをはじめとする外国船の来航によって、にわかに対外的な防備の必要性が増したが、その負担は海岸部の地域にとどまらず、上音羽村のような山手の村々を含むほとんどの地域が担うことになったのである。

表1　ディアナ号来航時の泉州一橋領の諸経費

費　　目	費用（匁）
9月17日、岸和田・貝塚辺へ異国船聞調人足2人	4
9月18日5つ時より、川口役所へ異国船渡来の注進、年寄出勤2人	12
9月18日夜、下石津沖間まで異国船見え、川口役所へ再注進、夜通し人足2人	16
9月20日、忠岡村へ淀藩役人着、加役旧井様より用状を川口役所届け、年寄出勤2人	12
堺紀伊国屋与助より大前様出役しらせ飛脚賃	3.2
9月27日、出役大前様用状を川口役所届け出勤2日分	8
岸和田・貝塚へ異国船の帰帆聞合出勤	8
同上、川口役所届け年寄出勤2人	12
9月24日、岸和田御固掛窪田九郎兵衛様より当村役人御召し、春木村出勤1人	4
9月25日、大前様用状にて春木村御固所へ用意船断の出勤	2
10月8日、岸和田御固掛田代環様より出役大前様へ用状、川口役所へ持参人足	8
10月11日、川口役所へ一件落着届け出勤2人	12
10月12日、大前様より岸和田田代環様へ返翰持参人足	2
川口役所より堺奉行所へ出役の賄入用、用達紀伊国屋与助書出分	71.2
10月1日、異国船・橋船2艘忠岡浦灘目へ漕寄、淀藩御固浜手へ出張時、火急人足手当、浜方へ出張諸入用	54
9月19日夜、城代土屋采女正領分下和泉御固、大筒数十挺車で曳き来るところ、大津川仮橋通行しがたく、水中曳立人足の依頼を受けて人足50人、岸和田馬借まで送り人足とも賃銀150匁と、川中篝・高張提灯・蝋燭代など33.5匁	183.5
紀州藩大坂御固2500人、岸和田藩も9月18日夜通行、引き続き交代などで昼夜通行あり、大津川仮橋大破のため火急掛替板材木・鎹・人足賃・大工・手間代	170.35
岸和田藩御固先、今在家浦で宮崎八郎兵衛より一橋家出役へ浦船用意依頼につき、漁船10艘手当、水主20人賃金（9月28日より10月8日まで10日分）	600
10月3日、異国船安治川沖より紀之路潟へ退帆後、大坂東町奉行佐々木信濃守組与力八田五郎左衛門・西町奉行川村対馬守組与力山本善之助・船手佐野亀五郎組与力太田資五郎より、灘目筋一同漕船用意出迎えの先触につき、当浦分は漕船5艘・水主25人用意（10月3日から6日まで4日分）	300
10月3日、異国船加太浦へ退帆時、忠岡浦間近く通船につき、勤番惣代庄屋より隣村で火急人足150人雇入賃銀	450
9月17日より10月9日まで22日間、臨時人足1人定雇入賃銀	33
9月17日より10月10日まで諸人足、掛り者飯米代	170.5
同上、塩・味噌・柴薪・茶・香之物代	35
一件中、浦方で夜之篝火用割木15駄代	120
一件中、燈油・蝋燭・筆紙墨代	35.5
一件中、諸入用勘定につき惣代庄屋立会入用	31.99
計	2358.24

※ 嘉永7年11月「異国船渡来諸入用勘定帳」（豊中市教育委員会・中村政昭家文書）より作成。費用の合計は史料中の総計と一致しないが、史料表記のままとした。

二、大阪湾警衛と大坂周辺村々

大阪湾の防備について、制度面でも人的側面でも欠陥が露呈したことから、幕府は警衛体制の強化を図らざるを得なくなった。ディアナ号が去った直後の一一月には、和歌山・徳島・明石藩に、大阪湾の入口にあたる紀伊国加太（和歌山市）・淡路国由良（兵庫県洲本市）・播磨国明石（同明石市）に台場を築くように命じ、大阪湾の実地見分のために勘定奉行石河政平らを派遣した。[21]翌年一〇月にも勘定奉行川路聖謨《としあきら》が巡見を行い、安治川口・木津川口への台場築造が命じられている。[22]台場築造は計画通りには進展しなかったが、幕府は安政四年四月、譜代大名の松江藩松平定安と高松藩松平頼胤にそれぞれ安治川口・木津川口の警衛を命じ、ようやく大名による海防体制が整えられた。その後、翌五年六月には、松江・高松藩に代わって、長州・尼崎・岡山・鳥取・土佐・柳河の六藩に警衛が命じられている。では、こうした諸藩の警衛は、具体的に社会とどのような関わりをもったのだろうか。岡山藩池田家と高松藩松平家の例から考えてみよう。

（1）人足の動員――岡山藩の場合

岡山藩池田家が、それまでの安房・上総警衛を免じられ、大阪湾警衛を命じられたのは安政五年六月二一日だった。[23]八月二九日には、岡山藩の持場が島屋新田（大阪市此花区）南境から布屋新田（大阪市西淀川区）北境であると伝えられた。警衛のためには陣屋が必要となるが、幕府側の対応が遅れ、藩側も天満の蔵屋敷続きの土地を求めたために引き渡しが難航し、文久元年（一八六一）七月にようやく西成郡川崎村（大阪市北区）内で約一万坪が与えられた。

こうした岡山藩の警衛に関わる文書が下福島村に残されている。

人足請証文之事

一人足五拾人　壱人ニ付一昼夜
　　　　　　　賃銭五百文宛

外ニ弐人　三拾五人　野田村

外ニ壱人　拾五人　下福嶋村

右は人足引廻し之者

右は異国舟渡来御出張之節、右人足御申付次第、早速無相違差出可申候、為後日之請証文、仍て如件、

安政六未年

四月

野田村
庄屋宗左衛門（印）

下福嶋村
庄屋傳　助（印）

備前
高塚新右衛門様(24)

これによると、外国船が来航し、岡山藩が海岸を防備する際には、野田村から三五人、下福島村から一五人の人足を一人一昼夜五〇〇文で差し出すことになったという。「外ニ」とある野田村二人・下福島村一人は、人足の取りま

とめ人である。野田村・下福島村はともに幕府領であることから、岡山藩は支配関係にない村と人足差出しの契約を結んでいたのである。端裏には「壱番手」と書かれており、二番手以下の村もあったらしい。各手五〇人で、数番手の編成ができるように、岡山藩と村々の間で交渉が行われたのだとみられる。

岡山藩がこのような契約を結んだ背景としては、まず経費の問題が考えられる。外国船が来航していない平時に多くの人足を抱えておく必要はないだろう。しかし、最大の理由は、近隣に岡山藩の領地がなかったためだと考えられる。江戸湾警衛では、幕府が警衛担当藩を担当地に領地替えしたり、幕府領を預けることで、非常時には領地や預所村々から支配関係にもとづいて人足を動員できた。ところが、大阪湾警衛では、西成郡・住吉郡の大阪湾岸部は明治維新まで代官支配の幕府領のままで、警衛担当藩に領地も預地も与えられなかった。おそらくそれは、幕府の直轄《ちょっかつ》都市で、中央市場でもある大坂の経済的機能を握り続ける必要があったためだろう。とすれば、警衛担当藩は人足を雇用せざるを得ない。江戸湾で領地を与えられた忍《おし》藩・会津藩は一日三四文で人足を動員した[25]というから、岡山藩の五〇〇文はきわめて高額といえるが、これも支配関係にもとづく動員ではなく、契約的な動員だったためだろう。

このように、大阪湾警衛は幕府が一切を委任してしまうもので、警衛担当藩にとっては重く困難なものだったと考えられる。時期は前後するが、そうした困難さは次にみる高松藩の陣屋借用の例でいっそう明らかになる。

（2）警衛陣屋の借用——高松藩による木津川口警衛

先述したように、讃岐高松藩は安政四年四月に木津川口の警衛を命じられた。ところが、幕府からはすぐに陣屋が引き渡されなかったため、高松藩は以前から関係のあった大坂商人の炭屋安兵衛を通じて仮の陣屋を探すことにした。

そうして白羽の矢が立ったのが、安兵衛の弟五二郎が所持する津守新田（大阪市西成区）の会所（新田の支配・行政の中心となる施設）だった。大阪湾岸の新田村である津守新田は、当然ながら代官支配の幕府領である。

高松藩の依頼を受けて、安兵衛が新田の支配人（村役人）に貸与の可否を尋ねたところ、「代官所の許可があれば貸すことは可能だが、あとあと新田の土地が陣屋地にされては小作人達が難渋を訴えるだろう。正式の陣屋地が他の地になるように内々で働きかけてくれるならば、当面は会所を貸与する」と返答された[26]。つまり、新田側は一時的な貸与はしかたないとしながらも、半永続的な正式の陣屋となることには反対だったのである。

仮の会所を確保できた高松藩だが、実際の借用までには新田側とのさらなる交渉が必要だった。六月九日には、新田役人から高松藩の渉外担当である大坂留守居小川安右衛門に次のような一一か条の申し入れがなされている[27]。

①新規の建物の建設はお断りする。
②⑥新田百姓との直接的な接触は避け、ご用向きは新田役人に言ってほしい。
③高松藩の御用商人以外は表裏両門を出入りしないでほしい。
④（近隣の新田村々の備荒貯蓄用の）御蔵近くでの焚き火などはやめてほしい。
⑤庭廻りの竹木を伐らないようにしてほしい。
⑦役人が陣屋地・台場辺りの見分に来るときは、新田役人にそのつど伝えてくれれば内々案内するが、万一、当新田や隣村で幕府役人と出会い、不都合があると自分たちが迷惑なので、十分理解しておいてほしい。
⑧当新田は木津川・十三間川の囲堤や用悪水樋などはすべて堤奉行（大坂代官）が支配しているので、理解しておいてほしい。

⑨堤に生えている木・葭《あし》・菰《こも》などは、代官に上納するものなので、みだりに伐り取ることはできないことを承知しておいてほしい。
⑩木津川・十三間川はともに大坂町奉行の支配で、当新田と近辺はすべて幕府領であることを承知しておいてほしい。
⑪非常時には、御用蔵に村々から火消し人足が駆け付ける。

ここから、新田側は新田と会所の現状維持や、幕府との間で問題にならないように望んでおり、消極的な姿勢だったことが読み取れる。小川はこれをすべて承知している。

さらに、新田側は、貸与中に問題が起こらないよう、一九か条にわたって詳細な点での問い合わせを行った。(28) 高松藩側の返答も含めて一覧化したのが表2で、双方の交渉窓口（②⑨）や火の用心（③）に始まり、建物の現状維持や破損時の修復（④）まで、多人数による借用で心配される諸項目が列挙されている。大工・手伝や屎尿《しにょう》掃除人（⑥⑦⑬⑯）については、普段新田に出入りしている者を使うように求めているが、おそらく新規に雇うことで得意場の紛争が起こるのを避けたかったのだろう。これらについても、高松藩はすべてを承知している。

以上のように、少しでも不利益がないようにしたいという新田側の意識が垣間見え、新田が年貢を上納する時期には会所を明け渡すように求め（⑤）、高松藩が借用する日限と総人数（⑰）・貸渡期限の明示も要求しているように（⑧）、新田側の強気の姿勢が明確である。とくに注目されるのは最後の箇条に付された付箋《ふせん》で、高松藩側は、これまで新田が幕府の御用に人馬を出した場合の賃銭はいくらだったのか「全心得迄ニ」教えてほしいとし、さらに非常時に緊急で人馬が必要になった場合、新田でどれほど人を集めることができるのかと低姿勢で尋ねている。最終的に、高松藩が人足を大坂から調達することにしたのか、岡山藩のように津守新田との「契約」を結んだのかは不明だが、人足

表2　津守新田の問い合わせと高松藩の返答

	新田側の確認事項	高松側の返答
①	出入表門に紋幕・三道具は差し出されるか。大坂詰重役の紋幕を出すのか。	定紋幕・三道具を差し出すことになると思う。
②	新田支配人耕助、詰役為助・粂助が「御用弁之取締等」を申し上げたい時は、重役方へ直談できるのか。	小荷駄役・用人方調役が詰めるので、その者に直談するのがよいと思う。
③	多人数が詰めるので、昼夜番人を付けて、火の用心の取締りをしてほしい。	承知した。火廻り番人はとくに置かなくても、表門番人が廻るように気をつければよいと思う。人数が住居するので、横目中が相談して取り扱うのがよいと思う。
④	座敷・台所までそのままにしておき、新たに高松藩で替えた部分や破損は、高松藩で修繕してほしい。	承知した。すべてこれまでのまま借り請けることになると思う。
⑤	大会所台所・庭は九月の年貢上納の時期に明け渡してほしい。	承知した。上納時期には明け渡す。
⑥	門内から庭の立木類の植木屋の手入れは、新田側で取り計らう。	承知した。
⑦	借入中に屋根雨漏りをはじめ、修繕は、高松藩で取り扱ってもらうが、大工・手伝は新田に普段出入りの大工・手伝を遣ってほしい。	心得ている。
⑧	借入は「全当分」とのことであるが、おおよその期限をうかがっておきたい。	期限は今は何とも言えず、いずれ（幕府から正式の）陣屋地を引き綿され、陣屋が建つまで借り受けることになると思う。
⑨	借入中、諸事の相談は、懸かり役人に（新田の）3人の者がお目にかかりたい。	承知した。②の小荷駄役・用人方調役の内から面会する。
⑩	当新田通い船の1日借入は、1艘50文の借賃を渡す定めである。	承知した。心得ている。
⑪	当会所の蔵に出し入れする俵物は、大小共に1俵5文ずつ渡してきた。ただし、木津川から蔵への出し入れは20文ずつの定めである。	承知した。心得ている。
⑫	上荷舩の荷物積場所は町奉行所が箇所割りを行っているので、もし必要な場合は津守新田の箇所に命じてほしい。	承知した。心得ている。
⑬	屎尿掃除は、これまで取ってきた者へ命じてほしい。	承知した。心得ている。
⑭	用達は高松藩から召し連れられるのか。そうではない場合は、入用品買入れは不便と思う。また、重役方が出坂の際に案内がいた方がよいのではないか。もし用達がいないならば、新田の手代1人を定めるのがよいか。その場合、高松藩より手当は出してもらえるか。	用達は召し連れた者の内に命じることもあるが、不案内の事もあり、時には新田側に問い合わせることもあると思うので、心添えを頼みたい。
⑮	多人数が詰めると、普段は干水で、門表に水船を用意しないと足りないと思う。汲み取りの雇人足を使うとよいと思う。水溜が必要である。	承知した。船手の者に頼んで、対応しようと思う。
⑯	重役をはじめ、家中の髪月代は髪結を召し連れるのか。新田は市中から離れているので、急の場合は間に合わないので、とくに雇い入れるのか。	髪結のことは今は何とも決められないが、おそらく詰合の小者の中で申し付けることになるだろう。支障があれば、（新田に）相談することもあると思う。
⑰	役人方が入る日限と、総人数を知りたい。	承知した。それぞれ決まれば、知らせる。

⑱	多人数が詰めると、竈はとても足りないが、高松藩で設置するのか。	竈は設置することになると思う。
⑲	当新田での雇入れ人足は、大工１人２日半で銀5.38匁、手伝１人２日半で374文、「地下人足」１人で350文である。ただし、夏･秋は400文で、昼夜の場合は、右の割合である。	雇賃をそれぞれ心得ている。人足について、普段公儀御用の場合は、人馬ともに定賃銭があると思うが、「全心得迄ニ」教えてほしい。また、平常と非常時に、急に人馬に差し支えた場合は、津守新田で何百人くらい集まるか、心得迄に教えてほしい。

※ 白山家文書323「御借入付伺書」より作成。

の調達が容易でなかったことは明らかだろう。こうした交渉の末に、高松藩士は六月二一日・二二日にようやく新田会所に入ることができた。

高松藩による木津川口警衛は、一年余りで終了することになるが、その実現には困難がともなった。それは、幕府が大阪湾警衛を命じながらも、すぐに陣屋地を引き渡さず、実働部分は高松藩に任せきりだったために生じた事態といえる。江戸湾警衛のように、警衛地を領地として与えられたり、幕府領であっても預所とし、警衛担当藩が直接支配する形であれば表面化しなかった（反対にいえば、村々が表明できなかった）忌避感・拒否感が露骨に現れることになった。幕府が命じた警衛にもかかわらず、津守新田からは、幕府領であることを理解して、面倒を起こさないようにと念を押される始末となった。

大阪湾警衛は、防備の実質よりも天皇・朝廷に対する幕府のポーズとしての意味合いが強いが、現場でも到底スムーズに警衛が行える環境にはなく、防備の実効性があったとは考えられないであろう。

三、大坂の政治都市化と周辺村々

（1）人足・農兵の徴発

文久年間（一八六一～六四）になると、幕府の権威はいよいよ揺らぎ、政局は混迷の度を深めていった。文久期は、京都・大坂が政局の中心舞台となった点でそれまでとは大きく異なった。国政への参画を目指す薩摩島津家・長州毛利家などの諸大名や、尊王攘夷派の志士が朝廷への周旋《しゅうせん》を活発化させ、京都の治安も悪化したことで、将軍や幕閣が直接京都に乗り込まざるを得なくなったのである。

将軍徳川家茂は、文久三年三月に老中以下二〇〇〇人余りの幕臣を率いて上洛した。家茂はまず大坂城に入り、船で上洛したが、将軍滞在中は火の用心を厳重にすることや無用の遠出をしないように村々にも触れられている(29)。このとき、家茂は孝明天皇に五月一〇日を攘夷期限とすることを約束し、大阪湾を巡見したうえで軍艦で江戸に帰った。

一方、文久二年、幕府の文久改革で将軍後見職に就任した一橋慶喜は、将軍に先んじて翌年正月に上洛し、以後京都政局の中心人物となった。慶喜が在京し続けるということは、彼を人的・物的に支える基盤が必要になるということである。それを供給したのは、摂津・和泉・播磨の領知村々に他ならない。すでに三年正月から、領知村々は膨大な醤油・奈良漬・香の物・飼料の糠《ぬか》などの上納を求められ、九月には富裕者に御用金が賦課されている(30)。その額は、西国街道郡山宿本陣（島下郡道祖本村・大阪府茨木市）の梶善九郎が金五〇〇両、郡村（同）辻田万次郎が金八〇〇両など、莫大なものだった。

しかし、物的・金銭的な負担以上に村々にとって重かったのは、夫役人足や歩兵の徴発だった。人足は、一橋家の京都役所で運搬・門番・炊事などに従事したとみられ、まず三年正月に摂津国の領知村々で一七八人が差し出され、その後も、たびたび増員が命じられている。文久三年三・四月の人足の場合、役所から一日一人銭五〇〇文が支払われたが、一ヶ月以上の勤務に対して領知村々全体から一人四〇〇〇文の心付けが出されている。こうした経費は、摂津国の一橋領全体で銀六〇貫余りにのぼり、百姓たちに賦課された。

これらの人足のなかには、長く勤め上げることで一橋家に抱えられ、武士身分となる者もいたが、元治元年（一八六四）七月一九日の禁門の変（蛤門の変）で実際に戦闘が起こると、人足の逃亡・帰村が相次いだ。摂津国一橋領の島下組九ヶ村では、当初、村役人の子息も人足に出ていたが[31]、後述のように次第にその傾向は変わっていった。元治元年三月に慶喜が禁裏守衛総督兼摂海防禦指揮に就任すると、もともと独自の軍備が乏しい一橋家はその増強を図らざるを得なくなった。かくして、五月以降、領知村々は村高一〇〇石につき一人の割合で壮健な青年を歩兵として差し出すように命じられた。この段階になると、村々の下層の人々に加え、他領の者までが歩兵となっている。他領の者は、「歩兵ニ執心有之」として、一橋領の村に人別を移したうえで出されている。おそらく、一橋領だけでは集めることができず、他領にも頼んで歩兵としたのだろう。歩兵には軍事調練が行われたが、すでに禁門の変で命の危険があることを知っていた彼らからは脱走・帰農願いが相次いだ。領知村々は、歩兵を出した家の扶助も行わなければならず、重い負担がのしかかった。

こうした、農兵や人足の徴発は、上方に飛び地をもつ大名や旗本の領地であまねくみられ、幕末期に京坂が政治の中心となることで、畿内の村々にはさまざまな負担がかかった。文久三年の天誅組の変に見舞われた大和国・河内国の村々や、幕府・諸藩の役人がひっきりなしに通行することで、絶え間ない宿駅役を負担せざるを得なかった宿駅・助郷村々などである。無論、それらの場で稼ぐ人足の売り手市場になった面もあるが、多くの人々にとって負担が増したことは間違いない。そうした負担のなかには、長州戦争時に将軍や幕府役人をはじめ、幕府軍の兵站《へいたん》基地となった大坂の町々・寺が務めた御用宿も加えることができる[32]。

（2）警衛への抵抗

ここまでみてきたように、幕末期には大坂周辺の村々も、海防や人足・農兵の徴発、御用金などのさまざまな負担を課されていた。では、村々の百姓たちは、唯々諾々《いいだくだく》とそれに従っていたのだろうか。警衛への村々の抵抗を示す二つの事例から考えてみたい。

一つ目は、神崎川の河口への台場・屯所の築造に反対する訴願である[33]。文久三年五月一〇日、尼崎藩が神崎川の河口の付寄洲（河口に土砂に溜まって自然にできた洲）に台場を建設しようとしたことに対し、摂津国島上・島下・豊島・西成郡の村々が大坂にいた老中板倉勝静[34]に差し止めを願った。大坂周辺の村々は、近世後期には広域的な課題に対して、惣代を選んで訴願する国訴などの経験を積み重ねていた[35]。今回も、村々の委任を受けた西成郡江口・大和田・野里・山口村と豊島郡穂積村の五ヶ村の庄屋が惣代となって、駕籠で移動中の板倉に駕籠訴を行った。

願書によれば、村々は、四月に鈴木町代官所から神崎川河口に尼崎藩の台場が建設されることに支障はないか尋ねられたという。村々は神崎川に排水してきたが、平常から土砂が溜まり、川の流れが滞りがちなので、台場ができるといっそう困ると返答した。これで、台場はできないものと安心していたにもかかわらず、五月九日に勘定奉行津田正路が「御警衛人数屯所」の建設を命じたと聞き、代官所からも「自分たちではどうしようもないので、承伏せよ」と言われたため、老中板倉に訴えることにしたのだという。警衛屯所に名目は変わったものの、川のなかの付寄洲や芝地を囲い込むことになり、川幅は狭まってしまうとしたうえで、次のように述べている。

御警衛筋と相唱候ハヽ、数多《あまた》之百性（姓）難渋も無御厭、厳命を以被　仰付候様ニては、御上様　御上洛ニ付ても万事下方御厭之趣難有御触面も奉拝見、百性（姓）ニ取候ては唯御収納筋専一ニ心掛、当年之植付も別て相励ミ、壱粒たりとも潤沢之取入仕候ハヽ、　御時節柄ニ相叶候哉と、此頃御料所村役人共は御賄掛御手代中下役相勤、小前百性（姓）共は夫々歩（夫）役相勤候中をも代り合、銘々居村毎丹誠仕、尤御私領方も粗同様之儀ニ候処、右体眼前之差障筋、下方之事情も不相貫被　仰付候様ニてハ、乍恐御仁恵之御所（処）置とも不奉存、自ラ下民之心意相危踏候様成行候ハヽ、詰りは　御不益之基ひ、次ニは数多之百性（姓）困窮仕候義と奉存候（後略）[36]

将軍の上洛にあたっては、下々の負担にならないようにせよというありがたい御触が出たので[37]、村役人は大坂城での御用を務め、百姓は農業に励むだけでなく、人足役も務めてきた。にもかかわらず、警衛に関することだからと百姓の難儀を考慮せずに命じられては、とても「御仁恵之御所（処）置」とはいえないという。つまり、将軍上洛にともなう諸負担を求めた幕府の論理を捉え返し、痛烈に幕府を批判しているのである。

これに対して板倉は、訴えるところが誤っているので、鈴木町代官所へ再度願うようにと受け付けなかった。村々は再度訴えるための相談を重ねるが、実際には、尼崎藩が五月九日今福村（兵庫県尼崎市）、五月一〇日初島新田（同）で地鎮祭を行い[38]、台場が築造されていった[39]。その意味で、訴願は失敗したことになるが、そこで述べられた幕府批判の鋭さは注目される。また、願書では、近頃は淀川などの川筋や海岸で「御警衛之ためニて種々異説も有之、難渋之儀不少、下民之人心不安定、兎角《とかく》動揺仕候」とあり、大阪湾警衛が周辺住民の難儀となり、人心が動揺していると、人々の意識の一端に言及している点も興味深い。おそらく、度重なる見分や御用の負担、用水・排水問題などを指すとみられるが、訴願の背景にはこうした不信感があったと考えられる。

二つ目は、元治二年（一八六五。慶応元）三月一四日に、西成郡の新田村々が、臨時の海岸御用の入用を郡中全体で負担してほしいと鈴木町代官所に訴えたものである[40]。鈴木町代官所は、西成郡内の海岸部・内陸部のいずれにも支配する村があり、最寄り村々で組合が作られていたらしい。新田組の惣代である津守新田・南新田（大阪市此花区）・本西島新田（同）・恩加島新田（大阪市大正区）の支配人が述べるところでは、ディアナ号来航以来、台場築造の見分などの御用で、老中はじめ役人たちがたびたび新田村々を訪れ、休泊時には多くの人足や雑費がかかったという。それらはその村か新田組合で負担してきたが、すでに銀三〇貫余りに達しているという。そして、

（前略）右様御国体筋相抱《（拘）》候儀は、大坂市中ニても諸役人様方御宿被為　仰付候節之諸入用は不及申、其丁内会所繕普請銀等迄、都て三郷掛りニ相成候程之儀、尤御国体筋ニ相抱《（拘）》候御用柄は同様之儀ニ付、右御廉を以前書諸入用之分、当御支配所村々惣高割致呉《くれ》候様、同六未年中より郡中惣代共江及談判候得共、只々難取留儀而已《のみ》申居候（後略）(41)

と述べる。

新田村々は、前節で見たような幕臣らの御用宿を大坂三郷町々が務めた場合は、三郷全体でこれを負担しているという例をあげ、「御国体」に関わる海岸御用の費用は、鈴木町代官所支配の西成郡村々全体で負担するようにしてほしいと、安政六年から郡中惣代たちに頼んでいたという。ところが、なかなか聞き入れてくれず、元治元年には銀五貫目を郡中で負担するにとどまったため、全額を郡中で負担してほしいと交渉したが折り合わなかった。そのため、西成郡村々全体に割り掛けるように代官所へ願ったのである。

ここでいう「御国体」は、「国家としての体面あるいは威信」(42)を指すもので、海岸警衛や御用宿・御用金の負担を幕府が命じる際に用いた論理である。支配人たちは、新田村々の負担を、幕府が言う「御国体」のための海岸警衛と位置づけ、海防は国家レベルの問題だから、特定地域に負担が偏るのは不公平だと述べているのである。そこには、

幕末期の新たな諸負担を村々に強いるのみで、その矛盾が地域内対立をもたらしている状況を放置したままの幕府を厳しく批判する論理が内包されていたといえよう。

おわりに

以上、本稿では主に大阪湾警衛と周辺村々の関係について、いくつかの事例を紹介してきた。元々、大坂とその周辺地域は、西国有事に備えた軍事拠点として、大坂城を中心に幕領、旗本知行所、譜代大名（飛地）領などが配置されていた[43]。実際、将軍家茂が幕臣を率いて、京都・大坂に滞在するようになると、大坂代官支配の幕領村々は大坂城内の賄方御用を担っている。将軍・老中らが京坂で活動するには、大坂周辺の幕領が不可欠だったのである。また、大坂は中央市場としても幕府にとって重要な都市だった。

こうしたあり方は、江戸時代初期以来の国内支配のなかで大坂が担った機能にもとづくものだったが、幕末期に対外的な防備の必要性が生じると機能不全を起こすようになった。おそらくは右のような大坂の重要性から、大阪湾警衛担当の諸大名には替地・預所が与えられず、大阪湾岸地域は代官支配の幕領のままだった。そのため、警衛担当藩と新田村々が支配関係を介さずに相対することになり、強い緊張関係が生じたのだと考えられる。

また、大坂・京都の政治都市化によって、周辺地域のほとんどが人的・物的・金銭的な負担を負うこととなった。そうした負担の過重さを訴える動きは、御用金免除や助郷免除などのさまざまな訴願から確認できる。前項でみた二つの訴願も、同じ性格をもつといえよう。幕末期の畿内には、幕府に対する大小の不満が満ちあふれていたのである。そうした不満が最も大規模かつ直接的に表出したのが、「大坂十里四方一揆ならざるはなし」と言われた慶応二年（一八六六）五月の、大坂をはじめとする諸都市での打ちこわしだろう[44]。薩摩藩大坂留守居の木場伝内は、捕らえられた打ちこわし勢が「殺された方がよい」「牢で賄いにありつける」などといった言葉とともに、「此帳本人ハ御城の内ニ御座なさる、」と将軍を批判したという噂を大久保一蔵に報じている[45]。京坂の人々は、問題の本質を鋭く見抜いていたというべきだろう。

註

（1）原口清・佐々木克・青山忠正・家近良樹・高橋秀直・久住真也・仙波ひとみ・奈良勝司・後藤敦史などの諸氏の研究。
（2）宮地正人『幕末維新期の社会的政治史研究』（岩波書店、一九九九年）、vi頁。
（3）岩城卓二「畿内の幕末社会」（『講座明治維新』第二巻、幕末政治と社会変動、有志舎、二〇一一年）、一八六頁。
（4）岩城卓二「幕末期の畿内・近国社会―摂津国一橋領における御用人足・歩兵徴発をめぐって―」（『ヒストリア』一八八、二〇〇四年）。
（5）馬部隆弘「京都守護職会津藩の地方支配」（『史敏』通巻一一号、二〇一三年）。
（6）拙著『幕末維新期の陵墓と社会』（思文閣出版、二〇一二年）。
（7）本章の前提として、拙稿「幕末期の大阪湾警衛と村々」（『大塩研究』六八、二〇一三年）がある。また、最近の成果として、後藤敦史「もうひとつの「黒船来航」―クリミア戦争と大阪の村々―」（『グローバルヒストリーと戦争』大阪大学出版会、二〇一六年）がある。
（8）岩城卓二『近世畿内・近国支配の構造』柏書房、二〇〇六年）、小倉宗「江戸幕府上方軍事機構の構造と特質」（『日本史研究』五九五、二〇一二年）。
（9）藪田貫『武士の町　大坂―「天下の台所」の侍たち―』（中公新書、二〇一〇年）。
（10）「乍恐書付ヲ以奉願上候」（大阪市立中央図書館所蔵『手控』）、同史料は『新修大阪市史』史料編第六巻、近世1政治Ⅰ、七一二頁所収。
（11）「嘉永七年日記」（北九州市立自然史・歴史博物館所蔵小笠原家文書）、同史料は『新修大阪市史』史料編第七巻、近世2政治Ⅱ、八四五〜八五〇頁所収。

(12)「両御屋敷公辺一件扣」（大阪府立大学学術情報センター図書館所蔵塩飽屋文書）、同史料は註（10）前掲『新修大阪市史』史料編第七巻、八五二〜八五四頁所収。

(13)吉田洋子「大坂船手の職務と組織」（『大阪の歴史』七三、二〇〇九年）。

(14)「御触書廻状留帳」（大阪府立大学経済学部所蔵越知家文書）、同史料は註（10）前掲『新修大阪市史』史料編第六巻、七一一〜七一七頁所収。

(15)「〔廻章〕」（大阪市史編纂所寄託江川家文書）、同史料は註（10）前掲『新修大阪市史』史料編第六巻、七七〇頁所収。

(16)原剛『幕末海防史の研究―全国的にみた日本の海防態勢―』（名著出版、一九八八年）、一六八〜一七〇頁。

(17)『尼崎市史』第二巻（尼崎市役所、一九六八年）四〇八〜四一〇頁。

(18)註（17）前掲『尼崎市史』第二巻、九一二〜九一五頁。

(19)（20）拙稿「幕末期の変動」（『新修茨木市史』第二巻、茨木市、二〇一六年）、六四七〜六四九頁。

(21)註（16）原前掲書剛、一七〇頁。

(22)『幕末外国関係文書』一四、四三四〜四三九頁。

(23)「大坂表海岸御警衛被為蒙　仰房総御備場御免被成候一件」（岡山大学附属図書館池田家文庫）、同史料は註（10）前掲『新修大阪市史』史料編第六巻所収。岡山藩を例に京都・大阪湾警衛問題を検討した研究に、針谷武志「安政―文久期の京都・大坂湾警衛問題について」（明治維新史学会編『明治維新と西洋国際社会』吉川弘文館、一九九九年）がある。

(24)「人足請証文之事」（大阪市史編纂所寄託江川家文書）、同史料は註（10）『新修大阪市史』史料編第六巻、七六九頁所収。

(25)筑紫敏夫「江戸湾防備政策の展開と民衆の論理―房総沿岸諸村を中心として―」（『関東近世史研究』三〇、一九九一年）、三八〜四四頁。

(26)註（7）前掲拙稿。

(27)安政四年六月九日「口上之覚」（白山家文書）、同史料は註（10）前掲『新修大阪市史』史料編第六巻、七六一〜七六二頁。

(28)安政四年六月九日「御借入付伺書」（白山家文書）、同史料は註（10）前掲『新修大阪市史』史料編第六巻、七五八〜七六一頁。

(29) 註(19)前掲拙稿、六五二頁。
(30) 一橋家の夫役人足・歩兵徴発をめぐる動きは、註(4)岩城前掲論文で詳細な分析がなされている。
(31) 註(19)前掲拙稿、六六一～六七六頁。
(32) 作道洋太郎「幕末の政局と長州戦争」(『新修大阪市史』第四巻、大阪市、一九九〇年)、九三七～九四〇頁。
(33) (36)文久三年五月一〇～一一日「神崎川流末尼ヶ崎領附寄洲江御台場御沙汰留願書扣」(大阪府立大学経済学部所蔵越知家文書)、同史料は註(10)前掲『新修大阪市史』史料編第六巻、七七一～七七六頁所収。この願書は高槻市域の村にも残されており、比較的内陸の島上郡村々まで訴願に関わったと考えられる(『高槻市史史料目録』第一四号、摂津国島上郡富田村好田吉右衛門旧蔵文書目録、高槻市、一九九二年)。
(34) 板倉勝静は備中松山藩主で、文久二年三月老中に就任し、翌三年三月の将軍家茂の上洛に供奉し、六月に東帰した。のち、慶応元年(一八六五)一〇月老中に再任し、明治元年(一八六八)まで務めた。
(35) 藪田貫『国訴と百姓一揆の研究』(校倉書房、一九九二年)、同『近世大坂地域の史的研究』(清文堂出版、二〇〇五年)。
(37) 『大阪市史』第四下(大阪市役所、一九一三年)、二四一八～二四一九・二四二三～二四二四頁。
(38) 八木哲浩「尼崎藩と摂津海岸の防備」(『尼崎市史』第二巻、尼崎市役所、一九六八年、九一九頁。安政七年正月～一二月「御祈願所記録」貴布祢神社文書(『尼崎市史』第六巻、一九七七年、七八八～七九一頁)。
(39) 企画委員会「大阪湾岸の台場跡」(『ヒストリア』二一七、二〇〇九年)。
(40) (41)元治二年三月一四日「乍恐以書付奉願上候」(大阪市史編纂所・中谷家文書「御用書上帳」)、この史料は註(10)前掲『新修大阪市史』史料編第六巻、七七七～七七八頁所収。
(42) 青山忠正『明治維新』(日本近世の歴史6、吉川弘文館、二〇一二年)、一九頁・三〇頁。
(43) 註(8)岩城前掲書。
(44) 福山昭「民衆の動揺」註(32)前掲『新修大阪市史』第四巻、九八八～九九四頁。
(45) 慶応二年五月一六日大久保一蔵宛木場伝内書状(『大久保利通関係文書』三、吉川弘文館、一九六八年)。

Ⅲ

世界の軍事技術史からみた大阪湾の台場

唐澤靖彦

はじめに

――この塔の家賃は払っているの？

――十二ポンドさ、とバック・マリガンが言った。

――陸軍大臣にね、とスティーヴンが振り返ってつけ加えた。

みんなが立ち止まった。ヘインズがつくづくと塔を眺めてからやっとこう言った。

――冬は吹きっさらしだろうな。マーテロ塔って言うの？

――ビリー・ピットがこういうのをいくつも造らせた、とバック・マリガンが言った。フランス軍が海にいたころにな。

『ユリシーズ』（丸谷才一訳）より

ジェームズ・ジョイスが二〇世紀初頭にこう書いたとき、マルテロ・タワーという沿岸防禦施設はその軍事的役割を終えていた。ここに描かれているのは、住居として貸し出されているダブリン南部のタワーの姿である。一九世紀を通じて軍事技術は加速度的に発展していったため、世界で西洋が築いていたいわゆる永久防禦施設は、完成した瞬間に時代遅れのものとなる宿命を背負い込むこととなった。「永久」であると想定して建造された軍事建築が、完成したら時代遅れとなっているとは、まことに皮肉である。一九世紀中頃における火砲技術の日進月歩ともいうべき飛躍的発展が、この皮肉な事態をもたらした。そして、建造の当事者たちからすれば残念なこの事実は、幕末に日本の全国で築かれていった洋式防禦施設にも当てはまる。

本章では、当時飛躍的に発展しつつあった世界の軍事技術を背景に考えると、幕末の大阪湾の台場はどのような面《めん》貌《ぼう》を私たちにみせてくれるのかを明らかにしたい。当時、大阪湾には火砲を備える防禦施設である台場がいくつも築かれたが、きわめて特徴的な様式は、和田岬・西宮・川崎・今津の四ヶ所に作られた石堡塔《せきほとう》である。稜堡《りょうほ》を備えた施設は函館の五稜郭など他所にもみられるが、石造の円柱塔は大阪湾にしかみられない。そのため、本章では、世界的にはマルテロ（マーテロ）・タワーと呼ばれるこの様式の台場に着目して紹介したい。

一、マルテロ・タワーという軍事建築

世界各地の軍事建築史において、タワー（塔）は長い歴史を有している。西洋の要塞において（だけではないが）、塔の主な機能は三つ挙げられる。第一に、要塞内における安全な避難所、もしくは外郭のすべてが陥落した後に最後に立て籠《こ》もる場所である。第二に、高い場所からの見張り所、つまり望楼《ぼうろう》や日本でいえば物見櫓《ものみやぐら》の役割である。第三に、沿岸部で敵艦からの砲撃と敵兵の上陸に備える火力を有する防禦塔の機能である。第一と第二の機能は、沿岸部と内陸部の双方にみられたが、第三のものは、西洋では一五世紀以降に、火薬と火砲威力の増大にともなって発達していっ

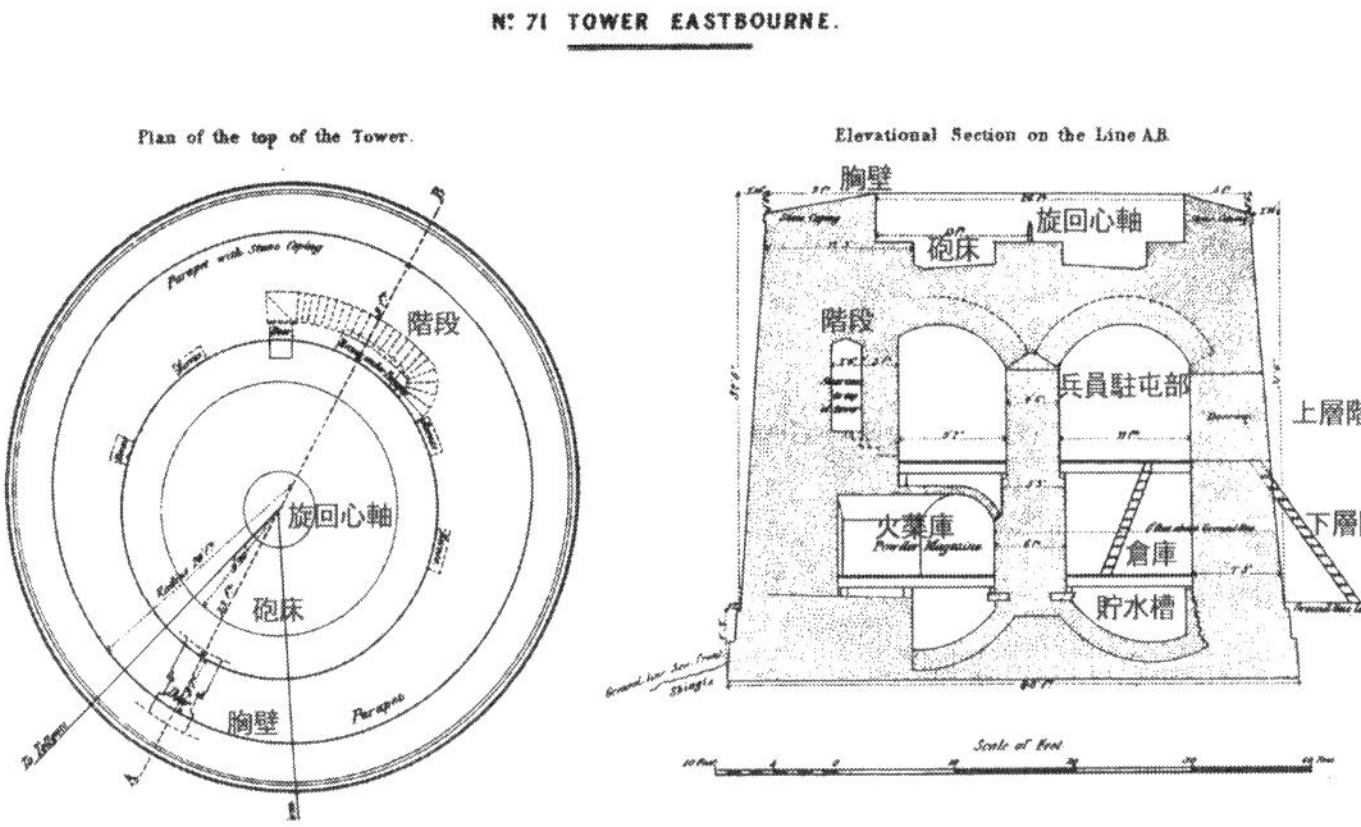

図１　マルテロ・タワー設計図（19世紀初）　英国公文書館蔵の図面に著者が加筆

た沿岸防禦特有の形態をともなった。

第三にみられる形態は、一五世紀以降の西洋で、島嶼《とうしょ》も含む地中海世界の沿岸部から始まり、次第に各地で採用されていった。とりわけ、本国が島国で、かつ地中海世界や世界各地に海外植民地を広げていったイギリスがこの沿岸防禦の様式を採用した。塔には方形も円形もあったが、イギリスが設計したのはマルテロ・タワーと呼ばれる、多くが内部二層式の円塔（円筒状もしくは鉢植えを逆さまにした形状）である。一七九四年にモルテラ岬（コルシカ島）でイギリスがフランス軍の円塔を攻撃した際、その防禦力に敵ながら感銘を受けた。イタリア語のモルテラが訛《なま》ってマルテロとなったというのが、名称の由来の通説である。

一九世紀初めに至り、ナポレオンのフランス軍が沿岸に上陸することへの懸念から、本国の東南部沿岸に一〇〇以上のマルテロ・タワーが築造された。冒頭の引用で言及されているビリー、すなわちウィリアム・ピット（一七五九―一八〇六年）はこのときの首相である。その後、一九世紀前半を通じてイギリスは、アイルランドとチャネル諸島・南アフリカ・モーリシャス・カナダ・オーストラリア・西インド諸島・スリランカなどのイギリス海外植民地に次々と築造していった（本国と合計すると二〇〇以上）。

また、アメリカ合衆国もいくつか築造した(1)。

マルテロ・タワーはレンガと石造りで、基部の直径は一四～一五メートル、高さは平均すると一〇メートルほどである。海正面の壁は約四メートルと、非常に分厚い。屋上部円周上に胸壁を巡らせ、背後の屋上部に砲床を設けて、砲架に搭載された火砲一～三門で武装した（図１）。イギリス本土東南部沿岸の各地拠点では、約五〇〇メートル間隔でこの円塔が多数設置された。一五世紀から一九世紀前半にかけて、西洋各国海軍の軍艦はガレー船から帆船へと変化している。ガレー船は搭載できる火砲の数が限定されるが、帆船は多層の砲列甲板を設けて両舷側に砲門をずらりと並べることができるようになった。多数のマルテロ・タワー配置による防禦ラインの形成は、当時の海軍砲火力の増大に対応していた。また、マルテロ・タワーは塔であるから、望楼の役割も果たした。

一九世紀前半までの海軍砲火力の増大は、射程と照準の飛躍的な向上をともなってはいなかった。上下左右に揺れる甲板からの砲撃に対し、マルテロ・タワーは安定した状態で砲撃できる利点があった。固定された砲床《ほうしょう》から砲撃できる円塔のほうがまだ照準を合わせやすいため、燃えやすい木造帆船はそう容易には沿岸部に近づけない。遠方からは小さい円筒にしか見えないマルテロ・タワーに艦船から砲弾を直撃させるのは、かなり困難だっただろう。しかもイギリスでは、こうした円塔が五〇〇メートルおきに並んでいたのである。

二、マルテロ・タワーとしての石堡塔

摂海防禦のため築造された石堡塔は、日本では他所にみられない。一八六〇年（万延元）に日米修好通商条約批准

書交換と航海訓練のためポーハタン号や咸臨丸《かんりんまる》で訪米した使節一行が、サンフランシスコやヴァージニア州のノーフォークその他で目にした稜堡式の沿岸要塞（射撃の際に死角がなくなるよう設計された角部を突出させ、全体で星形状の多角形を構成する）とも異なる様式である。それでは、この様式のアイディアはどこから出てきたのだろう。推測するしかないが、おそらく蘭書であったと思われる。(2)

幕末までに和訳された蘭書のうち、この様式による沿岸防禦を「石塔」として最も詳述しているのは、J・M・エンゲルベルツ『沿岸防禦のための実証的論文』（一八三九年）である。(3)『海防火攻新覧』（手塚謙訳、訳年未詳）、『防海試説』（訳者名不詳だが、手塚訳とほぼ同文）、『防海要論』（西村茂樹訳、元治元年訳了）と和訳がある。しかし、石塔の図面は附されていない。J・N・カルテン『海洋砲術教育に関する指針』（一八三二年）は『海上砲術全書』（宇田川榕庵他訳、安政元年刊）という和訳があり、これには図が附されているものの、備砲された状態は描かれていない。(4)管見の限りでは、G・A・ヴァン・ケルキヴィーク『築城学教程：全兵科士官候補生用』（一八五四年）と同『築城学教程：砲工兵科士官候補生用』（一八四六年）に、屋上に備砲した状態の図面が見出せる。(5)ただ、『築城全書』（伊藤慎訳、安政六年訳）として和訳がある後者は、マルテロ・タワーについて略述しかしておらず、訳書のない前者のほうが詳述している。(6)

摂海防禦の総企画の任に当たった勝海舟や、設計者といわれる佐藤与之助（一八二一―一八七七年、文政四年―明治一〇年）が、いったい何に依拠して石堡塔を設計したのか、現在のところ知るすべはない。上記の諸蘭書とその訳書は、それらが当時の日本に存在していたというだけで、彼らがそのすべてを参考にしえたことは意味しない。(7)また、何が彼らに石堡塔という様式を選ばせたのかも推測するしかない。京都を控えた大阪湾防禦のための幕府直営という背景から、そこには軍事面だけでなく、政治面の意義も期待されたことがうかがえる。(8)軍事的には、エンゲルベルツが述

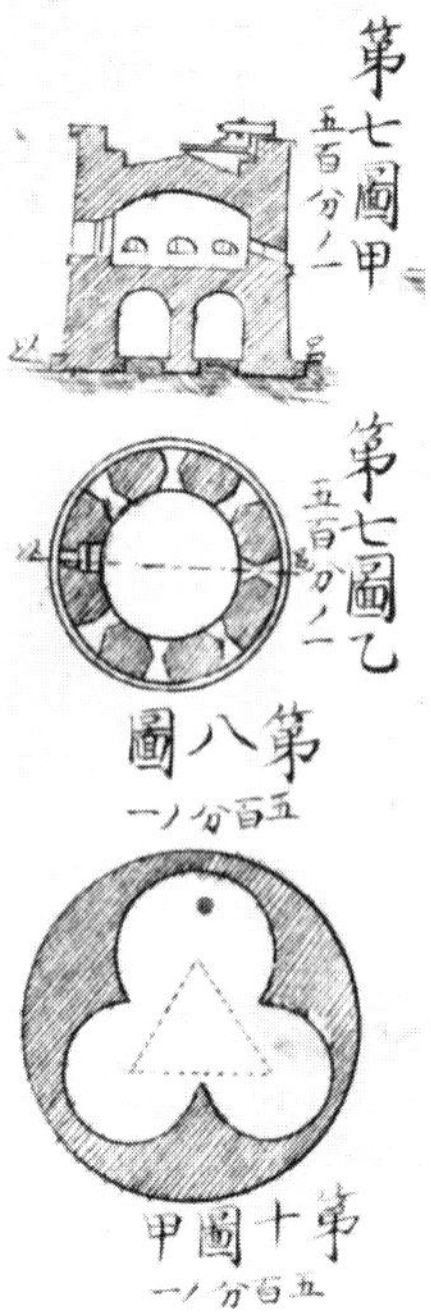

図２　ケルキヴィーク『築城全書』の図（部分）　国立公文書館蔵

べているように、寡兵《かへい》で運用できる利点があった。このような塔をいくつも造ることで、イギリスのマルテロ・タワーがそうだったように、相互を連携させる運用が効果を生む。勝がサンフランシスコで日にしたポイント要塞とアルカトラス要塞は、レンガと切石を素材とする大規模施設だった。[9] しかし、レンガを素材とする大規模要塞を幕末の日本で実現することはできない。ただ、切石ならば、石積みに関する日本の伝統的工法を用いて応用可能だった。そこで、切石を素材とし、なおかつ一〇メートルのタワーというかたちで存在感を発揮する石堡塔の様式が採用されたのかもしれない。その目立つ偉容が、幕府による政治的威圧を諸藩と反幕勢力に与える効果も期待できた。海正面のみでなく、ほぼ全方位を砲撃できるように砲眼を巡らせてあるのは、陸からの攻撃にも備えている証しだと指摘されている。[10]

現存する和田岬と西宮の石堡塔は、高さが約一一・五～一二メートル、基部の直径が約一四～一五メートルで、イギリスのマルテロ・タワーとサイズの面でほぼ一致する。石堡塔がイギリスのものと異なるのは、屋上部からでなく、形状が砲眼である二階の開口部から砲撃する構造となっている点である。しかし、勝海舟の『陸軍歴史』に収録された和田岬の図には、屋上部に三つ輪が描かれ、これはケルキヴィークの両著の附図と一致する（図２）。大きめのマルテロ・タワーにおける火砲三門の砲床である。和田岬の屋上三つ輪は高さ一二〇センチの壁があったということであるから、それはやはり胸壁であり、二階だけでなく屋上にも備砲できるようになっていたのかもしれない。[11]

ケルキヴィークの著書はともに、平らな頂《いただき》に砲を載せると述べており、附図にもそう描かれている。しかし、マルテロ・タワーの構造と軍事的利点について詳述しているエンゲルベルツ書は、火砲は頂上部に置くと明確に述べていない。備砲されたタワーの現物を見てあらかじめ知っているのでなければ、そして原文の *plateau* が、板ではなく砲床を意味するのだと正確に理解していなければ、いくつかの解釈を可能にしてしまう文章であり、それは手塚訳と西村訳にも反映されている。エンゲルベルツ書の該当箇所を現代の日本語で訳すと、

被弾に耐えられる石塔の円頂には砲床（*plateau*）を設置し、そこには胸壁を設けて、下方の防護壁と同じように、ときには狭間《さま》を穿《うが》ち（gekreneleerd）、必要以上に高くすることなく、そこから守兵が射撃できるようにする。こうした塔の最も大なる種類の砲床には、二四ポンドか一八ポンド砲を二つから四つ置く……

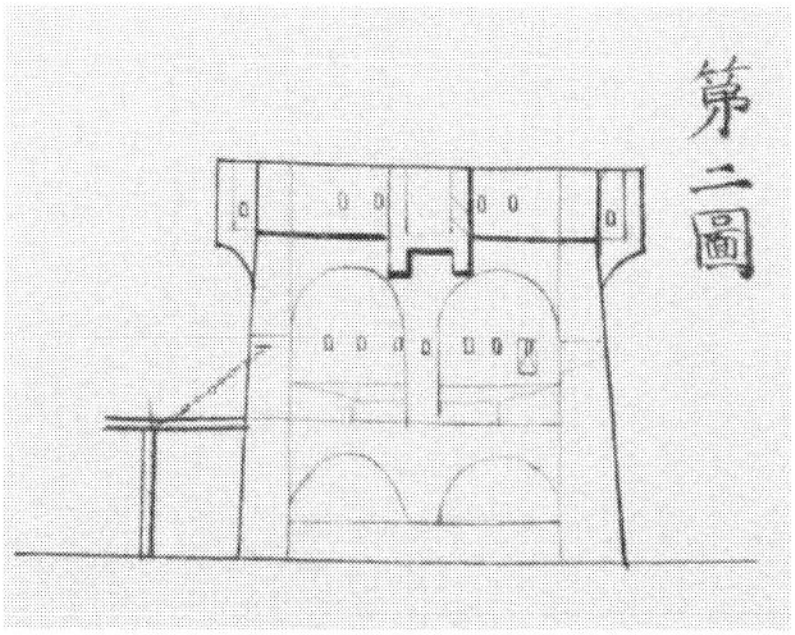

図３　カルテン『海上砲術全書』の図（部分）
早稲田大学図書館蔵

となる。エンゲルベルツ書の原文にある gekreneleerd は、「胸壁に狭間を穿つ」を意味するフランス語の crénelerを、オランダ語の過去分詞形にしたものだ。そして、この語における狭間を砲眼と解釈するか銃眼と解釈するかが、おそらく日本のマルテロ・タワーの構造をイギリスのそれから変えた。イギリスのマルテロ・タワーの多くは、明り取りを兼ねた近接防禦用の銃眼が二階部分に穿たれている。カルテン書の翻訳も石塔（ただし四角）を説明するなかで「此《この》塔壁ニ銃眼ヲ穿ツナリ」と述べ、塔壁に小さな狭間がいくつか穿たれているのが附図にも描かれている（図３）[12]。これに対し、西村訳も手塚訳もここを「砲眼」と訳してい

図4　ポイント要塞　上が海正面に並んだケースメート、下が要塞中庭の開口部、ケースメートの背面

る。[13]石堡塔が全方位に砲門を向ける姿が、幕府の政治的意図と一致したため、意識的か無意識かこの構造が採用されたのかもしれない。

しかし、構造上における本来のマルテロ・タワーとのこのような違いは、砲台としての軍事的な機能上、実際にそれが使用された場合に問題を引き起こしただろう。小さい銃眼があるだけで二階部分はほぼ密閉状態のマルテロ・タワーが、火砲を屋上に設置していたのには理由があった。

当時の火砲は砲弾を発射すると、相当量の煙を発生させた。勝海舟が目撃したサンフランシスコ防衛のための要塞は、建造物内部（レンガと切石作り）をケースメートと呼ばれるアーチ型のユニットで区切り、そのユニットに砲を一門ずつというかたちで、海正面にずらりと火砲が並べられる（図4上）。前面はレンガや石で分厚く防禦されて砲眼部と上部の通気孔以外は閉じられているが、左右は大部分が隣のケースメートへと通じており、背面は要塞の中庭部分に向けて完全に開口している（図4下）。それでも、砲撃すると、あまりに硝煙《しょうえん》が立ち込め、砲手たちは耐えられない状態となったという。[14]西宮の石堡塔が完成した後に空砲を試射したところ、硝煙が外に抜けず内部に立ち込めたといわれている（稜堡式の舞子砲台もほぼ密閉だったが、屋根に反《そ》り板があり、これを開けて硝煙を抜いたらしい[15]）。

幕末の石堡塔に顕著なのは、防御用も兼ねる外郭の土塁である。西宮、今津、川崎のそれは円形であったが、和田岬のそれは星型に築かれた稜堡式であった（図5）[16]。そこには複数の砲座も築かれ、塔の外部にも火砲を据えることができた。西村茂樹（一八二八―一九〇二年、文政一一年―明治三五年）の海防論である『海防新編』（幕末なのは確かだが、著述時期は不詳）が塔について論じるなかで、

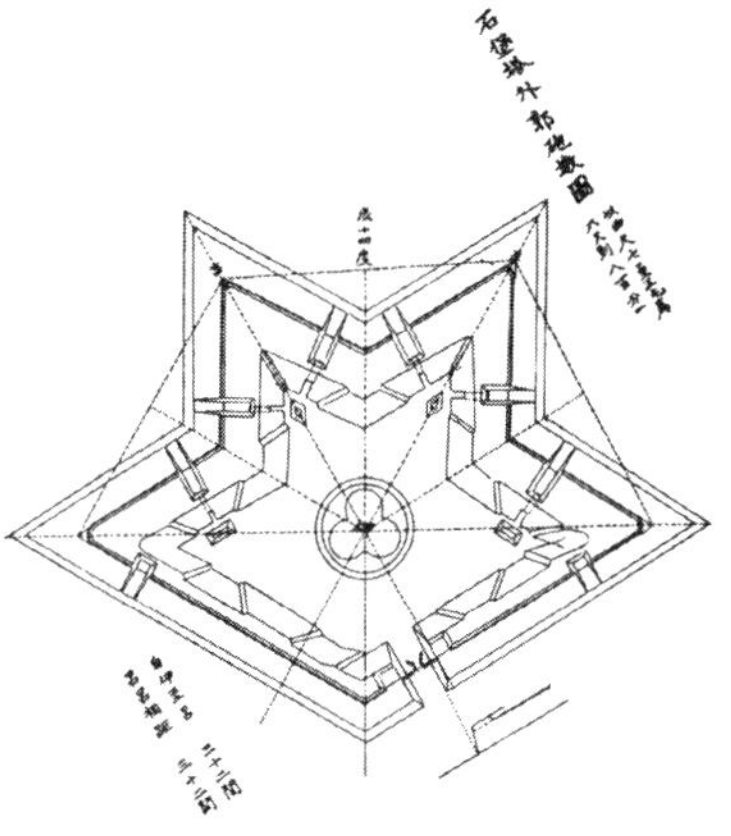

図5　和田岬台場（中央の塔と外郭土塁）　勝海舟『陸軍歴史』（1889年）より

礟《砲》塔ヲ海岸礟ノ防禦処ニ設ケ、以テ孤立シテ他ト離隔スル時ハ、其周囲ニ其幅一手ノ蔽道《へいどう》ヲ築成スベシ。其顚《いただき》ハ通ジテ通行ノ平地ヨリ高キ事五手ナルベシ。而シテ塔ノ高サ総計九手ニシテ、其内三手地中ニ没入シテ 窖《あなぐら》トナレバ、塔ノ蔽道上ニ出ヅル所僅《わず》カニ一手トス。是ヲ以テ敵ノ火害ヲ受ルコト甚ダ寡《すく》ナシ……稠密《ちゅうみつ》ノ営造ヲ要スル塁内ニ此礟塔ヲ製スル時ハ、此塁ニ礟眼ヲ開キ（女牆ヲ設ケ礟眼ヲ開クヲ云）、別ニ禦礟ヲ備フベシ。

と述べている[17]。ここの「手」は、おそらくメートルである。「女牆」は胸壁（胸牆《きょうしょう》）を指す。

これとほぼ同じ記述が、カルテン書に見いだせる[18]。エンゲルベルツ書の西村訳は、石塔の項で『海上砲術全書』の附図を参照せよと述べているので、西村のこのアイディアも元来はカルテンによるのだろう。タワー

の周囲に幅一メートルの覆道《ふくどう》（射撃用足場、日本の城郭でいう武者走り《むしゃばし》）を巡らせ、その外郭の頂を外側の平地よりも五メートル高くする。そして、塔自体は平地より三メートル掘り下げた地点に築く。こうすれば、攻撃側から見えるのは高さ九メートルの塔のうち最上部一メートルのみとなり、敵火からの被害を少なくできる。これは明らかに、海上からではなく、陸上からの近接攻撃を想定している。また、最上部一メートルしか敵からの目に晒《さら》されないのであれば、塔の二階部分にではなく、マルテロ・タワー本来の屋上部に火砲を据える作りを前提にしているのも明らかだろう。

このように築けば、深さ二メートル部分は塔の周囲に巡らされた壕となる。カルテン書では、高さ五メートルの胸牆が、外側に向かって斜堤《しゃてい》を形成することを想定している[19]。斜堤とは、攻撃側が平地から胸牆へと向かうのであれば、いやでも登っていかざるを得ないよう作られた坂であり、胸牆の頂とその坂を線で結ぶとき、その角度を一八〇度あるいはそれより小さくすることで、接近してくる敵を胸牆から射撃する際に死角が生じないようにした斜面である。結果的に、覆道・胸牆・斜堤で土塁が形成されることになる。

カルテンと西村の記述通りには実現していないが、和田岬の外郭土塁の高さが約四メートルで、八ヶ所の砲座があった点とはかなり一致する。ただ、川崎や和田岬の古写真を見る限り、斜堤は築造されなかったようだ。イギリスのいくつかのマルテロ・タワーには壕があり、斜堤を備えたものもあった[20]。幕末の石堡塔は、敵が何者であれ、海上からの砲撃のみでなく、陸上からの近接攻撃も想定した要塞設計となっていた。

三、一九世紀における軍事技術の発達

一九世紀の半ば以降、西洋のいわゆる「砲艦外交」に直面した幕府は、軍事力で優《まさ》っているとみなした西洋の沿岸防禦の様式を積極的に導入し始める。(21) 品川台場の築造をはじめ、摂海防禦のための石堡塔、函館の五稜郭などの築城はその現われであった。しかし、その時代は皮肉にも、西洋自体においてそれまでの沿岸防禦のあり方が急速に転換しつつある時代でもあった。ここでは、その背景を説明したい。

一九世紀、とりわけ中頃以降は、世界の軍事史が飛躍的な技術発展を目撃した。しかし同時にそれは、技術上の試行錯誤が様々な混乱をもたらした時代でもあった。海軍に関していえば、一九世紀に入ったときは、帆装木造の戦列艦が海軍先進国の典型的な軍艦だった。(22) 一七世紀から海戦の常套《じょうとう》は、単縦陣で互いに並走し合う艦隊どうしが砲撃戦を行うようになっていた。そのため、戦列艦という名称が付されたのである。一九世紀前半に蒸気船が導入され始めたが、蒸気推進の軍艦への移行はすぐには進まなかった。一八四〇年代末になるまで、イギリスやフランスといった海軍先進国でも、帆装軍艦を建造していた。蒸気の外輪船（一八五三年のペリー艦隊の一隻はこれだった）が導入されたが、一八四〇年代にはスクリューのほうが推進機関としては優っているとみなされるようになった。一八五〇年までにイギリスとフランスが帆装軍艦と外輪船は時代遅れになったと判断したときでも、他の国々は両方の建造を続けていた。一つの技術の優秀性が一部で確認されたからといって、ただちに他の技術を駆逐するわけではない。世紀半ばの典型的な艦隊は、帆・外輪・スクリューと、推進機関が種々の船舶の混合状態となった。

一八五〇年代の技術発展により、海軍先進国を越えてスクリューの採用が広まった。その一〇年間で、帆装の戦列

艦を用いることも、外輪船を軍艦として用いることもなくなった。兵器の架台（プラットフォーム）としての船舶への装甲が最初に試されたのは、クリミア戦争（一八五三―一八五六年）である。この戦争では、イギリス・フランス・ロシアという当時の世界の三大海軍国がぶつかり合った(23)。木造の戦列艦は一八五〇年代も海洋に登場し続けたが、スクリューの広まりが延命させていたに過ぎない。その後、装甲を施されたフリゲート艦が新たな主力艦の基準となっていく。木造軍艦が消えていかざるを得なかったのは、一八四〇年代から五〇年代にかけてペクサン砲、そしてその改良としてのダールグレン砲が艦砲として採用されていったことが大きい。ペクサン砲は、フランスのアンリ＝ジョセフ・ペクサン（一七八三―一八五四年）が開発した、炸裂弾を高初速の平射で撃てる砲である。ダールグレン砲は、アメリカのジョン・A・ダールグレン（一八〇九―一八七〇年）が開発した。砲弾が弾着と同時に炸裂すれば、木造艦船が被《こうむ》る被害は甚大となる。クリミア戦争におけるシノープ（シノペ）海戦（一八五三年）で、ペクサン砲を搭載したロシア艦隊がトルコ海軍の木造帆船を壊滅させたことが、装甲軍艦の登場を促進したといわれている(24)。

しかし、ペクサン砲もダールグレン砲も、発射に時間がかかる前装（前込め）砲だった。イギリスのアームストロング社がすでに一八五〇年に後装（元込め）砲の実用化に成功しており、一八六〇年代には後装砲が広まっていく。ただし、砲弾発射時に砲身後端に強大な圧力がかかる後装砲の開発は、その後も試行錯誤の連続だった。一八六三年（文久三）の薩英戦争では、砲弾発射時に尾栓《びせん》が吹き飛んで、イギリス軍の砲手たちが死傷する事故が起きている(25)。

後装砲の実用化とともに本格的に可能となったのが、砲身内面に線条を施すこと（ライフル）だった。椎《しい》の実《み》型の砲弾の表面を鉛で覆うことにより、発射する際、施条《しじょう》された砲身内面にめり込みながら砲弾が回転していく。回転力を増した砲弾は、砲身から飛び出す際の初速が増して射程距離が伸び、ジャイロ効果によって照準がより精確になった。また、ゆっくりと燃焼する信管《しんかん》によって、目標物に当たる際に爆裂させることができるようになり、実体弾（石や金属のかたまりで、炸裂しない）にとって代わり始めた、椎の実型の炸裂弾の力がいっそう効果的に発揮できるようになった。前装滑腔砲《ぜんそうかっこうほう》（砲口から砲弾を込める、線条が施されていない火砲）に代わり、後装施条砲が一般化していくことで、照準の精確さや初速の増大のみならず、射撃速度が向上し、射程が伸び、いっそうの巨砲の運用が可能になっていったのである。

四、一九世紀後半における沿岸防禦形態の変化

「要塞を攻撃するのは愚かな艦船だ」とは、ホレイショー・ネルソン（一七五八―一八〇五年）の言であるとされる。実際には彼の出版物にこの表現は見いだせないのだが、トラファルガー海戦（一八〇五年）でフランス海軍を覆滅《ふくめつ》したこの提督も、艦隊と沿岸防禦施設が砲火を交えれば、前者がきわめて不利な状況に置かれると知っていたろう。[26]コペンハーゲン海戦（一八〇一年）において、要塞からの熾烈《しれつ》な砲撃で苦汁を舐めているからである。[27]一九世紀中頃までは、海上の艦船は陸上の防禦施設に比べて、天候の影響を受けやすいこと、揺れるデッキから精確照準で砲撃するのが困難なこと、木造のため燃えやすいことなどの弱点があった。これに対して、沿岸部の防禦施設は、安定した砲床から砲撃できること、防弾設備（分厚い胸壁など）で守られていること、敵正面はレンガや石などの頑丈で耐久力のある素材を用いて築造されていることなどの利点があった。しかし、比較的に大規模な施設で防衛線を構成するという防禦形態は、一九世紀中頃から急激に進行した砲火力の増大と、軍艦の動力としての蒸気の導入によって、変化

をみせ始める。

万延の遣米使節一行が目にしたアメリカの要塞は、一九世紀前半から中頃にかけて、沿岸防禦のため重要都市や海軍基地のある湾口や河口に築城された。このタイプの要塞は、どれもが、海抜一メートル前後の位置にあり、海正面にその偉容を向けて、通過しようとする敵艦を阻《はば》んでいた[28]。構造と素材は前述のとおりである。たとえば、勝海舟も目にしたサンフランシスコ防禦のポイント要塞（図４）は、地上階から屋上階まで四層に及ぶ砲列を並べ、砲一〇〇門以上を装備して火力を集中させていた。当時の前装滑腔砲では精確照準による射撃は無理だったため、多数打てばいくつか当たる式だったのである。熱した実体弾を発射すると、跳弾といって水上を跳ねながら飛んでいった。海辺や川辺で石ころを水面と水平の角度から放《ほう》ると、水面を跳ねて飛んでいくのと同じである。木造艦船の舷側に当たって損傷を与えること、とりわけ、熱しているため炎上させることが期待された[29]。

しかし、クリミア戦争で沿岸防禦施設への攻撃は異なる様相をみせ始める。一八五五年一〇月、黒海のドニエプル河口にあるキンブルンで、装甲を施されたフランス海軍の「浮き砲台」（平底艦船であるため牽引《けんいん》された）三隻による砲撃が、ロシア側要塞を降伏に追い込む上で大きな役割を果たした。装甲軍艦の始祖というべきこれら浮き砲台は、要塞からの砲撃にもかかわらず、その装甲ゆえ接近することができたのである[30]。同年のスオメンリンナ要塞（ヘルシンキ防禦だが、当時フィンランドはロシア領）への砲撃では、炸裂弾も用いられている[31]。ただし、こうした技術上の発展がただちに一方の優位を海軍軍人たちに確信させたわけではない。ロシアのクロンシュタット軍港は要塞の強固さが事前に確認され、イギリスとフランスは攻撃を断念した。湾内への敵艦の接近を封じるため、機雷が敷設されており、それを除去しようとすれば要塞からの砲撃に晒されると判断したことも大きかった[32]。この頃から、機雷が沿岸防禦のため活用されるようになる。

そして、沿岸要塞への砲撃は海上の艦船からだけではない。接近が可能となれば、背後の陸上からも砲撃に晒される。陸上からの砲撃は、前述した海上からの砲撃の欠点をカバーする。要塞化されたロシアの海軍基地セヴァストーポリの陥落は、海上からの砲撃よりも背後の陸上からの攻撃で成し遂げられた。塹壕《ざんごう》を掘って接近する従来の陸上要塞攻撃の手法も用いられたが、同時に絶えることのない砲撃がセヴァストーポリを襲い続けたのである[33]。アメリカの南北戦争（一八六一―一八六五年）では、サウス・カロライナ州チャールストン防禦のサムター要塞は、北軍の激しい砲撃のもと瓦礫と化してしまった。

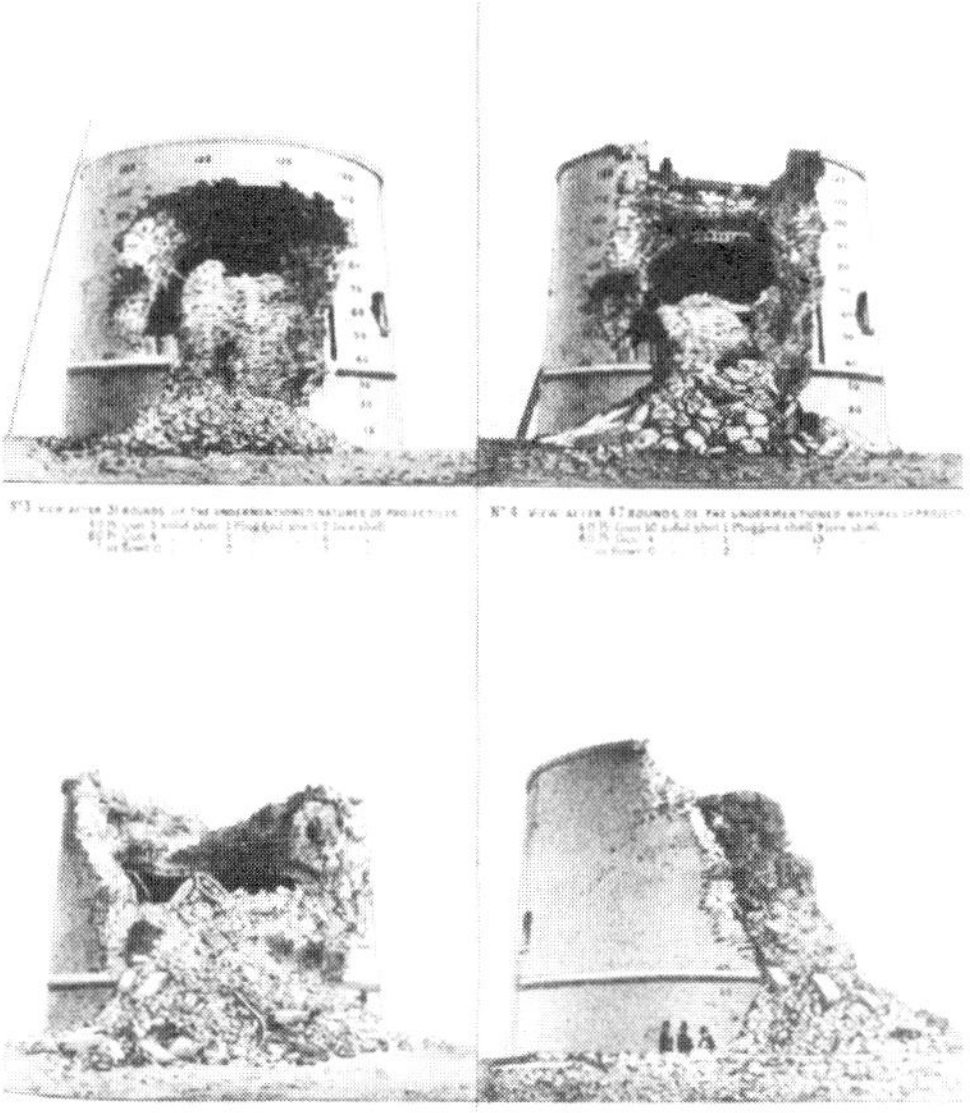

図6　砲撃実験で崩れていくマルテロ・タワー（部分）　英国公文書館蔵

イギリスは一八六〇年に、後装施条砲から発射される砲弾の威力にマルテロ・タワーの強度がどこまで耐えられるか、実際のタワーを砲撃することで検証している。滑腔砲による砲撃との比較実験を行った。結果は、図6が示す通りとなった。同じ回数の砲撃で、滑腔砲は深刻な被害を与えることはなかった[34]。火砲の性能の向上が、石とレンガ造りの建造物がかつて有していた防禦力を時代遅れにしてしまったのは明らかだった。この後、ポーツマス軍港防禦のスピットヘッド要塞は、いずれも海上に築かれた塔形式の諸砲台に装甲を施すことになる。[35]

レオ・トルストイは、砲兵将校としてクリミア戦争に従軍した。セヴァストーポリがイギリスとフランス両軍の陸上からの熾烈な砲撃に晒された攻囲の状況を、自ら体験したのである。

堡塁《ほうるい》の全線にわたって、殊に左側の山々の上に、濃い、圧縮された白い煙のたまが、時には、白昼の光の中でさえ輝いて見える閃光《せんこう》を作って幾《いく》つかづつ絶えず唐突に浮かびあがり、見る見る容積をまし、さまざまな形に変りながら、空に盛りあがって、徐《おもむ》ろに黒く染って行く。これらの煙は、ここかしこに閃《ひらめ》きながら、山の上にも、敵の砲台にも、市街にも、また空中高くも湧き出るのだった。そして爆発の轟音《ごうおん》は絶える時なく、互にまざり合いながら、空気を振動さすのであった……

十二時近くなると、煙の現われ方が次第に稀《まれ》になり、轟音による空気の震動も次第に少くなった。

「だが、第二稜堡はもう全然応酬しなくなったぞ。」と馬上の軽騎兵将校が言った。「すっかり破壊されたんだな！恐しいことだ！」

「それにマラホフ［マラコフ砲台、タワー］も、敵の三発に一発送ってるきりだ。」と望遠鏡をのぞいていた将校が答えた。「奴らの沈黙は僕を憤激させるよ。敵弾はのべつコルニーロフ砲台に集中落下してるのに、こちらはちっとも応射しないんだからな。」

（『セヴストーポリ』（中村白葉訳）より。［　］内は筆者増補。ルビは編者追加）

一九世紀中頃の要塞が、威力を増した砲撃に圧倒されていく状況が鮮烈に描かれている（もっとも、クリミア戦争におけるロシア側の不利は、描かれているように物資供給能力の不足が招いた要素が大きかった）[36]。一八六四年（元治元）の下関戦争で長州の砲台を死守していた人々が感じた無念も、このようだったのかもしれない。[37]

一九世紀に入り、イギリスは比較的コストのかからないマルテロ・タワーを多数、海浜や港に並べる沿岸防禦の形態を採ったが、アメリカは重要都市に至る河口や湾口それぞれをいくつかの大規模要塞で防禦する方式だった。両者とも、敵艦に備えて大量の火力を保持し、また、存在を誇示することで敵を威圧する抑止効果もあった。一九世紀前半までの火砲と船舶の技術では、こうした方法が沿岸防禦として有効だと考えられたのである。しかし、マルテロ・タワーも大規模要塞も敵から丸見えだということは、射程と照準を向上させた敵の砲火もそこに集中することを意味する（図7）。一九世紀も後半に入ると、従来の沿岸防禦の様式が決定的変化を余儀なくされていることは、クリミア戦争と南北戦争が示した。頑丈で大規模な軍事建築物で防衛ラインを構成するという沿岸防禦の形態は、一九世紀中頃に急速に進行していった、前装滑腔砲に代わる後装施条砲や信管使用の一般化といった火砲技術の飛躍的発展により、時代遅れとなっていたのである。

図７　南北戦争で装甲軍艦から砲撃を受けるタワー　Victor von Scheliha, *A Treatise on Coast-defence*（1868年）の口絵より

　これ以降、沿岸防禦の主要な形態は、覆土《ふくど》（盛り土）で隔てられたいくつかの砲座からなる小規模施設、つまり砲台を分散させて相互に協働させるようになる。砲座間を隔てる覆土を横牆《おうしょう》と呼ぶが、高く盛り上げた横牆で隔てたのは、ある砲座に敵砲が弾着しても、被害が他の砲座に及ばないようにするためである。分散化は、かつての大規模要塞が海浜で敵艦に露出していたのとは異なり、その地帯の地形や自然に溶け込んで敵艦から見えなくなる効果も生んだ。沿岸部のどこか

ら砲撃してきているのか、敵艦は判断が難しくなったのである。

五、マルテロ・タワーのゆくえと幕末日本の石堡塔の価値

イギリスによるマルテロ・タワーの築造は、本土でウェールズのマンブルス・タワー（一八五七年）が、本土外ではガーンジー島のブレホン・タワー（一八五六年）が、海外ではオーストラリアのデニソン要塞（一八五六年）が最後のものとなった[38]。現在のところ、南北戦争中のフロリダ州キー・ウェストで築造され始め、この種の建築物は前記した理由からもはや有用ではないと判断されて、一八六六年に築造中止となったマルテロ・タリーが世界最後のものとされている（軍の正式な放棄は一八七三年[39]）。

フロリダのマルテロ・タワーは、計画では塔の周囲に壕をめぐらせ、海正面にはケースメートと呼ばれるアーチ型のユニットで区切られた、上下二層の砲座列が長く伸びることになっていた（図８[40]）。規模はこれほどではないが、塔と土塁を組み合わせた和田岬石堡塔の防御様式と近似している（図５）。海陸双方からの攻撃を想定した防御施設の構造を、当時の軍事建築の常套を基に設計すれば、こういう設計となったのだ。幕末の日本人は、共時的に世界の軍事史の潮流としっかりつながっていたのである。完成したとき、石堡塔は軍事的にはすでに時代遅れとなっていたのは間違いない。しかし、それもまた世界の軍事史の潮流と一致していたのである。

未完成となったフロリダのマルテロ・タワーは、方形であった。世界の軍事史上、マルテロ・タワーの典型的な形状である円形のものが最後に築造され、完成にまで至ったのは、四つの石堡塔の外郭が一八六六年に竣工した日本

だった。

おわりに

幕末に使節として欧米に赴《おもむ》く経験をもった人々の記述を読んでいると、沿岸部で砲台（要塞）を目撃した際に、必ずといっていいほどそれを記録していることに気づかされる。(41) 西洋からの外圧に直面した幕末の日本人にとって、優れていると映った西洋の沿岸防御様式は喫緊《きっきん》に摂取すべき技術だった。エンゲルベルツ書の翻訳も手掛けた手塚謙蔵（律蔵、一八二三―一八七八年、文政五年―明治一一年）に蘭学を学んだ、熊本藩士の木村鉄太（一八二八―一八六二年、文政一一年―文久二年）は、万延の遣米使節団の一員として渡米した。その際、ヴァージニア州ノーフォーク防禦のモンロー要塞の内部を実見する機会があった。五月（陰暦閏三月）の夕暮れ時にほんの短時間見ただけで、当時のアメリカ要塞の典型

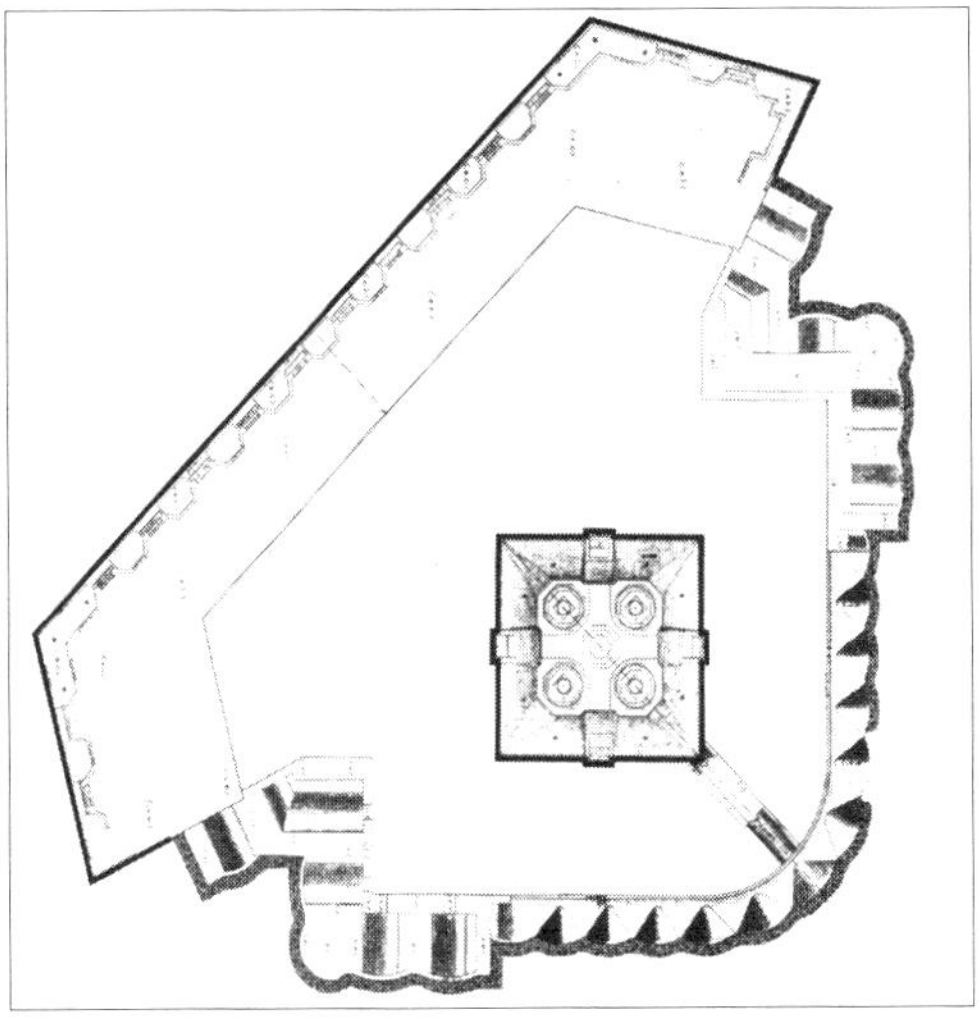

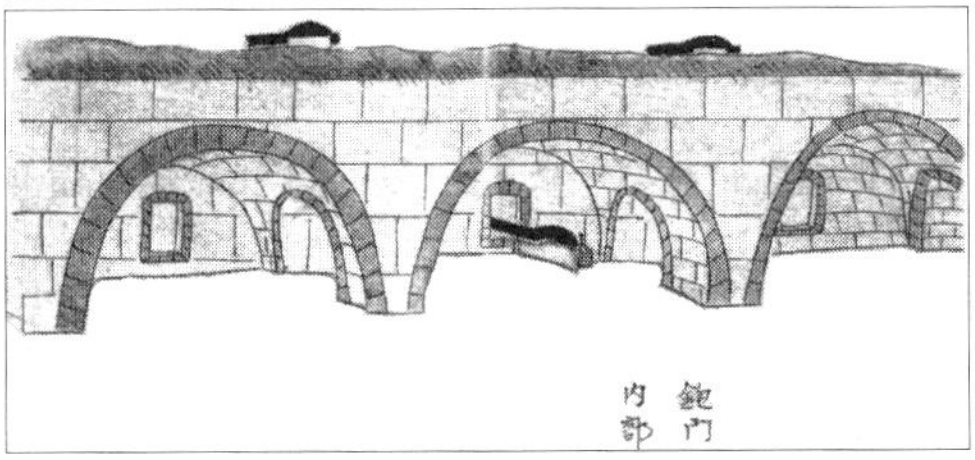

上：図8　フロリダのマルテロ・タワー　米国公立文書館蔵
下：図9　木村鉄太によるモンロー要塞のスケッチ　同『航米記』（1860 年）より

的構造であるケースメートを見事にスケッチしている（図９）。同行していた金沢藩士の佐野鼎《かなえ》（一八三一―一八七七年、天保二年―明治一〇年）も、短時間でしかないことを憾《うら》みながら、それでも同要塞内部の詳細な記述を残している。(42)

幕末の日本人が築こうとしていた沿岸防禦の軍事建築物は、五稜郭にしても石堡塔にしても、軍事的には時代遅れとなっていたが、それは欧米でも同時代的に起きていたのだ。一九世紀中頃から後半にかけては、世界の軍事史において、とりわけ火砲技術が日進月歩かつ飛躍的に発展していった時代だった。沿岸防禦の要塞築城は、欧米においても様式の大きな変化を迫られており、ちょうどそれを学び始めた日本人も当然、その変化に直面させられた。これ以降、要塞とは、単独の大規模構築物ではなく、複数砲台・保塁および附属建築物の複合体として地帯全体を包括した軍事概念となっていく。幕府と各藩が個別に築く、仕様もばらばらな個々の台場では、相互の協働に支障をきたし、地帯としての要塞を軍事的効力をともなって運用することは難しかったろう。明治維新後の日本の沿岸防禦は欧米と共時的に、地帯としての要塞という様式を追求していくことになる。(43)

註

（１）イギリスが本国と植民地に築いたマルテロ・タワーおよびアメリカ合衆国のそれについては、Sheila Sutcliffe, *Martello Towers* (David & Charles, 1972)、Bill Clements, *Martello Towers Worldwide* (Pen & Sword, 2011)、同, *Billy Pitt Had Them Built: The Napoleonic Towers on Ireland* (The Holliwell Press, 2013)といった専著があるほか、Ian Hogg, *The History of Fortification* (Orbis, 1981)、Quentin Hughes, *Military Architecture: The Art of Defence from Earliest Times to the Atlantic Wall* (Beaufort, 1991)といった西洋要塞築城史の概説書でも詳しく説明されている。また、イギリスのマルテロ・タワーを実地調査した日本語の報告として、岡田昌彰「マーテロ・タワー：国防遺産の転用術」（『土木施行』五二―一〇、二〇一一年）がある。

（２）蘭書と石堡塔との関係を指摘した早期の研究としては、升本清「幕末の築城：品川台場、五稜郭、和田岬堡塁等の設計とオランダ築城書との対比」（『蘭学資料研究会研究報告』一五一号、一九六三年）、二九七頁、同「幕末の築城」（『軍事史研究』八号、一九六四年）、一一頁がある（ともにほぼ同内容だが、理解を援ける図版が後者には含まれていない）。また、桐敷真次郎『明治の建築』（日本経済新聞社、一九六六年、本の友社が二〇〇一年に復刻）、四三頁でも言及されている。幕末の諸築城に影響を与えた蘭書については、淺川道夫『お台場：品川台場の設計、構造、機能』（錦正社、二〇〇九年）、七四―八四頁が詳しい。

（3）J. M. Engelberts, *Proeve eener verhandeling over de kustverdediging* (A. W. de Bruijn, 1839).

（4）J. N. Calten, *Leiddraad bij het onderrigt in de zee-artillerie* (Bij L. C. Vermande, 1842).

（5）Gerardus Anthony van Kerkwijk, *Handleiding tot de versterkingskunst, voor de kadetten van alle wapenen* (Breda, 1845); *Handleiding tot de kennis van den vestingbouw, voor de kadetten der genie en artillerie* (Breda, 1846). 国会図書館所蔵の前者は一八五四年の出版。

（6）沿岸防禦の解説や築城書で紹介されているにもかかわらず、一九世紀前半のオランダではマルテロ・タワー様式の円塔はあまり築造されなかった。築かれたのはむしろ、ナポレオン期のフランスで採用された方形のものや他の様式の塔だった。Rudi Rolf, *Torens, Wallen en Koepels: Forten in Nederland, Nederlandse forten* (Prak, 2007).

（7）勝所蔵の蘭書が参考にされた可能性については、冨川武史「江戸湾防備から摂海防備へ―品川御台場からみた和田岬砲台―」（神戸市教育委員会編『品川御台場築造から和田岬砲台へ』神戸市、二〇一〇年）、一〇―一二頁。

（8）藤井甚太郎「摂海防備史」（日本歴史地理学会編『摂津郷土史論』一九一九年）。後藤敦史「幕末政治史と大阪湾防備―和田岬砲台建築の諸前提―」（『一九世紀日本の国際環境と和田岬砲台』神戸市、二〇一二年）など。

（9）勝海舟『海軍歴史』の「巻之八　咸臨艦米国渡航　中」（『勝海舟全集　一二』）、二四一頁。

（10）冨川前掲「江戸湾防備から摂海防備へ」、一〇頁。

（11）西宮も同様であった。前田航次郎『摂津　西宮砲台』（日本古城友の会、一九七二年）、五頁。

（12）『海上砲術全書』巻二十七、十四B。

（13）『海防火攻新覧』巻之二、および『防海要論』巻之二（『西村茂樹全集』第六巻、思文閣出版、二〇〇八年）、九五頁。

（14）John R. Weaver II, *A Legacy in Brick and Stone: American Coastal Defense Forts of the Third System, 1816-1867* (Redoubt Press, 2001), p. 22.

（15）前田前掲『摂津　西宮砲台』、六頁。神戸市教育委員会編『舞子砲台跡—第1～4次発掘調査報告書—』（神戸市、二〇〇六年）、四頁。

（16）大類伸・鳥羽正雄『日本城郭史』（雄山閣、一九三六年、一九六〇年重版）、七二〇—七二二頁も早くから指摘している。

（17）西村茂樹『海防新編』（『西村茂樹全集』第六巻、思文閣出版、二〇〇八年）、二一六頁。

（18）『海上砲術全書』巻二十七、十五A—B。

（19）『海上砲術全書』巻二十七、十五A。

（20）Clements 前掲、*Martello Towers Worldwide*, pp. 32-33.

（21）淺川前掲『お台場』、同『江戸湾海防史』（錦正社、二〇一〇年）。

（22）以下、この時代の海軍史の概要については、Lawrence Sondhaus, *Naval Warfare, 1815-1914* (Routledge, 2001); Elmer Belmont Potter ed., *Sea Power: A Naval History* (Second Edition) (Naval Institute Press, 1981). また、ジェレミー・ブラック（内藤嘉昭訳『海軍の世界史：海軍力にみる国家制度と文化』（福村出版、二〇一四年、原著は二〇〇九年）。

（23）Sondhaus 前掲、*Naval Warfare, 1815-1914*, pp. 55-71; Jack Greene and Alessandro Massignani, *Ironclads at War: The Origin and Development of the Armored Warship, 1854-1891* (Da Capo Press, 1998), pp. 15-40; Jeremy Black, *War and Technology* (Indiana University Press, 2013), pp. 106-115.

（24）大内建二『大砲と海戦：前装式カノン砲からOTOメララ砲まで』（光人社、二〇一〇年）、四六—四七、六八—七一、八〇—八一頁。Sondhaus 前掲、*Naval Warfare, 1815-1914*, pp. 22-23, 58.

（25）Richard Hill, *War at Sea in the Ironclad Age* (Cassell, 2000), pp. 55, 57. 大内前掲『大砲と海戦』、七四—七六頁。

（26）Larrie D. Ferreiro, "Horatio Nelson never wrote 'A ship's a fool to fight a fort': It was Jackie Fisher who invented the attribution", *Journal of Military History*, 80-3, 2016.

（27）Peter Thorning Christensen ed., *The Fortifications of Copenhagen: A Guide to 900 Years of Fortifications History* (The Ministry of the Environment and Energy, The National Forest and Nature Agency, Denmark, 1998).

（28）Weaver II 前掲、*A Legacy in Brick and Stone*; Emanuel Raymond Lewis, *Seacoast Fortifications of the United States: An*

Introductory History (Naval Institute Press, 1993); J. E. Kaufmann and H. W. Kaufmann, *Fortress America: The Forts That Defended America, 1600 to the Present* (Da Capo Press, 2004).

（29）Lewis 前掲、*Seacoast Fortifications of the United States*, pp. 7, 53.

（30）Hill 前掲、*War at Sea in the Ironclad Age*, p. 31; Greene and Massignani 前掲、*Ironclads at War*, pp. 22-31; Sondhaus 前掲、*Naval Warfare, 1815-1914*, pp. 61-62.

（31）Hill 前掲、*War at Sea in the Ironclad Age*, pp. 56-57. Olof af Hällström, *Sveaborg, Viapori, Suomenlinna: The Island Fortress off Helsinki* (Anders Nyborg A/S, 1986).

（32）Sondhaus 前掲、*Naval Warfare, 1815-1914*, p. 62. オーランド・ファイジズ（染谷徹訳）『クリミア戦争　下』（白水社、二〇一五年、原著は二〇一〇年）、九七―九八頁。

（33）ファイジズ前掲『クリミア戦争　上・下』、上の第八章および下の第九、一〇、一一章。Bruce Allen Watson, *Sieges: A Comparative Study* (Praeger, 1993), pp. 57-81; Ian Hogg, *Fortress: A History of Military Defence* (St. Martin Press, 1979), pp. 79-81.

（34）Clements 前掲、*Martello Towers Worldwide*, pp. 47-49.

（35）Timothy Crick, *Ramparts of Empire: The Fortifications of Sir William Jervois, Royal Engineer, 1821-1897* (The Exter Press, 2012), pp. 109-122.

（36）Ю. А. Скориков (Skorikov, Y. A.), *Севастопольская крепость* (*Sevastopolskaya Krepost, The Sevastopol Fortress*) (Стройиздат, 1997).

（37）保谷徹『幕末日本と対外戦争の危機：下関戦争の舞台裏』（吉川弘文館、二〇一〇年）。

（38）Clements 前掲、*Martello Towers Worldwide*, pp. 154-177.

（39）Alejandro M. de Quesada, *A History of Florida Forts: Florida's Lonely Outposts* (The History Press, 2006), p. 143; Clements 前掲、*Martello Towers Worldwide*, p. 205; Willard B. Robinson,"North American Martello Towers", *Journal of the Society of Architectural Historians*, 33-2, 1974, pp. 163-164.

（40）Weaver II 前掲、*A Legacy in Brick and Stone*, pp. 153-154.

（41）たとえば、日本史籍協会編『遣外使節日記纂輯』（〈日本史籍協会叢書　九六―九八〉、一九二八―一九三〇年、東京大学出版会が一九八七年に復刻）に収録された記録の数々など。

（42）佐野鼎『萬延元年訪米日記』（金沢文化協会、一九四六年）、四六―四七頁。

（43）拙稿「石堡塔から近代要塞へ」（兵庫県教育委員会編『兵庫県の台場・砲台』兵庫県教育委員会、二〇一三年）、拙稿「明治期の築城：西日本」（『歴史と地理』六八二号、二〇一五年）、拙稿「瀬戸内海の近代国防遺産―明治陸軍の要塞施設―」（〈公社〉瀬戸内海環境保全協会『瀬戸内海』七〇、二〇一五年）。

【付記】大正六年の『大阪朝日新聞』に、「海舟が最新智識を搾《しぼ》って設計したる高さ八間直径八間、階上に廻転式大砲《おおづつ》八門、階下に用水溜《たまり》一槽といふ露国クロンスタット《ママ》要塞摸倣《もほう》の石砲塔《せきほうとう》」（神戸大学経済経営研究所・新聞記事文庫・大阪朝日新聞　都市（03-025））という記事があることを脱稿後に知った。サンクトペテルブルクおよび軍港を防禦するクロンシュタット要塞を幕末に実見した日本人は、福沢諭吉を含む文久二年（一八六二）の遣欧使節団である。彼らは、首都にあったニコライ工兵学校（築城学校）でセヴァストーポリ要塞のジオラマ模型を見学し、またクロンシュタット要塞に実際に赴く機会をもった。

彼らが唯一訪れたメニシコフ公爵堡塁はタワー型ではない。しかし、海上のアレクサンドル一世堡塁という、ほぼ楕円《だえん》形のタワー型防禦施設を望見している。また、一八五六年の絵画は、海上の南堡塁二つを円筒の塔に描いている。どの堡塁も砲眼を壁面に並べ、それが二～三層連なる形状である（砲座背面が塔中心部へと開放されているのは、内部に入らないとわからない）。一行の誰かが帰国後に、海上に望見したものを口頭もしくはスケッチで海舟に伝えたことはありえる。壁面に砲眼を穿ったのは、彼らの見聞に起因したのかもしれない（ただ、使節一行の高橋祐啓『欧西紀行』の同要塞望見図に塔は描かれていない）。同要塞がタワー型のアイディアの一因ともなったことはありえるが、蘭書のように典拠となる資料がない現段階では推測の域を出ない。石堡塔のアイディアのソースは複数あった可能性がある、と言うにとどめたい。

Ⅳ 城館研究と大阪湾岸の台場

中西裕樹

はじめに

台場は、幕末という時勢において構築された軍事施設である。外国船の打ち払いを目的として、海岸に設けられた砲台が多く、海防という視点での理解がなされてきた。各地での発掘調査も進み、国史跡としての保存や整備の事例も増えている。この台場は、全国でおよそ一〇〇〇～八〇〇〇もの数が築かれたともいわれるが、遺構の実態を把握する動きは十分といえない。

日本の城郭史において、台場は「幕末の築城」とされる。後述するように、台場には西洋の築城プランである稜《りょう》堡《ほ》式の平面構造を取り入れたものがあった。五稜郭（函館奉行所。北海道函館市）や龍岡城（長野県佐久市）などの台場以外の機能を持つ施設を含め、これらは当時の西洋への強い関心と世界史的な「時代遅れ」という日本の情勢を示すニュアンスで評価されている。一方、城館研究では、戦国時代を主題として遺構の概要図（縄張り図）を作成し、歴史を考える素材への資料化を図ってきた。近年では、大阪府枚方市に所在する楠葉台場の研究を通じ、幕末の軍事施設に対する視点が提示されているが、研究者が台場に向き合う機会は少ない。

大阪湾内の台場では、兵庫県域の明石藩舞子台場跡と和田岬砲台（ともに神戸市）、西宮砲台（兵庫県西宮市）、松帆台場跡（兵庫県淡路市）が国史跡となり、兵庫県域では悉皆《しっかい》的な調査が行われている。(1) 一方、大阪府域では、内陸部の河川台場である楠葉台場跡が国史跡になったが、遺構が良好に残る堺台場（堺南台場。堺市）などの存在は広く知られていない。

ここでは、城郭史や城館研究における台場へのアプローチを概観した後、城館研究の立場からみた大阪湾岸、特に湾内の台場について、研究の可能性を示したい。なお、以下で扱う台場とは、江戸時代後期に築造された砲台を備えた軍事施設のことで、研究史には海防施設である遠見番所や一部の大名居城、奉行所なども含む。また、個別の台場の構造や立地、歴史的背景は、第３部の解説を参考に願いたい。

一、城郭史における台場

（1）大類伸・鳥羽正雄著『日本城郭史』

本章では、日本城郭史を主題とした代表的な書籍における台場の取り扱いを紹介する。

まず、アジア・太平洋戦争以前の一九三六年に刊行された大類伸・鳥羽正雄著『日本城郭史』（雄山閣）では、上世（古代）・中世・近世・最近世という四つの時期区分があり、台場は主に江戸時代末期～版籍奉還（一八六九年）が対象とされた最近世に属する。同書では、寛政四年（一七九二）のロシア使節ラックスマンの根室来航以降の海防と国防の必要や西洋の影響を受けた軍制改革、大砲の普及という戦争の変化を述べた後、台場をこの情勢に対応する幕府と諸藩に許された新規築城と評価し、網羅的な歴史や近世軍学と西洋式築城術の導入過程との関係を紹介した。そして、このときの「築城」は、砲台・堡塔《ほとう》・稜堡に大別できる海岸要塞だったとする。なお、稜堡とは、一六～一八世紀に発達した西洋の築城プランで、稜堡を導入した城郭を稜堡式城郭、台場を稜堡式台場と呼ぶ。大砲戦を念頭に置き、逆V字形の砲台を多数突出させ、十字砲火を可能とする構造だった。

現在でも、大類伸・鳥羽正雄著『日本城郭史』は、城郭史を論じた書物の金字塔で、台場に関しても同様である。大阪湾岸では、和田岬砲台と湊川崎砲台（ともに神戸市）、西宮砲台と今津砲台（ともに兵庫県西宮市）が古写真や平面構造を交えて紹介され、京坂間で淀川を防備する楠葉台場（大阪府枚方市）などに関する記述もある。また、現在は地表面に遺構が残らない堺北台場（堺市）とする石垣と土塁の写真が掲載されている。

一九七九年に刊行され、入手しやすい書籍でもあった内藤昌著『城の日本史』（ＮＨＫブックス）では、「城郭の歴史」とした第Ⅰ章の最後に「洋式の築城」という項がある。一九八八年刊行の西ヶ谷恭弘著『日本史小百科24　城郭』（近藤出版社）では、城郭の歴史に「要塞・台場」の項目が設けられた。両書とも、海防を目的とする台場が構築されるに至った歴史的経緯と西洋築城術の導入過程を述べ、嘉永六年（一八五三）以降の品川台場（東京都）をはじめとする各地の台場や稜堡式城郭・台場を端的に紹介している。

これらの書籍に通底する「城郭史」から受ける印象は、まさしく前近代に武家が構築した城郭という軍事施設の変遷である。台場が占める割合は小さく、幕末の海防を語る点景の観は否めない。一九八八年に刊行された原剛著『幕末海防史の研究―全国的にみた日本の海防態勢―』（名著出版）は、当時の海防態勢を軍事的に分析しつつ、台場の防備と配置などを詳述した大著である。城郭史の視点は、同書に通じるところがあるが、先に述べたような理由から、比肩するような幕末、とくに台場に関わる追及はなされてこなかった。

（2）一九八〇年代以降の城郭史

一九八〇年代は、城館をめぐる研究が大きく変化する時期となった。その画期は、一九七九年の日本史研究会大会での村田修三氏による報告「城跡調査と戦国史研究」（翌年の『日本史研究』二一一号に収録）である。村田氏は「中世の城郭遺跡を地域史と在地構造分析の史料として活用する」と提言し、城館の平面構造である縄張りの分析を重視した。縄張りには、近世城郭の本丸・二ノ丸などに該当する「曲輪《くるわ》」の配置に、築城主体の権力構造が反映するものがある。この縄張りと、文献史学が示す社会構造や地域性との整合性を見出された結果、各地の研究でその有効性が確認されていく。この作業の基礎データとなるのが「縄張り図」だった。縄張り図とは、主に中世城館の現状遺構を地表面から観察し、その平面構造の概要を示す平面図のことである。

縄張り図の前提は、城館の存在を確認することにある。そして、全国で急速に縄張り図の作成が進むなか、城館の規模や立地のみならず、出入り口にあたる「虎口《こぐち》」などの特徴的な平面構造が権力の特徴や地域性とリンクすることも判明した。城館研究は、このような城館の特徴を分布として押さえ、歴史の諸相をふまえることで、縄張り図の資料的な脆弱《ぜいじゃく》性をカバーする方法論としていく。

いきおい城館研究の中心は近世への移行期を含む戦国期となり、一九八六年の村田修三責任編集『週刊朝日百科日本の歴史21　城　山城から平城へ』では、城館の系譜が戦国期を念頭に叙述された。この時点で、八〇年代以降の研究成果が城郭史に反映されたのである。

同書には、「台場と五稜郭」（角田誠氏執筆）が収録され、この時点での城館研究に占める台場の位置が理解できる。

角田氏は、幕末の稜堡式城郭について、安政四年（一八五七）に着工、元治元年（一八六四）に竣工した五稜郭を事例とし、稜堡式城郭を体系化した「フランスに遅れること約百四十年」と評した。一方、「五稜郭以降、沿岸各地の台場築造実績とその技術が維新後の近代要塞建築に引き継がれ、わずか三十余年後の「築城部条令」施行時には、築城技術をほぼ世界的水準に到達させることができた」と述べる。いうまでもなく、五稜郭は現北海道函館市に築造された稜堡式城郭である。

稜堡式城郭は、西洋に「遅れる」と評されたが、これは明治日本の技術・文化に広く通じる視点である一方、築造経験と稜堡などの採用により、台場は近代要塞の系譜に連なるとされた。再び角田氏の言葉を借りると、「徳川の平和のもと、近世の築城は衰退の一途をたどるが、幕末期になって、目的と技術を異にしたひとつの変革」があった。これが稜堡式城郭であり、稜堡式台場であった。乱暴に言えば、台場は近世以前の城郭史と分離し、近代以降の軍事施設との相関が注目されたことになる。

以降、城郭史と向き合う作業は低調となったが、二〇一六年に齋藤慎一・向井一雄著『日本城郭史』（吉川弘文館）が刊行された。同書は、現在の城館研究の到達点と課題を提示し、文献史や蓄積された考古学の成果を豊富に盛り込むなど、新しい城郭史を詳説している。本稿に関して注目したいのは、同書では研究が進展した古代のボリュームが増す一方、近世後期以降を扱わなかったことである。

城館研究が主たる対象とする中世城館は、大名権力から民衆に至るさまざまな主体が構築し、居所とした。また、大名家中や村落など、さまざまな共同体が戦時に使用する場でもあった。地域性が豊かで、平面構造などの特徴には、これら主体の動向や社会構造がうかがえた。江戸時代後期に築造された台場に対し、このような視点がストレートには馴染《なじ》まないということは容易に推察いただけるだろう。一九八〇年代以降の城館研究は、大類伸・鳥羽正雄著『日本城郭史』以来、古代から近世後期までを一連とした過去の城郭史に対し、射程を変更した。その背景には、城館研究にとって、台場を直接的な研究対象とすることが難しかったことがあるだろう。

二、城館研究からのアプローチ

（1）角田誠氏の台場研究

しかし、城館研究がまったく台場にアプローチしなかったわけではない。中世城館と同様、台場には土塁や堀が構築され、平面構造には軍事性が反映するため、一部の城館研究者は台場の縄張り図を作成し、軍事的な分析や実態把握を行ってきた。たとえば、先の「台場と五稜郭」にも、崎田欣也・得永照郷の両氏が作図した四郎ヶ島台場と小島台場（ともに長崎市）の縄張り図が掲載されている。そして、この分野をリードした一人が城館研究のパイオニアでもあった角田誠氏、本人である[2]。

角田氏の成果には、大きくは二つの点があるように思う。一つは、現地遺構にもとづく縄張り図を作成し、公表した点である。中世城館と異なり、台場にはプランを示す同時代の絵図が伝来し、近代の地図からも類推が可能な場合がある。大阪湾岸では、絵図と近代の地図の照合で、実際の平面構造が判明する事例も少なくはない。しかし、厳密には、絵図に描かれたプランの台場の実在を検証する必要があり、遺構の現状把握や保存という観点などを加えれば、縄張り図が果たす役割は大きい。近年は台場の発掘調査が進み、二〇〇六年には松帆台場、二〇〇七年には明石藩舞子台場跡が国史跡の指定を受けた。一方では遺構が失われ、現地調査が困難になった台場もある。角田氏の縄張り図には、将来にわたって台場研究の基礎データとなるものが多い(3)。

たとえば、一九八一年に発表された研究ノート「大阪府下の幕末海防築城」(『日本城郭大系12 大阪・兵庫』、新人物往来社)では、豊国崎台場(谷川台場のうち。大阪府岬町)の構造を「丘上に段状に築かれ、各段の周囲には部分的に土塁がめぐらされている」とし、「府下残存唯一」と評価した。縄張り図の掲載はないが、豊国崎台場の現状は、ブッシュによって遺構が十分に観察できないうえ、角田氏が確認できないとした大正八年(一九一九)建立の「谷川台場」石碑が加工石材をともなうマウンド近くに存在する。何らかの改変が遺構に加わった可能性も想定すべきだろう(第3部の中西「谷川台場」参照)。また、『日本城郭大系12』の「楠葉台場」(中井均氏執筆)には、「台場研究家角田誠氏によれば、稜堡らしきものが残存しており、高低差が一―三mあるとの事で、遺構ではないかと推定」されるとあり、あわせて掲載された中井氏の縄張り図とともに、次節でみる馬部隆弘氏の研究が進むまでの間、楠葉台場を語らしめていた。なお、同書の「高崎台場」(山本幸夫氏執筆)では、淡路島の高崎台場(兵庫県洲本市)の現状図と復元図が掲載され、詳細な検討が加えられている。

また、二〇一三年の「和歌山市河南に所在する幕末の台場の構造」(『和歌山城郭研究』12、和歌山城郭調査研究会)、翌年の「和歌山市河北に所在する幕末の台場群」(『和歌山城郭研究』13)では、紀州藩の台場を概観し、一三ヶ所の縄張り図を公にした。一部は一九八二年・一九八三年・一九九六年の調査時の図で、土塁遺構が改変される以前の元番所台場(和歌山市)や、今では作図が困難となった台場の構造を知ることができる(第3部の新谷和之氏「カゴバ台場」「元番所台場」参照)。

もう一点は、台場の分布をふまえたうえで、平面構造の特徴を把握する研究手法を採ったことである。一九九五年の「淡路島における幕末海防築城」（『淡路洲本城』、城郭談話会。本書所収）では、大阪湾西側の「口」である明石海峡（約三七〇〇メートル）、東南の紀淡海峡（由良瀬戸間で約三七〇〇メートル）にて、淡路島側の徳島藩が築造した台場を考察し、松帆台場（兵庫県淡路市）・炬口台場・高崎台場・白浜台場（六本松台場）・生島台場・伝丸山台場（以上、兵庫県洲本市）の縄張り図が掲載された(4)。

徳島藩では、嘉永七年（一八五四。安政元年）一一月以降、紀淡海峡の由良（兵庫県洲本市）と明石海峡の岩屋（兵庫県淡路市）で台場築造を開始し、これは幕府の命を受けたものという。安政五年（一八五八）には、西洋流砲術や台場築造に詳しい藩士・勝浦安右衛門が参画した高崎台場の築造がはじまり、文久元年（一八六一）に一応が完成したとされる。角田氏は、文献と絵図、現状遺構を照合し、高崎台場と松帆台場だけが稜堡式の巨大台場であることを把握した。そして、その理由を両台場が幕命による築造であること、周辺の小規模な台場に対しては本堡塁―支堡塁の関係にあたること、改修の継続が想定できることとした。中世とは異なり、近世には膨大な史料が残るが、すべてが判明するわけではない。台場に対し、城館研究の方法論が活用されたといえる。

角田氏の考察は、近代戦・兵器に関する豊富な知識にもとづく。稜堡や砲台などは、平面構造に規格性があり、関連知識は現地遺構を評価する際にも必要となる。しかし、著者のように、主に中世を扱う城館研究者にとっては「近寄りがたい」分野のように感じられる。近世以降の歴史学への不慣れとともに、台場の研究が展開しない一因ではないだろうか。「最近世城郭」である台場研究は、然るべくして角田氏に牽引されたように思う。

（2）馬部隆弘氏の楠葉台場研究

大阪府枚方市所在の楠葉台場は、京都盆地の南西に近い、淀川左岸に接した狭隘《きょうあい》な平地に位置する。土地区画整理事業という大規模開発区域内に所在するが、二〇一一年に国史跡となり、恒久的な保存が図られるようになった。これは、馬部隆弘氏による二〇〇七年以降の一連の研究に拠るところが大きい。馬部氏の研究は多岐にわたり、遺跡保存へと導いたことでも特筆すべきだが、ここでは台場という遺跡を「史料」として活用した点を確認したい(5)。結論から述べると、馬部氏は、築造過程や周辺の動きを丹念に史料から洗い出すとともに、台場の平面構造の復元を通じ、幕府や会津藩と京都防衛という政治権力の動向を考察しつつ、当時の政治の中心地であった京都周辺の地域社会へと研究の視野を開くことに成功した。

楠葉台場は、幕府が築造した淀川の河川台場とされていたが、絵図と遺構にもとづいて復元された平面構造は、稜堡式台場の内部に京街道を引き込む複雑な導線を持つ関門で、稜堡は大坂側のみに向けていた。文久三年（一八六三）三月、上洛間もない京都守護職の会津藩主松平容保の建白により、朝廷が構想する淀川を遡上《そじょう》する異国船対策の台場、つまり楠葉台場が築造された。しかし、馬部氏の考察によって、築造が対朝廷への政治アピールでありつつ、反幕府勢力を取り締まる関門設置への巧妙なカモフラージュでもあったことが明らかとなる。そして、大坂側を向く稜堡は、入京のために京街道を通らざるをえない人々の目を通じ、京都防衛の主体を認識させる視覚効果、政治的な示威を備えたことが想定された。

これらの結論は、台場が持つ政治的・象徴的な性格をあぶり出したことを意味する。城館研究では、特徴的な城館の構造や構築物に対し、権力の象徴を「見せる」という機能を想定してきた。たとえば、天下統一期の織田・豊臣政権の城郭は、高石垣・瓦・礎石建物をセットで用いる体系的な特徴を備えて発達し、屋根瓦には金箔を施す場合もあった（織豊系城郭）。これらの特徴を集約したのが城内最大の櫓・天守（天主）で、この新奇な構築物は政権自体、さらには政権と各大名との政治関係を表す象徴となった(6)。政治的な示威をともない、人目への意識という点では、稜堡への評価に通じる。

また、楠葉台場では、稜堡式の平面構造に対して出入り口（虎口）を複雑化するなど、戦国期以来の築城技術が応用されている。交通の遮断施設という意味では、街道の関所や「口」などと呼ばれる近世城下町の出入り口部分と同様だが、これらを城館研究で扱うことは稀《まれ》である。台場や稜堡式城郭は、近世以前の城館、交通遮断施設との連続性からとらえる必要があり、馬部氏は西洋に遅れた日本というステレオタイプな稜堡式城郭への評価にも警鐘《けいしょう》を鳴らす。

他にも、台場の構造と立地の復元は、周辺の集落や既存施設との位置関係を明確にした。計画当初の文久三年（一八六三）、松平容保が幕府に建白した建設候補地は「八幡」（京都府八幡市）であり、そこは古くから栄えた石清水八幡宮の門前町だった。しかし、台場は八幡に続く京街道の宿・橋本の外れに位置し、輪郭は久修園院という寺院を避けている。楠葉台場は文献史料が豊富で、現実的に周辺の村落などと併存したことが垣間《かいま》見られるが、台場の立地は、その主体と地域社会との関係を解く糸口となることを示唆している。

このような楠葉台場で導き出された結論は、淀川対岸にセットで築造された梶原台場（大阪府高槻市）の構造と立地をふまえることで、より鮮明となった（第３部の中西「梶原台場」参照）。梶原台場は、当初の建設予定地を変更し、最終的に淀川から約一〇〇〇メートル離れた西国街道上に築造されていた。同じく大坂側にだけ採用された稜堡は水路を介して淀川に接続するが、とても大型船が遡上する条件にはない隣接する水面（内ヶ池）に向けられ、かつ稜堡間の半月堡を城館の馬出《うまだし》として、外枡形虎口と組み合わせていた。また、文久三年の建設候補地は「山崎」、つまり摂津・山城国境の西国街道沿いの大山崎という町場（京都府大山崎町）だったが、同所では狭隘な土地に家屋が並ぶ。結果として台場は、淀川から距離を置いた場所に築造され、かつ地元の神南社という神社を避けていた。

梶原台場の遺構は地表面から失われ、その存在は慶応四年（一八六八。明治元）正月の鳥羽・伏見の戦いの際、梶原台場を守る津藩兵が出撃した高浜船番所周辺（仮台場。大阪府島本町）と誤認されていた。しかし、国土地理院蔵「神内炮台図」が示す平面構造が楠葉台場に類似したため、景観や地籍図の調査から二〇〇七年に構造と立地が判明し、後に周知の埋蔵文化財包蔵地となった。楠葉台場の研究がなければ、梶原台場は忘却されたままだったのである。

二〇一六年に刊行の中井均著『城館調査の手引き』（山川出版社）では、「幕末の築城―台場の調べ方」という項目があり、各地での発掘調査や史跡整備とともに、楠葉台場の研究成果が紹介されている。馬部氏による一連の楠葉台場研究は、文献の解読に加えて平面構造の把握と読み込みを重視し、台場遺構が幕末政治史や地域史の「史料」、糸口になることを証明した。稜堡への評価などは城館研究の視角に近く、台場研究と城郭史との接続を問うものである。城館研究からみれば、幕末の軍事施設へのアプローチが示された研究上の画期と評価できる。

三、城館研究からみた大阪湾岸の台場

（1）堺台場の築造と稜堡式への改修

二〇〇六年の第23回全国城郭研究者セミナーでは、川嶋清人「小浜藩の台場跡―史跡松ヶ瀬台場跡の復元整備から

ー」が報告された[7]。全国城郭研究者セミナーとは、城館研究の大会に相当する場で、台場への関心が研究者の間で徐々に高くなってきたと感じる。

大阪湾岸のうち、湾内には主なものだけで二六ヶ所の台場が確認できる[8]。実態不明の台場も多いが、絵図や近代の地図、現地の遺構を照合すると、和田岬砲台（神戸市）・天保山台場（大阪市）・堺南台場（堺市）に稜堡式の構造が確認でき、稜堡式のプランが限定的な採用であったことを示す。かつ、その規模は和田岬砲台が約九五×一二〇メートルである一方、天保山台場と堺南台場が約三〇〇×二〇〇メートルにも及ぶ。この状況は、淡路島の高崎台場・松帆台場と状況が類似し、角田誠氏はその理由を幕命による築造決定と、他の台場（支堡塁）に対する本堡塁にあたることに求めている。この点について、近年に研究が進む堺台場から考えてみたい[9]。

当初の堺台場は、旧堺港を南北に挟み、安政元年（一八五四）から翌年にかけて北台場、同五年に南台場が完成した。大阪湾の海防が政治問題化するのは、嘉永七年（一八五四。安政元）九月のロシア艦・プチャーチンの来航で、湾内では、堺が台場築造の先駆けとなった。そして、南台場のみが元治元年（一八六四）に大規模な稜堡式へと改修に着手される。構造は「元治元年　堺浦海岸砲台築造図絵」（堺市立中央図書館蔵）などにみることができ、堺市の大浜公園内には絵図の構造と一致する遺構が良好に残る（図1・2）。台場の築造、稜堡式への改修、絵図と一致する現地遺構の遺存という点で、堺台場が持つ価値はきわめて高い。

この堺台場の築造目的をとらえたのが、後藤敦史氏である[10]。台場の築造は、堺奉行の川村修就による嘉永六年（一八五三）一二月の幕府への上申を契機とし、そこでは堺は大阪湾内に位置するが、奉行所所在の幕府直轄都市であり、幕府の防備がなければ「手薄」との主張がなされていた。そして、ロシア艦の来航を経験後、幕府は堺に外国

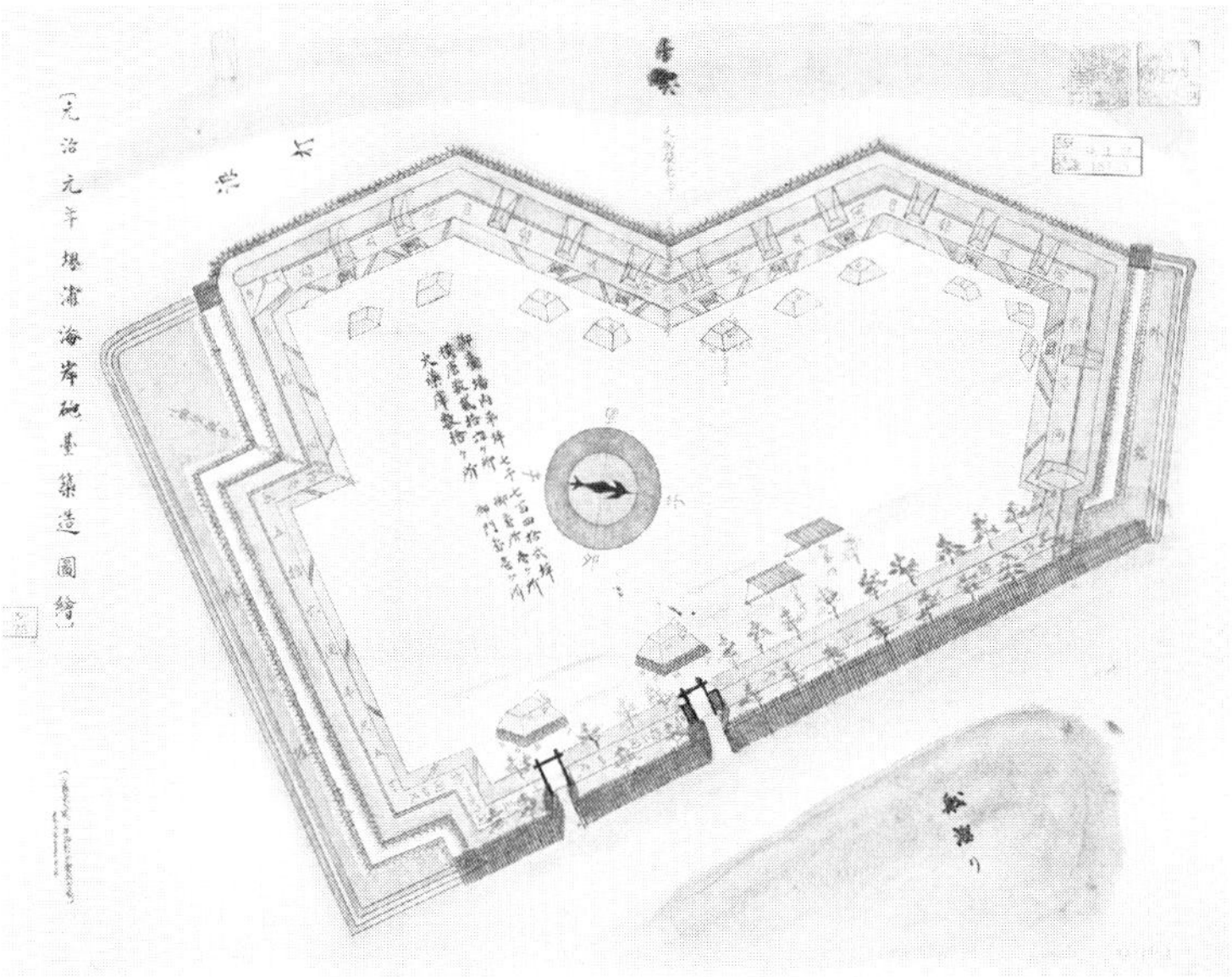

図１ 元治元年堺浦海岸砲台築造図絵　堺市立中央図書館蔵

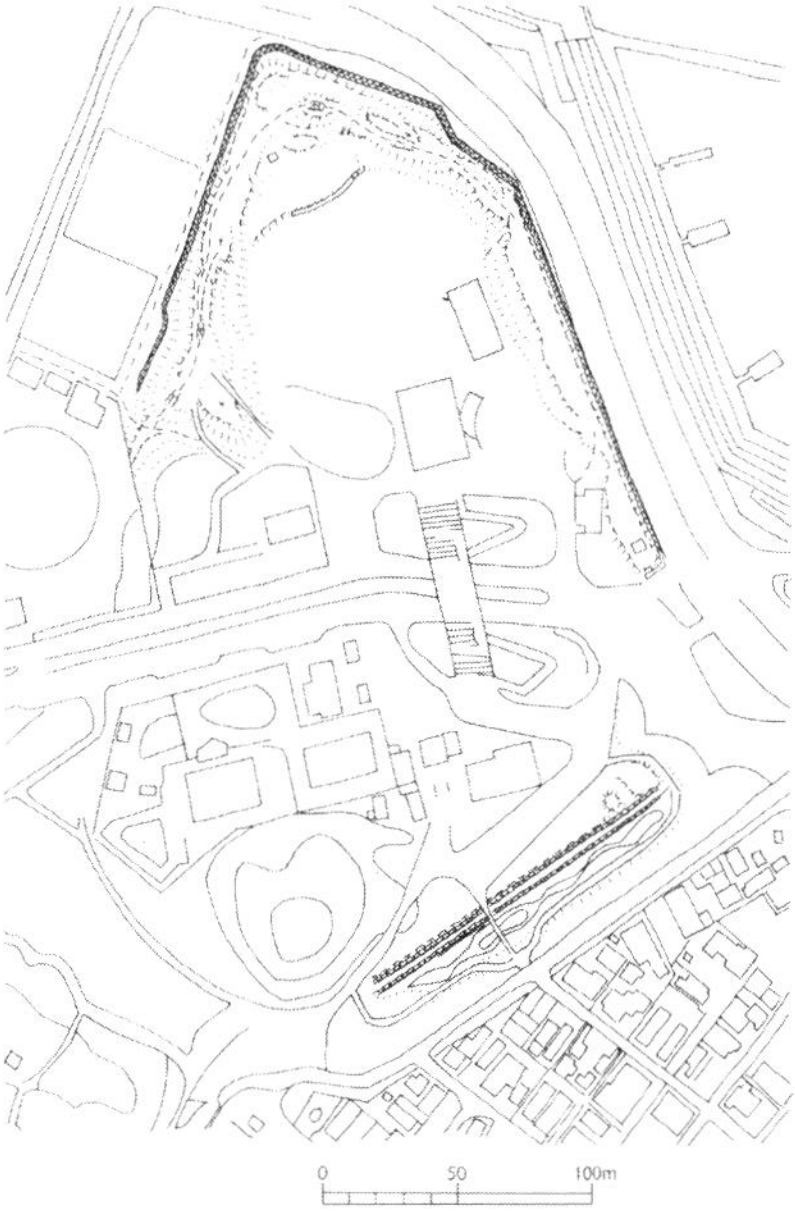

図２　堺南台場概要図　作図：中西裕樹

船が来る可能性は低いと認識しつつも、「御国威」を示すための台場築造という考えを示す。堺台場には、幕府権威を示す意味が込められていた。

元治元年（一八六四）にはじまる稜堡式への改修については、小林和美氏が警備担当の彦根藩との関係を取り上げている。[11] 当時の彦根藩は、開国路線を進めた大老井伊直弼が安政七年（一八六〇。万延元）の桜田門外の変で殺害され、その反動で藩領一〇万石を失うなどの窮地に立たされていた。そこで、藩論を尊皇攘夷へと転換し、文久二年（一八六二）六月からの堺警備について、彦根藩では失った政治的立場を回復する機会ととらえていた。警備は、改修着手の元治元年まで続き、小林氏は堺南台場の稜堡式への改修が、この彦根藩の意識の延長にあることを示唆する。

台場の築造や稜堡式という西洋の築城術の採用には、もちろん大砲戦を想定した軍事的な要請が大きな理由だったと思われる。しかし、堺台場を参考にすると、台場築造には、幕府の権威を重要都市に示し、政治的アピールとして稜堡式を採用するという意図がパラレルな関係で存在したことを想定しなければならない。楠葉台場も、築造や稜堡に高度な政治性、象徴という意味合いが見出だされたのは前述のとおりである。

（２）構造と立地からみた大阪湾内の台場

続いて、再び大阪湾内の台場に目を向けると、稜堡式を採用する和田岬砲台は、兵庫という湾内を代表する港湾都市に近接し、天保山台場と大坂の関係も同様の範疇《はんちゅう》で理解できるだろう。湾内の台場築造のピークは一八六〇年代で、文久三年（一八六三）二月に摂海台場築立御用の任にある老中格の小笠原長行《ながみち》が勝麟太郎に命じたことが端緒となった。築造に着手されたのは、和田岬砲台と天保山台場に加え、和田岬砲台と兵庫の町を挟む湊川崎砲台（神戸市）、西宮という摂津西部を代表する都市に接した西宮砲台と近隣の今津砲台（ともに西宮市）だった。

後藤敦史氏は、当時の幕府と朝廷の関係が良好ではなく、台場築造による海防対策は天皇の「御安心」を保証する「政治パフォーマンス」だったとする。[12] 髙久智広氏は、台場の築造の意図について、実戦的な配備というより幕府の軍事的優位性の顕示ととらえ、一方では和田岬砲台の築造には兵庫という都市が持つ経済力や自治機構・インフラ・労働力・技術力などを取り込む結果、西宮とともに周辺地域社会を含む動向が影響しえたと述べる[13]。湊川崎砲台と西宮砲台・今津砲台は、稜堡式を採用せずに円形の土塁をめぐらせている。ただし、中心部には和田岬砲台とともに、いずれも石堡塔《せきほとう》という円形のタワーを建造した点が注目できる。

石堡塔は、マルテロ・タワーと呼ばれる沿岸防御を目的とした砲台で、一九世紀前半のイギリス本土で発達した西洋の軍事施設である[14]。すでに世界的な盛期を過ぎていたが、アメリカでは築造中のタワーがあり、大阪湾内の台場は世界最後のマルテロ・タワーとなった。石堡塔は、世界の軍事的潮流に連なる施設で、稜堡以上のインパクトを人々に与えたことだろう。国内での築造は、大阪湾内の四つの台場に限られるが、その理由を示す史料は確認されていない。しかし、都市との立地をふまえると、やはり大阪湾を守る幕府を象徴する政治性、港湾を備えた都市への意識が考えられる。

城館研究では、城郭と都市との立地関係から、権力と都市支配との関係が探られている。たとえば、天正八年（一五八〇）の織田政権は、破城令で摂津・河内・大和国の城館数を限定し、戦国期に発展した寺内町・港町の隣接地、もしくは同様の地理・交通条件を満たす至近の場に、新しい織豊系城郭の築城（改修）を進めた。これは、既存都市を吸収し、支配下に組み込もうとする権力側の政策と評価できる[15]。この視点から幕末の大阪湾岸を理解すると、都市に隣接するような立地の稜堡式・石堡塔の構造を持つ新設の台場は、築造主体である幕府が兵庫・西宮・大坂という都市支配を念頭に置いたものという想定が可能だろう。

また、稜堡式と石堡塔の採用の差について、台場の規模と都市との関係が興味深い。稜堡式の採用は、和田岬砲台

西宮砲台跡の現状　兵庫県西宮市

と兵庫、天保山台場と大坂、堺南台場と堺というセット関係で、西宮・今津砲台と西宮、そして他の湾内の台場では採用されなかった。兵庫・大坂・堺が特別といえるが、これらの都市は安政五年（一八五八）の日米修好通商条約をはじめとする「安政の五ヶ国条約」で開市・開港が取沙汰されていた。開港地と稜堡式台場のセット関係の事例として、他に江戸湾の神奈川台場（横浜市）と横浜があり、これらの台場には祝砲台という儀礼的な機能があった。

堺の場合、結局は開港されず、安政五年の南台場完成時のプランは長方形だった。稜堡式となるのは元治元年（一八六四）にはじまる改修以降である。また、開市・開港は、紆余曲折を経ており、一概に稜堡式の採用と結びつけることはできない。しかし、開港場と結びつけられるような港の象徴という意図が結果的にはあったことも想定できる。

また、和田岬砲台の規模が約九五×一二〇メートルなのに対し、天保山台場と堺南台場では約三〇〇×二〇〇メートルだった。イギリスでは、多数のマルテロ・タワーで沿岸部や港を防御したのに対し、アメリカでは重要都市に至る河口に大規模要塞を配置したという。計画は別として、結果的に兵庫と西宮という都市は、ほぼ同じ規模の石堡等を備えた二つの台場が築造されたのに対し、大坂では単独となった。幕府は、台場の後背に位置する都市の規模・性格などに応じて、台場の規模や構造に変化をもたせた可能性がある。

さて、大阪湾内の台場については、絵図や近代の地図という平面構造を復元するデータが揃う一方、堺南台場と西宮砲台（図3）を除くと、石堡塔以外の遺構が地表面で顕著に認められない。縄張り図の作成は不必要で、不可能でもある。しかし、このような地域は稀であり、考察のためには本来、縄張り図を必要とする隣接地域の台場との比較が必要となる。たとえば、大阪湾岸の紀淡海峡では、東の本州側に和歌山藩による台場の遺構が存在する。和歌山藩では、嘉永六年（一八五三）九月に「海防議」を作成し、翌年一月に和歌山沿岸と加太・友ヶ島（いずれも和歌山市）での台場が計画された。同年九月に紀淡海峡を通過したプチャーチンの大阪湾侵入後、築造が進む。

和歌山藩の台場の構造は、安政三年（一八五六）の『異船記』（和歌山県立図書館蔵）に知ることができるが、実態の確認には現地遺構との照合が不可欠である。紀淡海峡では、近代以降に台場が要塞として利用され、大きく改変されたものが多い。この点を踏まえたうえでのデータが、先述した角田誠氏による縄張り図で、現時点では稜堡式台場が確認できないという特徴がわかる。紀淡海峡では、西の淡路島側で徳島藩が稜堡式の高崎台場を築造し、淡路島北側の明石海峡でも稜堡式の松帆台場を築造していた。また、明石海峡の本州側では、変則的な稜堡式プランである舞子台場（神戸市）を明石藩が築造している。大阪湾内で稜堡式台場のない地域は、紀淡海峡の本州側、つまり紀州藩の担当地域だけとなり、これは特徴として把握できる。

また、湾内では紀淡海峡に近い谷川（大阪府岬町）の港を挟み、豊国崎台場と観音崎台場が設けられていた。築造

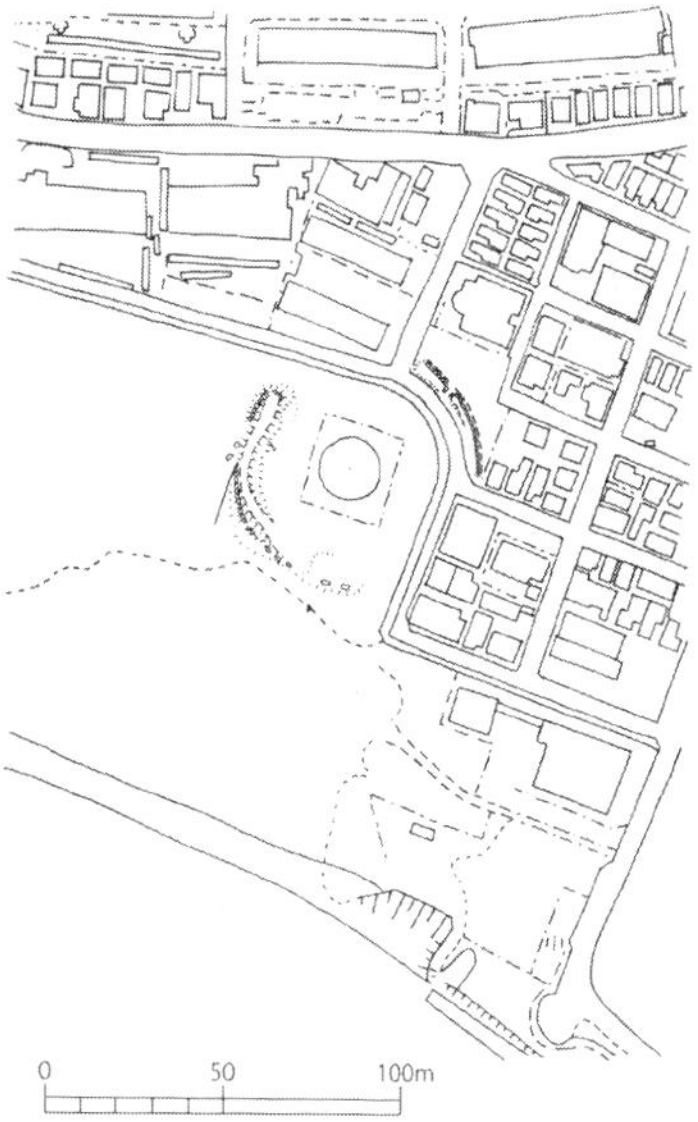

図３　西宮砲台概要図　作図：中西裕樹

上：堺南台場跡に残る土塁の一部　下：堺南台場跡の石垣　大阪府堺市

したのは、周辺に藩領を持つ常陸土浦藩で、藩主は大坂城代をつとめた土屋寅直《ともなお》だった。この台場も先述の角田氏の報告によれば、稜堡式の可能性は低い。しかし、構造は不詳だが、二つの台場が港を挟む立地は、和田岬砲台と湊川崎砲台、西宮砲台と今津砲台、堺北台場と堺南台場に通じる。港湾防御の常套《じょうとう》戦術なのに加え、築造主体や立地する場所の性格などを分析する必要があるだろう。

幕末は、豊富な文献史料が伝存する。しかし、遺構の実態把握（縄張り図の作成など）にもとづく分布を把握し、比較検討を行うことで課題や視角が見出だせる。これは、大阪湾岸に限ったことではない。城館研究の視点が台場研究に活かされる余地は大きい。そのためには、まず縄張り図という基礎データを集積し、通覧できる環境を整える必要が急務となる。

おわりに

縄張り図には、地表面観察という限界がある。しかし、土地を改変するような施設や構造などの実態を大きく把握することができ、現在では中世を中心とする山の寺（山岳寺院）の研究にも応用されている[16]。台場の調査・研究・保存にとっても、同じく有効なことを確認しておきたい。台場に対するアプローチは、豊富な文献史料や絵図類に依拠するところが大きいが、構造や特徴を分布としてとらえ、城館研究が戦国期に導き出してきた視点が理解を助けることも多いと考える。ここでは、思いつくままに城郭史と城館研究からみた大阪湾岸の台場への見解を羅列してきたが、少しでも台場研究に益することを願うばかりである。

なお、大阪湾岸における大阪府下の台場に関し、本書では天保山台場・堺台場・谷川台場を取り上げている（第3部を参照）。しかし、これ以外にも沿岸の各藩が築造した台場があった。岸和田藩の台場、伯太藩の大津台場（大阪府泉大津市）、近江三上藩（後の吉見藩）が藩領に築いた「遠藤但馬守の砲台」（大阪府泉南市）である。いずれも詳細は不明だが、各藩を取り巻く状況から実際に築造され、文献・絵図資料などから実態が判明する可能性が高い。兵庫県と同様、悉皆的な調査が待たれる。

大阪湾岸では、数ある台場が国史跡となっている。これらに加え、まだ一般に広く知られてはいないが、堺南台場跡という日本国内でも屈指の遺構が市街地に寄り添う都市公園内にひっそりと残る。紀淡海峡や淡路島の台場とともにさまざまな調査が進むことで、幕末史を雄弁に物語るこれらの遺跡群に日の光が当たり、さらに周知、活用されることを期待したい。

註

（1）『兵庫県の台場・砲台』（兵庫県教育委員会、二〇一三年）、兵庫県歴史文化遺産活用活性化実行委員会『幕末・明治の海防関連文化財群の調査研究―広域に所在する文化財群の調査と活用―』（同実行委員会、二〇一五年）。

（2）角田誠「近畿地方における南北朝期の山城」（村田修三編『中世城郭研究論集』、新人物往来社、一九九〇年）は、地表面観察から南北朝時代の山城遺構を捉える研究の嚆矢であった。氏が「最近世城郭」と呼んだ台場以降の近代要塞の研究は、氏の独壇場の感がある。愛知県域の台場に関しては、「渥美半島における幕末海防築城　特に田原藩赤羽根遠見番所と大垣新田藩日出台場について」（『愛城研報告』２、愛知中世城郭研究会、一九九五年）、「尾張藩内海台場の構造について」（『愛城研報告』５、二〇〇〇年）があり、和歌山県域に関しては、白石博則「追悼特集 角田誠氏と和歌山県の城郭―中近世城郭跡・狼煙場跡・遠見番所跡・台場跡・近代要塞跡」（『和歌山城郭研究』14、和歌山城郭研究会、二〇一五年）を参照されたい。他に「稜堡式城郭の伝来と変遷」（『中世城郭研究』27、中世城郭研究会、二〇一三年）、「明治初年における大阪湾防備と和田岬砲台」（『明治期における和田岬砲台』、神戸市教育委員会、二〇一一年）、「和田岬砲台と日本における稜堡式城郭の変遷」（『大阪湾防備と和田岬砲台』、神戸市教育委員会、二〇一四年）などで研究の一端が知られ、西ヶ谷恭弘編『国別 城郭・陣屋・要害台場事典』（東京堂出版、二〇〇二年）でも大阪湾岸の台場を執筆されている。

（3）同様の成果として、愛知県域に関しては髙田徹「近世の海防関連遺跡について」（『愛知県中世城館跡調査報告Ⅳ（知多地区）』、文化財図書普及会、一九九八年）、淡路・紀伊国における水島大二氏、伊豆国における土屋比都司氏らの研究（註２『国別 城郭・陣屋・要害台場事典』など）がある。

（4）角田氏は、縄張り図を「現状図」、または「現況図」と呼ぶことが多い。あくまで、後世の改変を受けた遺構から旧来の縄張り（プラン）を考えるという氏の研究姿勢が表れているように思う。なお、著者は「概要図」と呼ぶことにしているが、本文では城館研究で一般的な縄張り図という表現を使用した。

（5）馬部氏の論考については、第２部の馬部「楠葉台場研究の回顧と展望」で確認を願いたい。ここでは、主に二〇〇七年に発表の最初の論文「京都守護職会津藩の京都防衛構想と楠葉台場」（『ヒストリア』二〇六、大阪歴史学会）の内容に依る。なお、研究の整理や梶原台場については、拙稿「梶原台場の復元と幕末の築城―楠葉台場との比較を通じて―」（『城館史料学』６、城館史料学会、二〇〇八年）の内容と一部重複する。

（6）千田嘉博・小島道裕・前川要『城館調査ハンドブック』（新人物往来社、一九九三年）、宮本雅明「公権力の一元化と城下町」（『朝日百科日本の国宝別冊 国宝と歴史の旅５ 城と城下町』、二〇〇〇年）など。

（7）松ヶ瀬台場跡は、若狭国小浜藩が安政期（一八五四～六〇）に築いた台場で、発掘調査の後に史跡整備がなされている。川嶋清人「小浜藩の台場跡―史跡松ヶ瀬台場跡の復元整備から―」（『中世城郭研究』21、中世城郭研究会、二〇〇七年）。なお、二〇一七年の第34回全国城郭研究者セミナー「幕末の築城」をテーマに開催され、著者が「城館研究と台場への視点―楠葉・梶原台場と大阪湾岸の台場から」と題した報告を行った。

（8）大阪歴史学会企画委員会「大阪湾岸の台場跡」（『ヒストリア』二一七、大阪歴史学会、二〇〇九年）。

（9）二〇一五年以降、堺台場研究会（代表：山本ゾンビ氏）が主催する「お台場シンポジウム」が毎年開催され、研究の場として機能するとともに、現地の歴史ウォーク開催など広く普及とPRの場にもなっている。

（10）後藤敦史「幕末政治史の中の堺台場」（お台場シンポジウム二〇一六「幕末大阪湾防衛と堺台場」資料集、堺台場研究会、二〇一六年）。

（11）小林和美「堺台場とは」（註10「幕末大阪湾防衛と堺台場」資料集）。

（12）後藤敦史「幕末政治史と大阪湾防備―和田岬砲台築造の諸前提―」（『19世紀日本の国際環境と和田岬砲台』、神戸市教育委員会、二〇一二年）、同「異国船」と大坂湾―和田岬砲台前史―」（『大阪湾防備と和田岬砲台』、神戸市教育委員会、二〇一四年）。

（13）髙久智広「文久―元治期における兵庫・西宮台場の築造―「御台場築立御用掛」体制と「地域社会」に関する若干の考察―」（神戸外国人居留地研究会『居留地の窓から』四、二〇〇四年）。

（14）マルテロ・タワーに関しては、唐澤靖彦「マルテロ・タワーとしての和田岬石堡塔：その世界史的位置」（『和田岬砲台の源流を探る』、神戸市教育委員会、二〇一〇年）、同「世界最後のマルテロ・タワー：和田岬石堡塔」（『大阪湾防備と和田岬砲台』、神戸市教育委員会、二〇一四年）を参照。

（15）中西裕樹「畿内の都市と信長の城下町」（仁木宏・松尾信裕編『信長の城下町』、高志書院、二〇〇八年）。

（16）藤岡英礼「縄張り調査と山寺研究」（『佛教藝術』三一七、佛教藝術学会、二〇一一年）。

V 石材加工からみた大阪湾岸の台場

高田祐一

はじめに

大阪湾岸に、石造りの台場が多数築造された。とくに兵庫県にある和田岬・湊川崎・西宮・今津の四砲台（石堡塔）は、巨大な石造構造物である。幕末の台場の築造は、国内外勢力に幕府の軍事的・政治的プレゼンスを示すものとされ、幕府にとって重要な事業だった。しかし、和田岬砲台の工事の進捗《しんちょく》は芳しくなく、さまざまな現場トラブルに対処しながら築造された。他にも規模の大きい石垣をもつ台場を諸藩が築造し、一部現存している。これらの石造構造物の築造には、高度な石材加工技術を要する。その石材加工痕跡からは、築造現場の実態を感じ取ることができるかもしれない。

本稿では、読者が台場を訪れた際に石材に残された加工痕跡を観察し、台場の石材加工技術の観点から少しでも歴史性に迫ることができることを目的とする。そのために、加工痕跡の理解のために文献史料と考古学的な痕跡の両者を活用する。第一節では、和田岬砲台を取り上げる。文献史料では主に『和田岬御台場御築造御用留』(2)（以下、御用留）を用い、石材加工痕跡は現地観察の結果を用いる。第二節では、石垣の事例として堺南台場を取り上げる。

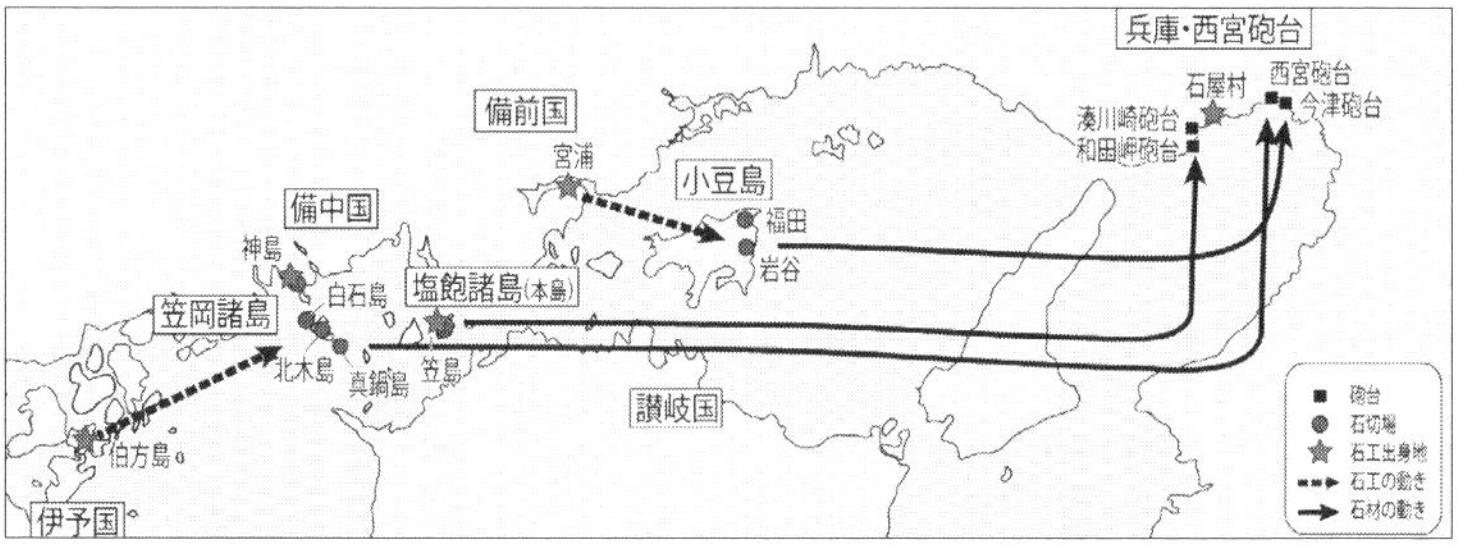

図1　石切場の場所と石工出身地　神戸市教育委員会作成のものを転載

一、和田岬砲台の築造

（1）石材の調達

［小豆島における採石］　和田岬砲台は、文久三年（一八六三）に幕府直営事業として築造が開始された。砲台の石材調達について、同年七月の「御用留」の「摂州兵庫和田ヶ岬石堡塔凡御入用之儀奉伺御書付」によれば、砲台の石材は当初、摂津国兎原《うばら》郡御影村の石を使用する予定だった。

　しかし、御影村の丁場は山奥に後退しており、運賃・経費の増加が予想された。そのため、他に石切場を探したところ、備前・備中の島々では石材の輸送に都合がよく費用も安いため、瀬戸内海の島々で切り出すことにした。石の寸尺やその他の費用の見積りを吟味し、幕府役人らはもちろん村役とも話し合うこととなった。当初は、兵庫県東六甲の御影地域から石を切り出す予定だったが、コスト高のため、小豆島など瀬戸内海島嶼《とうしょ》部から調達することとなったのである（図1）。そのため笠岡諸島の神島外浦・北木島・白石島・真鍋島（岡山県笠岡市）、塩飽《しあく》諸島（香川県丸亀市）、小豆島（香川県小豆郡）で採石することとなった。

　小豆島では、元和・寛永期の大坂城普請時の残石を砲台築造用に再利用した。文久三年四月、石切場となった小豆島岩谷では、村役が「御用石員数寸尺改帳」[3]（以下、御用石改帳）を作成した。この御用石改帳は、小豆島岩谷に居住した石本家に伝来している。

石本家は、近世初期から幕末に至るまで、岩谷の石切場の石番を代々務めた家である。元和・寛永期の徳川幕府による大坂城普請の際、福岡藩黒田家が岩谷にて採石し、採石終了後、黒田家は配下の頼七兵衛を土着させた。七兵衛には二人扶持を与え、[4]七兵衛とその子孫によって近世を通じて大坂城残石を監護させた。御用石改帳には、丁場・番号・海までの距離・石のサイズが一石ごとに記載されている。差出人は、草壁村の庄屋（助勤）・年寄・百姓代の村方三役である。大坂城普請の際の御用石について、残石の数とサイズを「私共立会相改候」とあることから、御用石を監護する石本家の案内で村方三役が残石を実見し、結果を台場築造の幕府役人に宛てたのだろう。

文久三年六月、幕府役人の津田正路・松平信敏・有馬則篤によって「摂州兵庫和田ヶ岬石堡塔御入用凡積目論見《もくろみ》帳」（以下、目論見帳）が作成された。[5]目論見帳には、小豆島石・塩飽島石のサイズ・本数を列挙し、費用の見積もりを記載している。小豆島の石材は今津砲台に使用されるが、和田岬砲台に使用される計画があったとみられる。文久三年四月に提出された御用石改帳は、目論見帳の作成や石材調達の計画立案のための基礎資料として作成されたと考えられる。

石切場を御影から瀬戸内海島嶼部に変更するという計画にともない、運搬には船が必要となった。コストを抑えるためには、船への積み込みに至便な海辺近くで採石を実施しようと計画したといえる。そのため、御用石改帳には一石ごとに海までの距離が記載されたのだろう。同年八月、備前宮の浦石工弥兵衛が石切り出しを請負うこととなった。[6]それに合わせて小豆島岩谷丁場を開くこととなり、同年八月から採石活動に入ったとみられる。近世初期の大坂城普請の残石を砲台築造用に再利用したことは、幕府の石材への認識を考えるうえで興味深い。

［笠岡諸島における採石］　文久三年八月六日、「備中北木嶋嘉代七其外《そのほか》之者」が西宮砲台の石材切り出しを請け負うこととなった。「西宮御台場石切出方請書」（以下、請書）から、契約内容を把握できる。[7]石材切出しの請負人として、伊予国伯方島（愛媛県今治市）の浅吉・銀蔵・友吉、備中国児島郡宮浦村（岡山県岡山市）の喜代七・吉十郎・重右衛門、備中国小田郡神島外浦（岡山県笠岡市）の喜三郎らが、神島・白石島・北木島・真鍋島で採石するとしている。

文久三年八月、各島の村役が奥書を添えた請書は、御台場御掛りに送付された。請書には、「イ印」「ホ印」など石材ごとの規格と個数、代金の算定方法、文久三年一二月までという期限、不良品については「御刎《おは》」ねすることが記載されている。代金の算定方法は立方尺である「才《さい》」にて算出され、石材一本につき一七〇才余りは銀一一匁《もんめ》六分、一〇〇才から一二〇・一三〇才余りは銀五匁八分、六〇才から一〇〇才までは銀五匁三分とし、大坂の金相場にて精算と規定されている。「西宮御台場石御請書上控」[8]（以下、請書控）には、石材毎の才が記されている。後半部分の「以書付御用石切出方奉申上候」には、朱書きで「九月七日送」とあることから、文久三年九月七日に御台場掛りへ送付したとみられる。ここでは、月毎に納品する各石材の種類と個数が記載されている。九月・一〇月・一一月・一二月に、基礎部材から本体上部への部材を段階的に調達するように計画されていたことがわかる。

たとえば九月中の第一便では、金輪下の築石がある。金輪下の築石とは、基礎となる杭木の上に配置される掘方の基礎構築部材である。[9]一〇月には、金輪石の上部に配置される部材である大柱踏石が納品される。[10]一一月は「ト印」が納品され、「石堡塔断面図（仮）」によれば、本体の石材を受け止める石材となる。「ト印」の上部には、「イ印」から「へ印」が構築される。一二月には、本体の一番上部の石材となる「へ印」が納品される。つまり、文久三年九月時点では基礎石材から順に納品していき、本体工事の進捗に合わせて段階的に納品していく計画だった。これらの計画は石切場側では立案できず、砲台構築の担当者が立案する必要があるだろう。同年八月二六日の「西宮・今津砲台建造日記」には、「山内源太郎石切出として備中嶋々え致出張候事」とある。請書控の貼紙には山内源太郎の名前があることからも、八月二六日の備中の島々への出張は、現地で石材の調達管理にあたったと考えられる。石材ごとに納品の順序を工夫することで、石材の供給と同時並行で砲台の組み立てを可能にすることから、工期短縮を図れるだろう。さらに、砲台の組み立ての石工の遊休人的資源の発生を抑えることで、費用を圧縮させることにつながると思われる。効率的なプロジェクト管理を指向していたといえる。

しかし、これらの石切場では石材の納入が大幅に遅延した。髙久智広氏は、その最大の要因が島方の石工不足であることを明らかにしている。[11] 髙久氏はこの状況を、「砲台築造や普請が各地で行われていたことから石工や石材の需要は増大しており、石材の調達は石工らの動向に大きく規定」されていたとし、幕府の御台場掛りや差配方は、手当の支給や賃金の割増で対応していることを明らかにしている。また、天候不順による海上輸送の乱れも遅延に拍車をかけたと指摘している。

以上、石材調達時には事前に石切場を実地調査し、石材切出しにも石の積み上げ順を考慮し、石材種ごとに納期を工夫していることを見てきた。しかし、石切場では石工が不足し、納入遅延が常態化した。これらの石材の納入遅延を取り戻し、早期に完成させるには、石材調達より後の工程である石材加工と積み上げで工期を圧縮する他はない。（２）で計画の前提となる予算計画をみた後、（３）で加工工程の実態をみてみよう。

（２）石材加工の予算計画

石切場から納入された石材は、積み上げるために石の表面を精加工する必要がある。石同士が接合する面の凸凹を取り除いて平らにしなければ、正しく積み上げていくことができないからである。表面加工のために、幕府・差配方は請け負いにて施工することとし、相見積もりを実施した。文久三年五月、差配方は御台場御掛に石屋村七右衛門らに請け負わせる願い出を出している。

請負者	上切	中切
大坂西横堀岡田屋五兵衛・和泉屋仁右衛門	13匁	—
備前石工喜三郎・伊助	12匁9分	—
石屋村石工七右衛門・仁兵衛・宗兵衛	8匁	6匁

表1　石材加工の相見積もり

石材種	本数	面	平才		
			才	分	厘
イ	96	5面上切	8426	8	8
		1面中切	2426	8	8
ロ	24	5面上切	2338	7	4
		1面中切	628	2	4
ハ	23	5面上切	2321	2	2
		1面中切	609	4	—
ニ	24	5面上切	2517	6	—
		1面中切	633	6	—
ホ	24	5面上切	2206	6	6
		1面中切	613	4	4
ヘ	48	5面上切	3708	1	—
		1面中切	1221	1	2
ト	48	5面上切	4380	—	—
		1面中切	434	4	—
ニ側根石・井戸側石、柱踏石、その他		天地上切	—	—	—
		四方玄能摺			
		地平出る分上切			

表2　石材加工の作業量

石の細工（加工）作業について、大坂西横堀岡田屋五兵衛ら、備前石工喜三郎ら、石屋村石工七右衛門らで相見積もりを実施した（表1）。大坂西横堀には石屋が集積しており、石材業の拠点だった。また備前石工は、大規模土木構造物の構築に高い技術力をもつといわれる。摂津の石屋村も石細工が盛んな村で、いずれも石材産業が盛んな地域から見積もりに応じている。結果は、平才にて一才につき上切八匁・中切六匁を提示し、最も労務単価が低かった地元の石屋村石工七右衛門が請け負うこととなった。以後、上切八匁・中切六匁という労務単価が基準となる。

「御用留」によれば、矢割り→玄能払い→荒切→中切→上切の順に石材を精加工したことがわかる。上切は、中切よりも石材表面加工において後の工程である。当然、手間をかけて多くの工程を経るほど、工費は増大する。これが、一才につき上切八匁・中切六匁の差となっている。目論見帳には、石材加工については必要作業量の根拠が示されている（表2）。石材種ごとに寸法が異なるため、平才（表面積）も異なっている。石材は立方のため、六面である。そのうち、天地面・両側面・内面は上切、外面は中切となっている。石を積み上げていく際に、天地面・両側面は他石と接合するため、内面は木造構造物を構築するために上切としている。外面は漆喰《しっくい》を塗るため、とくに精加工は不要と判断されたと考えられる。

目論見帳によると、石材精加工の作業量は、上切の平才数二五八九九才二分、中切の六五六七才八厘《りん》となる。これらの平才に、それぞれ労務単価の銀八匁と六匁を乗算すると、上切二〇七貫一九三匁六分と中切三九貫四〇二匁四分八厘、合計二四六貫五九六匁八厘というように予算策定時の石材加工費が算出できる。

（3）スケジュール遅延とリカバリープラン

［スケジュール遅延］　築造が本格化してきた文久三年七月、進捗の遅れが問題になった。石材の切り出しが「石工共病気之者も数多《あまた》御座候付、切出し方延引ニ相成」と塩飽島石工惣代・役人惣代・年寄らから石材納入の日延べ願いがあった。幕府役人が差配方嘉納次郎作へ完成時期を問い合わせたところ、来年四月になることがわかった。石材の切り出しが遅れているうえ、石材精加工も遅れている状況である。そのため、同年八月に築造予算を増額し、早期完成を期することとなった。

八月作成の「御用留」にある「和田岬御台場御築造御差急ニ付捗取《はかどり》方并御増方凡積書付」（以下、捗方増方積書付）には、その時点の工事進捗状況と対応策が記載されている。石切場から和田岬に到着している築石は、大小合わせて八六九本のうち、三七七本が到着している。石材の本数ではおよそ四三パーセント、才の換算ではおよそ三二パーセント到着していることになる。一方、石材加工では、上切・中切合わせて三二四六六才二分八厘のうち、四八六九才が加工済みで、進捗はおよそ一五パーセントである。石材の到着に比べ、加工が追いついていない状況がわかる。

そこで、打開策として石工の増員・労働時間の延長が実施されることとなった（表3）。現状は、石工八〇人態勢で一人一日あたり一才五分の仕事量を処理している。残りの二七五九七才を総計一日一二〇才づつ消化することで、七ヶ月後の来年三月に完了する見込みである。それを石工一二〇人態勢に増員したうえ、一人一日あたり二才五分の仕事量に引き上げることで、総計一日三〇〇才を処理できる。結果、三ヶ月後（九二日後）の一一月中に完成予定となる。早出・残業で労働時間を延長し、一人あたり一才五分から二才五分へ作業量を増加させているわけである。これは一人一日あたりの作業量が六割増加することになる。五日に一日休みを入れるために、現在働いている石工を含め総勢一七〇人ばかりを確保することで、一二〇人態勢の稼働を見込んでいる。

作業量増加にともなって賃金の割増が必要となり、三割引き上げている。石工賃金のうち、大石タタキ手間の二四六貫五九六匁八厘、小石築手間の三一貫四〇二匁八分三厘、合計二七七貫九九八匁九分一厘で、そのうち三八貫九五二匁がすでに作業完了による執行分である（表4）。予定分から執行分を減算した額が、二三九貫四六匁九分一厘である。今後の作業分は三割増となるため、この額に対し、割増

進捗見込	1日ノルマ	人数	仕事量	必要日数
対応前	1才5分	80人	120才	230日
対応後	2才5分	120人	300才	92日

表3　ノルマの増加と石工の増員

した額が七一貫七一四匁七厘となる。なお、「拵方増方積書付」の石工賃金の大石タタキ手間の額は、「目論見帳」の築石上中切の賃金合計と同じであることから、石材加工に関しては「目論見帳」を根拠に実務レベルで動いていたことがわかる。

幕府役人と差配方は、作業進捗を早めるために、石工を増員して労働時間を長くすることで、一日あたりの作業量を増加させる計画を立てた。それにともない、賃金を増銀している。賃金の引き上げ経費として約七一貫を追加投入することで、約二三〇日かかるところを約九二日に短縮しようとしたのである。石材加工を受注した石屋村七右衛門からすれば、一日の作業ノルマは増加するが、労務単価も増加することになる。作業ノルマが六割増加し、労務単価が三割増になれば、石工一日の労務費が二倍以上となる。実際の石工らの報酬にどれほど反映されたかは不明だが、相当の賃金割増であろう。この状況が、賃金が破格で[12]人気が高い仕事という評判の下地となった可能性がある。

費　　目	費　　用
①石工賃金　大石タタキ手間	246貫596匁8厘
②石工賃金　小石築手間	31貫402匁8分3厘
③タタキ出来候分	38貫952匁
④未消化の石工賃金	239貫46匁9分1厘
⑤割増賃金（3割）	71貫714匁7厘

①＋②－③＝④（これから執行予定の賃金）
④×0.3＝⑤（賃金を割り増しするための追加費用）

表４　予算執行状況と割増賃金

ただし、高久氏が指摘しているように、物価上昇によって実質的賃金は低下傾向にあるうえ、金高銀安の状況では、賃金割増でも破格ではないといえる[13]。また、「職々働方之精粗《せいそ》ニ随《したが》ひ割渡」しているため、厳格に作業の進捗管理を実施していたと推測され、決して甘い仕事ではないことがわかる。高久氏は、賃金割増は職人確保のため物価変動に対応したものと指摘しているが、筆者はそれに作業ノルマの増加と連動した施策だったと追加したい。築造現場では、賃金割増の代わりに早出・残業のオーバーワークで工事が進められていたのである。

［施工不良の結末］　文久三年八月、予算の追加投入によって石工の増員・作業ノルマの引き上げを実施し、工期圧縮

を図ったことはすでにみた。ではその結果、現場レベルではどのような事態となったのだろうか。

文久三年一二月の状況をみていこう。八月から一二月の間に幕府役人（御勘定方・御目付方）は、工期圧縮のため、築石の五面上切・一面中切の仕様を五面中切・一面玄能荒切にしてはどうか、と差配方に仕様変更を打診している。上切から中切へ、中切から玄能《げんのう》荒切に仕様変更した場合、加工手間は大幅に減少する。しかし差配方は、現状の上切でも粗略になっており、仕様変更した場合、「一同気配を失ひ」もっと粗略になってしまうと懸念を示し、仕様変更はなしとなった。しかし、「三五分位より弐寸位迄《まで》透通候処も有之」と積んだ築石に隙間（約〇・九〜六センチ）が生じる事態が発覚した。仕様要求通りの加工には見えず、割肌（原石を割ったままの状態）のままであったり、工程を省いてしまったりしているという。

また、矢割りの際、「内之方え向ケ相割」ることで上切・中切の手間を省いており、手抜きによる施工不良が発生していることがわかる。さすがに幕府役人は看過することができなかったらしく、五面中切・一面玄能荒切とする仕様変更か、もしくは上切・中切の一才あたりの代銀を減らしたい、と勘定方・目付方から町奉行方へ相談があった。元治元年（一八六四）三月、町奉行方から代銀減額という回答があり、決着している。

こうした施工不良の背景には、短期間に石工を一・五倍に増員することで現場における秩序の乱れが起きていたことが考えられる。たとえば「豊嶋之房吉」は、自らの作業ミスを隠蔽《いんぺい》したため、石工長八が差配方に赦免を願い出ている。そのため差配方嘉納次郎作手代の清之助が、不良石材の取り替えを幕府役人に願い出るという事態が発生している。作業ミスはともかく、隠蔽は場合によっては後に重大な欠陥を引き起こす恐れがある。工期短縮のため、短期間に石工集団を膨張させたことで、石工の技術レベル・職業倫理にばらつきが発生していたとみられる。仕様を充《み》たしていない表面加工が原因で、積み上げた石材に隙間が発生したのである。

（４）実際の石材加工痕跡

ここでは、「御用留」の記載が実際の石材にどう比定できるか確認していく。「御用留」によれば、矢割り→玄能払い→荒切→中切→上切の順で加工している。矢割りとは、石に矢穴と呼ばれる穴列を掘り、矢（鉄製の楔《くさび》）を打ち込み石割をする工程である。この矢穴技法では、矢の先端による打撃で石を割るのではなく、あくまで亀裂を押し広げて石を割るところがミソで、この技法によって少ない労力で大きな石を割ることが可能となる。矢割り工程とは、石をおよその寸法通りに割り揃える工程である。なお、和田岬砲台の石材には、石の面にある瘤《こぶ》（突起）に対し、矢を使用して取り除く矢扱《こ》ぎ痕も確認できる。

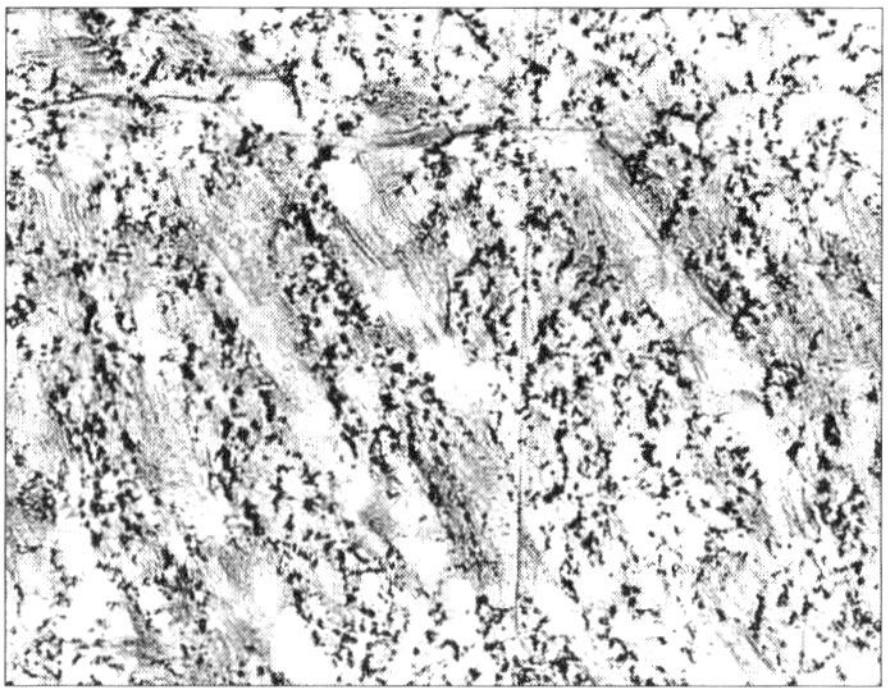
図２　和田岬砲台外側西１段目　荒切痕

玄能払いとは、石材の面に残った瘤を、玄能（鉄製の槌）で払い落とす工程である。精加工に着手する前に、表面を整える。荒切では、石材表面を鑿《のみ》で縦線に掘ることで瘤を除去する。これは、和田岬砲台外側の石材にて確認できる（図２）。砲台外側では、荒切痕単体で確認した箇所が多かったが、内側では荒切の上に中切の痕跡が見られた。外側は荒切工程で終了している石材が多いが、内側は次工程である中切を施している証左だろう。中切とは、現代では荒切と普通鑿切りの中間の鑿切り、もしくは中鑿で筋目をつけることを指す。和田岬砲台の痕跡は、筋目ではなく鑿切り仕上げの状態である（図３）。痕跡を観察すると、鑿で石材表面に「はつり」を施していることがわかり、現代の斫《はつ》り仕上げにあたる。上切とは、現代の「痘のように見える」まで均す上鑿切りにあたると思われ、和田岬砲台内側の二階窓枠部分等で観察できる（図４・５）。非常に密な間隔にて鑿でつつくことで表面が滑らかになる。当然、手間がかかる工程である。

本来であれば、石材表面は「天地両脇内面上切・外面中切之仕様ニ有之候」と、外面だけが中切で他面は上切の仕様である。しかし、実際の石材観察では、中切であるはずの外面が荒切だったり、上切であるはずの内面が中切だったりと、計画当初のあるべき仕様を充たしていない例が確認できた。前述の元治元年三月の町奉行方の施工不良によ

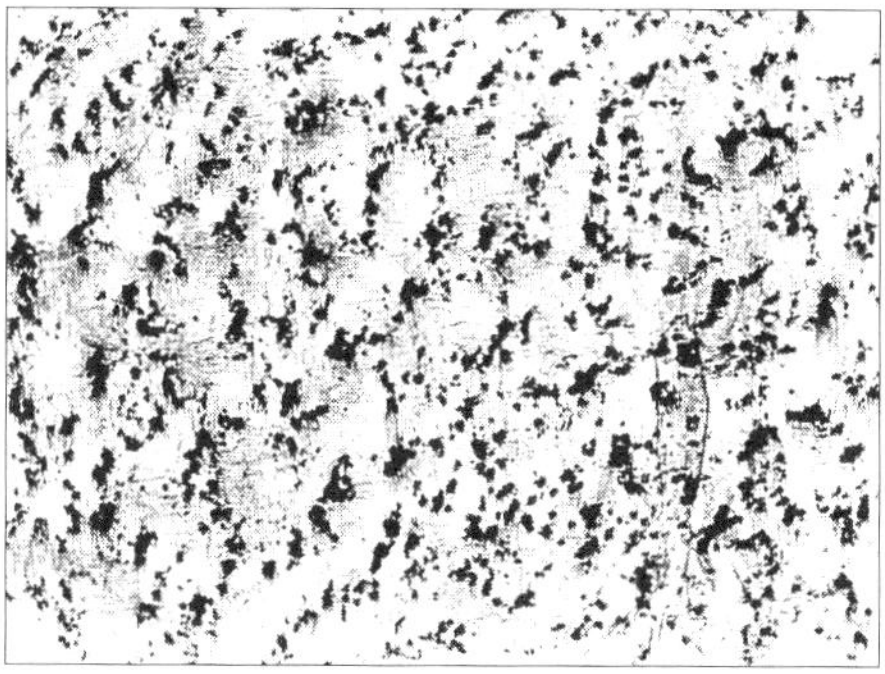

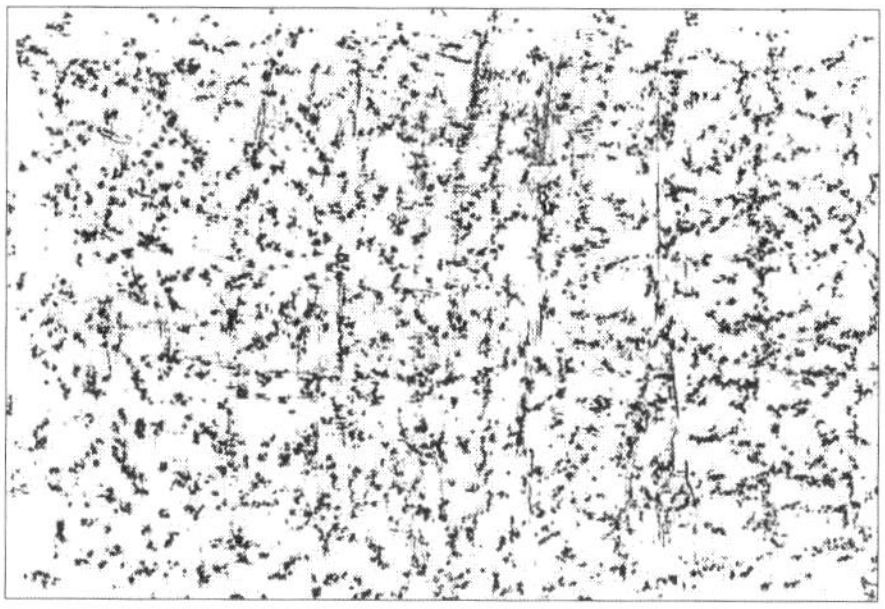

上：図３　和田岬砲台内側２階北西　中切痕
中：図４　和田岬砲台内側２階南窓　上切痕
下：図５　上切り工程の再現（藤田精氏）鑿を垂直に立て玄能で叩く

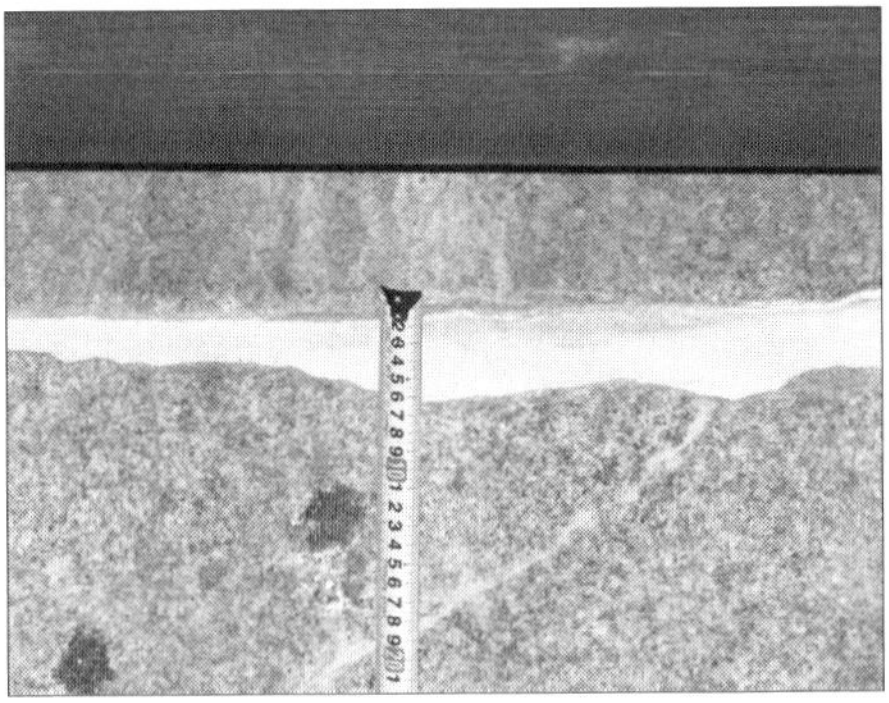

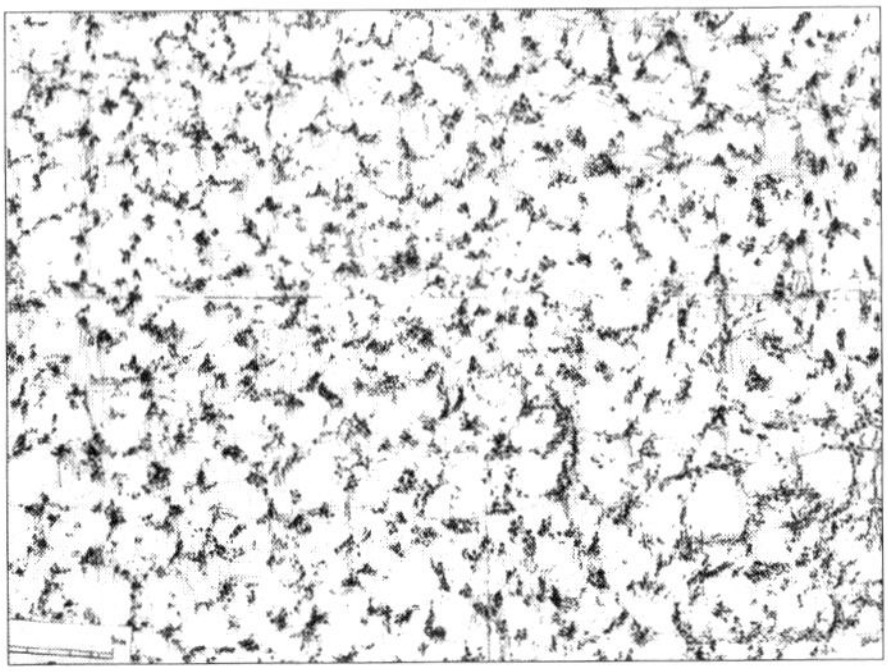

上：図６　和田岬砲台内側２階　隙間状況
下：図７　今津砲台残石脇面　加工痕跡

る代銀減額という対応と、石材加工痕跡の実態が一致する。幕府役人方は、仕様変更をしない代わりに、作業単価を減額することで、実態と辻褄《つじつま》を合わせたのである。

　また、躯体《くたい》工事最終段階といえる和田岬砲台内側二階上部では、一部の石材で隙間を確認した（図６）。まさに御用留の通り、「天地も透候所有之、両側は何《いずれ》も三五分位より弐寸位迄透通候」という状態で、石材同士の天地の接合面に、約一センチから六センチほどの隙間があった。おそらく、表面加工の施工が甘く、一部に凸凹がある状態で積み上げたためだろう。躯体工事最終段階では、完成を急いだ様子が想像できる。では、石材同士が接合する他の「天地両脇面」の施工状態はどうなっていたのか。和田岬砲台では、石材の躯体本体を解体できないので確認できないが、今津砲台は大正時代に解体され、現在は一石のみが残されている。

　今津砲台の残石では、「天地両脇面」に上切が丁寧に施工されている（図７）。躯体への影響が大きいため、石材同士が接合する面に対しては重点的に上切を実施したとみられる。和田岬砲台では、一部の石材について上切が間に合わず、表面加工を簡略化した結果、隙間が発生したのだろう。

二、堺南台場の石垣観察

（1）近現代の管理状況

本節では、台場の石垣の事例として堺南台場を取り上げる。堺南台場は、主に北側・東側・南側に石垣が残っている。しかし、築造過程を記載した文献史料が確認されておらず、築造体制や石材産地等は不明である。そこで、現地観察によって調査することになるが、堺南台場の場所は大浜公園として、近現代に活発に利活用された場所である。そのため、改修等の可能性もあるだろう。まずは、過去の記述を整理しよう。

堺南台場は明治期、陸軍工兵第四方面の管理下に置かれた。明治一〇年（一八七七）一月三一日、陸軍少佐飛鳥井雅古（工兵第四方面提理代理）から陸軍少将大山巌（陸軍卿山県有朋代理）に、「堺県下堺港砲台木柵修繕之義ニ付意見伺」にて「堺県ヨリ報知有之候ニ付、則其現地ヲ点検致候ニ木柵或ハ石垣等破損」という状況が報告された。昭和五年（一九三〇）の『堺市史』では、「軌道西側の蓮池は外堀の残りであり、当園表門より水族館本館裏手に至る土堤は畳石の遺構である」「唯僅《ただわずか》に南台場の濠渠の一部が大濱公園の東南隅に蓮池として残り」と記載されている。昭和初期には、堺南台場の石垣遺構の大半が失われていることがわかる。

昭和六〇年から六一年には、堺南台場北東隅石垣の発掘調査が行われた。石垣背面部には、江戸時代後期から明治時代の伊万里焼、瀬戸焼、「明治二十年」の記銘のあるカルタ入れ、セメントの型枠補強具等が出土している。石垣背面部から明治期の遺物が出土するということは、北東隅あたりの石垣は、明治に入ってから積み直しが行われたの

図８　堺台場南側石垣　西側から

だろう。よって、北側・東側石垣は部分的・断続的に積み直ししながら維持されてきたと思われる。一方、過去の記述から、南側石垣は当時のオリジナルに近い状態である可能性がある。

（２）矢穴と石材加工痕跡の観察

堺南台場では、前述の通り、北側・東側・南側に石垣が残っている。ここでは、東側石垣と南側石垣の矢穴を観察する。まず、東側石垣は、幅七・五センチ、深さ一一センチの矢穴を確認できるが、形状や大きさにはバラつきが見られる。一方、南側石垣は、幅五センチ程度、深さ四・五センチ程度の矢穴がほとんどで、形状もバラつきが少ない[14]。石材は、縦二五～三五センチ程度、横二五～七〇センチ程度の間知石《けんちいし》である。積み方は、縦（高さ）が均一で揃っており、横目地が通る布積みである（図８）。横の長さはバラつきがあるが、高さが揃うようにした規格石材である。石垣の長さから換算するに、推定数千個の石材が必要だっただろう。他の例として舞子砲台では、前面に使用された石材の矢穴は幅六センチ程度のものがほとんどである[15]。背面の石材では、四センチ大の矢穴が圧倒的多数を占めている。石垣面ごとに石垣に求められる機能が異なっているため、石材の大きさが異なり、矢穴の大きさも異なるのだろう。しかし、石垣面ごとに矢穴の大きさが変わることがあっても、同一石垣では、矢穴の大きさはほぼ揃っている。そのため、堺南台場の東側石垣は、発掘調査で石垣背面部から近現代の遺物が出土していること、矢穴の大きさが異なることからも、積み直しの可能性を指摘できる。さらに、矢穴の大きさのバラつきから、積み直しの際には新補石材や石材の割り直しなどの再加工が行われたことも推測できる。一方で南側石垣は、文献の記述では近現代にて改変が少ないことや、矢穴の大きさのバラつきが少ないことからも、オリジナルの可能性を指摘できるだろう。

次に、表面の加工痕跡についてみていく。舞子砲台では、前面の石材では角石を主としてスダレ加工など丁寧な表面加工が認められる（図9）。対して背面の石材は、現場合わせの玄能はつり（玄能払い）という粗雑な加工で、石垣面で顕著な差異がある。品川第五台場についても隅角部では丁寧な精加工が施されるが、全体的には粗加工や野石に近い状態という加工程度である[16]。堺南台場の南側石垣では、玄能払いの石材がほとんどで、粗雑な表面加工である。一部、鑿切りを施した丁寧な加工の石材も確認できるが、石材すべてに丁寧な表面加工は施していない。石が接合する合端が揃えば、機能的に問題なく、丁寧な表面加工は必要ないと思われる。舞子砲台や品川台場の例のように、石垣前面や隅角部でなければ粗雑な加工が一般的で、堺台場南側石垣の表面加工は当時の標準的な加工だったといえよう。

図9　舞子砲台跡の石垣（南東から）　写真提供：神戸市教育委員会

石垣の下部構造について、堺南台場では、昭和六〇年の北東隅の発掘調査で胴木などの下部構造は検出されず、砂浜を整形した後に石垣を構築したと推定されている。品川台場では、砂州に構築していることもあり、杭木（基礎杭）と土台木（胴木）の上に石垣を構築し、強固な下部構造をもつ。和田岬砲台でも、大量の基礎杭を打ち込んでいる。堺南台場の昭和六〇年の発掘調査成果のとおり、もし構築当初から地盤強化の補強がない場合、簡便な工事といえよう。しかし、北東隅以外の石垣がどういう下部構造だったか、南側石垣が当時のオリジナルかどうかを解明するためには、今後のさらなる発掘調査などが必要だろう。

堺南台場東側石垣については、積み直しの可能性があることは先に述べた。しかし、だからといって価値がないというわけではない。「お城の石垣というのは常に壊れるから直すことは怠ってはだめだ」[17]という言葉がある。石垣は壊れる前提であり、直せばいいのである。堺南台場は、台場としての役割が終了した後も、大浜公園として利活用されており、単に公園としての機能のみであれば、石垣は不要である。明治期から石垣のメンテナンスがなされ、崩れても石垣の状態で目に見える形で維持されてきた歴史にこそ、地域にとって価値があると思われる。

おわりに

以上、本稿では、台場築造の際の石材加工工程の経過を確認するとともに、実際の加工痕跡を観察した。和田岬砲台では、築造の遅れや一部の施工不良の実態を確認した。背景には、築造の遅れを取り戻し、工期短縮を図っていたことがあげられる。当時、軍事的・政治的緊張から幕府は完成を急いでおり、そのような状況が実際の築造にも影響したといえよう。職人らは、日本では誰も作ったことがない巨大な石造構造物を短期間に築造した。石材調達では瀬戸内海島嶼部の石工技術が使用され、築造・石材の表面加工では石屋村石工を中心にした石細工の技術が活用された。和田岬砲台では築造以後、内部の木造構造物の修理はあったが、躯体構造自体は修理されていない。阪神・淡路大震災でも、躯体本体に目立った被害はなかった[18]。築造過程で若干の施工不良はあったが、躯体構造自体は、瀬戸内海や摂津のすぐれた石工技術で構築されていたことを強調しておきたい。

堺南台場では、和田岬砲台ほど築造過程を明確に示す文献史料は確認されていない。しかし、現地観察でもわかることはあり、今回は矢穴や表面加工痕跡について看取できる点を述べた。堺台場南側石垣の表面加工は、他の事例と比較しても当時の標準的な加工といえる。北東隅の石垣は、積み直しではあるが、石垣がまとまった状態で維持されてきたことに価値があるだろうし、今後もその価値が継承されていくことで、地域の財産となるだろう。

幕末期、人的資源・予算・構築部材の不足など、砲台・台場の築造事業にとっては厳しい環境だったと思われる。築造の担当役人・職人らは課題を一つずつ解決しながら事業を推進した。その苦労の痕跡を石材から見出だすことができる。市民は痕跡に触れることで、砲台・台場築造の歴史を肌で感じることができるだろう。

註

（1）後藤敦史「楠葉台場以前の大坂湾防備―安政期を中心に―」（『ヒストリア』二一七、二〇〇九年）。
（2）『和田岬御台場築造御用留』（神戸市教育委員会、二〇一四年）。
（3）石本家文書「御用石員数寸尺改帳」（謄写）、香川県立文書館蔵。
（4）「御積帳注解」『新修　福岡市史　資料編近世一　領主と藩政』（福岡市史編集委員会、二〇一三年）。
（5）髙久智広「「和田岬・湊川砲台関係史料」について三」（『神戸市立博物館研究紀要』第二五号、二〇〇九年）。
（6）「西宮・今津砲台建造日記」（『西宮市立郷土資料館研究報告』第一集、西宮市立郷土資料館、一九九一年）。
（7）梅渓昇「西宮・今津砲台築造関係史料について（三）―未刊史料の紹介―」（『西宮市立郷土資料館研究報告』第三集、「西宮御台場石切出方請書」、西宮市立郷土資料館、一九九六年）。
（8）『西宮市史』第六巻資料編三（西宮市役所、一九六四年）。西宮市史での表題は「備中国石切人西宮御台場石請書」笠岡市、森寿太文書。
（9）「石堡塔断面図（仮）」「和田岬石堡塔入用留帳」（六）（『西宮市立郷土資料館研究報告』第一集、西宮市立郷土資料館、一九九一年）。
（10）「和田岬石堡塔入用留帳」（五）（『西宮市立郷土資料館研究報告』第一集、西宮市立郷土資料館、一九九一年）。
（11）髙久智広「文久・元治期における兵庫・西宮台場の築造―「御台場御用掛」体制と「地域社会」に関する若干の考察」（『神戸外国人居留地研究会年報 居留地の窓から』第四号、神戸外国人居留地研究会、二〇〇四年）。
（12）「第九章　幕末期の西宮地方」（『西宮市史』第二巻、西宮市役所、一九六〇年）。
（13）髙久智広「「和田岬・湊川砲台関係史料」について二」（『神戸市立博物館研究紀要』第二二号、二〇〇六年）。
（14）高田祐一「堺台場の石材加工技術」（『お台場シンポジウム二〇一六「幕末大阪湾防衛と堺台場」資料』堺台場研究会、二〇一六年）。
（15）神戸市教育委員会『舞子砲台跡 第一～四次発掘調査報告書』（二〇〇六年）。
（16）東京都埋蔵文化財センター『港区品川台場（第五）遺跡 品川ふ頭再編整備事業に伴う埋蔵文化財発掘調査』（東京都埋蔵文化財センター調査報告　第二九〇集、二〇一四年）。
（17）日本遺跡学会『遺跡学の宇宙』（二〇一四年）。
（18）兵庫県教育委員会『兵庫県の台場・砲台』（二〇一二年）。

第2部

大阪湾台場研究のパイオニア

Ⅰ　楠葉台場研究の回顧と展望

馬部隆弘

はじめに

まわりからどのようにみられているのかよくわからないが、自身では日本中世史を専門としているつもりである。そのような筆者が、ふとした拍子で、幕末の台場を研究することがあった。それも片手間というわけではなく、一時的とはいえ、持てる力をすべて注いで取り組んでみた。

筆者が主として対象としたのは、大阪府枚方市に所在する楠葉《くずは》台場である。この遺構は、淀川左岸に築かれた珍しい河川沿いの台場で、二〇一一年二月に国指定の史跡となっている。それに先立って、筆者は楠葉台場の歴史的な評価についてまとめた報告書を執筆・編集し、二〇一〇年二月に発表した(1)。楠葉台場の歴史的価値を十二分に示すため、報告書には、筆者が個人的に収集してきた文献史料三一五点も余すことなく翻刻している。また、既発表論文三編にあわせて新稿も掲載しており、図らずも、筆者にとって一般に頒布《はんぷ》される第一論文集となってしまった。その内容は次の通りである。

A……序　章　本書の分析視角（新稿）

B……第一章　京都守護職会津藩の京都防衛構想と楠葉台場（原題同上『ヒストリア』第二〇六号、二〇〇七年）

C……補論一　文献史料にみる楠葉台場の構造（新稿）
D……第二章　楠葉台場の設計と施工の過程（原題「京都守護職会津藩の京都防衛構想とその実現過程」『城館史料学』第六号、二〇〇八年）
E……補論二　楠葉台場の用地取得と跡地の開発（新稿）
F……第三章　淀川警衛体制と京都守護職会津藩の関門構想（原題同上『ヒストリア』第二一七号、二〇〇九年）
G……第四章　鳥羽・伏見の合戦の記憶と楠葉台場（新稿）

論文集とはいっても、枚方市の職員という立場で編集した報告書という性格上、筆者の名前は背表紙にも奥付にも記されていないし、私的な「研究展望」も述べていない。また、楠葉台場と直接関係のない拙稿も所収していない。一般的な論文集では、読者にとって一番の楽しみともいえる、著者の研究の歩みを振り返った「あとがき」もない。幸いにして、今回このような機会を与えられたので、本稿では、報告書で書きそびれた「あとがき」を補うとともに、報告書に所収していない拙稿も踏まえた「研究展望」について、当時の記憶をたどりながら綴《つづ》りたいと思う。門外漢の思い出話に終始してしまうかもしれないが、しばしお付き合いいただきたい。

なお、報告書刊行後に次の二編の論考も発表している。

H「幻の楠葉台場設計図」（『枚方市史年報』第一三号、二〇一〇年）
I「京都守護職会津藩の地方支配」（『史敏』通巻一一号、二〇一三年）

本稿で一連の旧稿を引用する場合は、それぞれの頭に付したアルファベットを用いて【拙稿A】のように表記する。

一、筆者の研究の歩み

（1）楠葉台場着目に至るまで

筆者は、一九九九年三月に熊本大学を卒業して、四月に大阪大学大学院へと進学した。卒業論文で扱ったのは、元和の一国一城令をはじめとする近世初期の幕府による城郭政策であった。大学院では、中世城郭研究の泰斗《たいと》である村田修三先生に師事したこともあって、関心は徐々に中世史へと傾き、修士論文では戦国期の毛利領国における城郭政策を検討した。なお、大学院へ進学した当初は、卒論の延長で研究を続けるつもりでいたため、村田路人先生の近世史ゼミにも同時に参加させていただいていた。そのため、二〇〇二年三月に村田修三先生が定年退職され、同年四月に博士課程へ進学すると、以後は中世史を学びつつも近世史ゼミに属することとなった。今思うと、中世と近世を自由に往復できる筆者の研究スタイルは、この環境なくして生まれることはなかったはずである。

それと前後して、生活環境の変化もあった。博士課程に進学して三ヶ月後の七月から、枚方市の非常勤職員として市史の業務に従事することとなったのである。正直なところ、縁もゆかりもない町で、その歴史にもさして関心はなかったが、あるとき地域史の重要性に気づかされる一件があった。仕事をしているなかでの偶然の産物なのだが、枚方市を代表する中世城郭として知られてきた津田城が、実は近世の山論を有利に進めるために創られた存在だと判明したのである。(2) それ以降、中世史を考えるにあたっては、それぞれの地域において近世や近代にどのような歴史認識が育まれていたのか、強く意識するようになった。

前述のような学習環境にいたこともあって、中世と近世の垣根は思いのほか感じることもなく、枚方市内の他地域へも研究を拡大していった。たとえば、津田城の存在を主張して山論を有利に進めようとする動きに対抗し、山論の相手方の村は、古代に氷室があったという偽りの伝承を創作する[3]。城の存在は人々の関心を集めるためか、枚方城なるものも近世から近代にかけて創作されている[4]。また、漢字を日本に伝えた人物の墓として、伝王仁《わに》墓は現在大阪府指定史跡となっているが、これも近世に捏造《ねつぞう》されたもので、偽文書が指定の有力な根拠とされていた[5]。同じく交野天神社も、継体天皇樟葉宮跡伝承地として大阪府指定史跡となっているが、この伝承も明治時代に創作され、隣接する牧野地域との由緒主張の競合を経て定着をみたものである[6]。その牧野地域には、昭和から平成にかけてアテルイの首塚が捏造される[7]。牽牛石《けんぎゅういし》をはじめとした七夕伝説も、本来は創作された話なのだが、昭和から平成にかけて勢いを増しながら広まっている[8]。

右にみた創られた史的シンボルは、津田城が津田村、氷室が氷室村、枚方城が枚方町、伝王仁墓が菅原村、継体天皇樟葉宮跡伝承地が樟葉村というように、明治二二年の町村制施行時の行政区に一つずつ存在するのが興味深い。しかも、空白地帯の旧牧野村にはアテルイの首塚、旧川越村には牽牛石という具合に、昭和から平成にかけて補填《ほてん》されているのである。地域を振興したいという想いや近隣との対抗意識などから、偽りの史的シンボルを創作することは必ずしも珍しいことではないが、ここまで均等に密集する例はあまりないのではなかろうか。その要因についてはあらためて検討する必要もあるが、各地域で創出されたシンボルを行政が万遍なく拾い上げた結果として、現在のような定着をみたと考えている。実際、枚方市が刊行する小中学生向けの刊行物などには、いずれのシンボルもバランスよく盛り込まれている[9]。

もちろん、行政内部にいた筆者が、見て見ぬふりをしていたわけではない。そのような刊行物の編集担当者に批判は何度も試みたが、所詮は非常勤職員なのでたいした効果はみられなかった。そのため、将来誰かが省みてくれることを期待しつつ、学術論文で論理的に否定していくという作業を続けたのが右の成果である。研究者として主張すべきことは、何はともあれ論文というかたちにまとめるという姿勢が身についたのは、この作業のおかげである。

一方で、歴史を活用しながら地域への愛着を涵養《かんよう》するのも、筆者の責務であると自覚していた。そのため、偽りの歴史をただ否定するだけでなく、市民に関心を持ってもらえそうな正しい歴史も掘り起こし続けたつもりである。その際、とくに力をいれたのが新出史料の発掘と紹介であった。代表的なものとして、三浦蘭阪《らんぱん》関係資料・今中家旧蔵文書・片岡家文書という三つの史料群があげられる。(10) 当然のことながら、研究者として史料整理や調査に携わるだけでなく、行政担当者として展示や講演などを通じて歴史的価値の周知にも努めた。これらは、いずれも歴史資料あるいは古文書として、現在は枚方市の指定文化財となっている。

このような活動を進めるなか、新たな挑戦をする機会が与えられる。近代史を専門とされる大阪大学の猪飼隆明先生が定年退職されるにあたって、教え子たちが集って記念論文集が刊行されることとなり、その企画に誘いを受けたのである。猪飼先生は、筆者が大学院へ進学する前年に、熊本大学から大阪大学へと転任されていたので、専門とする時代こそ離れるものの、長らく何かとお世話になっていた。そのため二つ返事で引き受けたのだが、筆者以外の執筆者は近現代を専門とする方たちばかりなので、論文のテーマもそれに合わせなければならないという課題が同時に発生した。

それまでは、近代史料に触れることはあっても、近代史そのものを対象とした研究はしたことがなかった。正直なところ、政治過程が複雑すぎて苦手意識の強い時代であった。熊本大学では、国史研究室へと配属された二回生が、夏休みの近代史合宿で否が応でも共同発表をさせられるのが習わしであったが、筆者が近代史に真正面から取り組んだのはそれ以来のことかもしれない。このような状態だったので、少しでも身近な存在がよいだろうと思い、城郭史の延長線上で台場を取り上げることとした。これが、楠葉台場を調べ始めたきっかけである。

（2）楠葉台場着目以後

猪飼先生は二〇〇七年三月に退職の予定であったが、筆者もそれと同時に博士課程を修了すべく、課程博士論文を提出するつもりとしていた。そのため、記念論文集の話をいただくと、真っ先に楠葉台場の研究に取りかかった。すでに中井均氏によって、楠葉台場の南側の堀は図示されていたが[11]、現地調査の結果、田畑として全体的に地割が良好に残っていることが判明した。また、楠葉台場の築造主体は、漠然と幕府としか知られていなかったが、調べていくうちに京都守護職に就任した会津藩が主体的に関与していることもわかった。それによって史料収集も順調に進み、二〇〇五年の年末には論文を書き上げて提出した。

二〇〇六年からは、研究報告や市民向け講演の題目として、楠葉台場をしばしば取り上げるようになった[12]。その年のうちに、西国大名の城郭政策に関する博士論文をまとめて提出し、二〇〇七年三月には博士課程を無事修了することができた。その直前のことだと記憶しているが、講演を聴いてくれた方から、楠葉台場の所在地が全面的に区画整理事業で開発される計画となっていることを聞くに至った。これには大きな衝撃を受けたが、今思えば、論文発表前でありながら至るところで楠葉台場の話をすることで、早めに情報を得たのは幸運であった。

かくして、図らずも楠葉台場の保存について、何かしらの手立てを考えなければならなくなった。第一の課題は、楠葉台場の歴史的価値を広く紹介することにあったが、記念論文集は原稿がまだ集まっておらず、発行される目途も立っていないとのことであった。そこで、大学院の後輩であった中野賢治氏が大阪歴史学会の企画委員をつとめていたため、彼を通じて企画委員長の岸本直文氏にご相談してみた。その結果、保存を呼びかけることに賛意をいただき、幸いにも会誌『ヒストリア』で小特集をしてくださることとなった。

保存を訴えるにあたって学術的な裏付けは不可欠と思われたので、猪飼先生にお断りして、すでに提出していた論文のうち、楠葉台場構想の成立過程に関する部分をまとめなおすこととした。これが、二〇〇七年九月発行の『ヒストリア』に掲載された【拙稿Ｂ】である。そこでは、外国船対策として台場を設けるという朝廷の意向に沿いつつも、京都へ流入する不逞《ふてい》浪士等の京都流入を防ぐ関門を設けることが会津藩の真の目的であることや、その目的のもと、実際に台場を関門として用いるという特異な構造物が築造されたことを明らかにした。偶然にも、『ヒストリア』は当該号から巻頭にカラー図版が入ることとなったので、遺構の現状などもカラーで紙面に反映された。また、【拙稿Ｂ】を成稿すると同時に、記念論文集に提出していた原稿のうち、楠葉台場の築造過程を論じた部分を充実させて、差し替え論文として再提出した。

なお、楠葉台場の対岸には高浜台場が対となって築造されたことが通説となっていたが、関連する史料が乏しいため、この段階では右岸を考察の対象から外していた。思わぬ誤算は、その淀川右岸で起こった。淀川からやや離れた西国街道上に、梶原台場なるものが存在したという情報が、中西裕樹氏からもたらされたのである。

その情報を踏まえたうえで、淀川両岸の台場を視野に入れつつ差し替え論文を改稿したのが【拙稿Ｄ】にあたる。ここでは、当初は淀川右岸を予定地としつつも、禁門の変以後に長州藩対策が喫緊の課題となったため、上洛経路にあたる西国街道上へ計画が変更となったことを明らかにした。従来、高浜台場と誤解されてきたものは、梶原台場の附属施設である船番所のことであった。【拙稿Ｄ】は中西氏の論考と一対のものとなるうえ、楠葉台場保存の機運を高めるよい機会になると考え、『城館史料学』に二人で同時に投稿することとした。これは、二〇〇八年七月に公表されることとなる。

そして、前回と同様に、記念論文集の差し替え論文として、会津藩の畿内における地方支配の論考も用意した。この論考は、のちに加筆のうえ、【拙稿Ⅰ】として発表することとなる。幕末史を苦手とする筆者にとって、当該期の論文を次から次に発表するのは至難の業であったが、差し替え論文を用意するという手続を要したため、結果として研究を継続することができたのである。

幸いにして、【拙稿Ｂ】への反応は上々で、保存の機運も高まってきた。二〇〇七年一一月に大阪歴史学会から枚方市長・枚方市文化財保護審議会会長・大阪府教育委員会教育長・文化庁長官に宛てて、要望書を提出していただいたのも大きかった。(13) その直後には、新聞紙上でも楠葉台場が取り上げられた。(14) 枚方市も、二〇〇七年度から翌年度にかけて遺構の範囲確認調査を実施するとともに、二〇〇八年六月には、有識者からなる楠葉台場跡調査検討委員会を立ち上げ、筆者もその末席に加えていただいた。(15)

二〇〇九年五月には、大阪歴史学会による楠葉台場の現地見学検討会が開催され、幕末会津藩研究の第一人者である家近良樹氏をはじめとして、楠葉台場の発掘を担当した竹原伸仁氏、梶原台場の実態分析をした中西裕樹氏、摂海防御と台場の築造体制に詳しい高久智広氏が一堂に会して、ともに議論を深めることができた。当日の報告は、二〇〇九年一〇月発行の『ヒストリア』誌上に特集として組まれており、そのなかで筆者は、淀川警備体制の変遷のなかに楠葉台場を位置付けた【拙稿Ｆ】を発表している。特集には、岸本直文氏による現地見学検討会に至る経過と楠葉台場の概説、および後藤敦史氏による楠葉台場設置以前の摂海防御に関する論考、そして大阪湾岸の台場の紹介もあわせて掲載されており、きわめて充実したものとなっている。

二〇一〇年二月に刊行された報告書は、ここまでみてきた【拙稿Ｂ】【拙稿Ｄ】【拙稿Ｆ】に新稿を加えたものである。また、報告書刊行直後には、福山藩内で検討された楠葉台場の設計図を紹介する【拙稿Ｈ】を発表した。この図面は、ぜひとも報告書に所収したかったが、所蔵機関である東京大学史料編纂所が耐震補強工事のため閲覧が叶わず、このような形での発表となった。

その後、二〇一〇年四月に三浦蘭阪関係資料と今中家旧蔵文書が枚方市指定文化財に、二〇一一年二月に楠葉台場が国指定史跡に、そして二〇一一年九月に片岡家文書が枚方市指定文化財になったのを見届けて、筆者は二〇一二年四月に京都府長岡京市へと転職した。それからというもの、楠葉台場と会津藩の研究からは遠ざかっている。会津藩の地方支配に関する論考は、その後も未発表のままであったが、京都守護職が本格始動してから一五〇年目にあたる二〇一三年に、それに合わせて長岡京市で展示を企画した際に参考文献として提示する必要が生じたため、[16]別の媒体にて【拙稿Ｉ】として公表した。

長岡京市に転職して以降は、胸を張って中世史の専門家といえるように、「あとがき」のある論文集を目標に、心機一転して戦国期細川家の研究に努めてきたつもりである。[17]本稿の依頼がきたということは、残念ながらその努力がまだ足りないということであろう。

二、研究を進めるなかで意識したこと

（1）当時の研究姿勢

楠葉台場の保存を訴え始めた頃の筆者は、かなり特殊な状況に置かれており、考え方も少し変わっていたと思う。それゆえに保存に成功したという側面もあるので、ここでは当時の研究姿勢について振り返っておきたい。

研究者にとって最も大事なものの一つに、問題意識がある。筆者が枚方市に在職していたときに最も意識していたのは、歴史学は人々の生活にいかに役立つのか、ということであった。歴史学の社会的意義を論じる際に古今を問わず俎上《そじょう》にのぼってきたテーマで、よりよい未来を創るために過去から学ぶというのが教科書的な回答であろう。行政に身を置いているうちに、筆者はそのようなありきたりの抽象的な回答に飽き足らず、現実に市民生活と接する現場で活動することで、具体的な成果をあげてみたいと思うようになった。その結果、自分自身に必要というよりは、市民にとって必要と判断される研究に力を入れるようになっていく。

このようなことを考え始めた理由は、先述の史的シンボル群にある。これらは、歴史学の視点からみればすぐに偽りとわかるようなものばかりであったが、枚方市内では不動の地位を築いていた。おそらく、この問題に気付いている歴史学者も少なからずいたと思われるが、他愛のないものとして捨て置いた結果、このような状況に至ってしまったのであろう。そこで、偽りの史的シンボルにもとづく空虚な歴史観から市民を解放すれば、歴史学は市民生活にも密接に関わっていることを示せるだろうと思ったのである。今思うと安易な発想だが、現在のところ筆者が想像していたほどの効果はあがっていない。筆者個人の発信力には限界があり、残念ながら市民の意識を変えるまでには至ら

なかったのである。その歴史的価値を組織的に発信していただいた楠葉台場の場合とは対照的だが、論文として形は残しているので希望はまだなくなっていないと思いたい。

このような地域密着型の研究を始めた当初は、大学院生の間だけ勤務するつもりでいたので、限られた期間にやれるだけのことはやってみようと意気込んでいた。早いうちに一つのテーマに的を絞って課程博士論文をまとめるという以外に、研究者への道を認めないという学界の風潮もあまり好きではなかった。比較的自由な若いうちにこそ、あらゆる経験を積んでおくべきだと考えていたからである。その一方で、博士号を取得しても就職できないという状況が、折しも社会問題化しつつあった。その点では、日本学術振興会の特別研究員となって、最短距離で課程博士論文と著書をまとめることが理想なのかもしれない。そのコースに乗らなかった筆者は、結果的に博士課程修了後もしばらくは枚方市のお世話になった。こうしたなかで、大学院生やオーバードクターと行政がどのような関係を築くべきか、筆者自身が実験台になって考えてみようという思いも出てくる。

昨今の行政では、どこでも業務の効率化が叫ばれている。そのうえで重視されるのは、正職員の業務を誰でもこなせるようにルーチン化するということと、専門的業務は外部に委託するということである。この点については賛否両論あると思われるし、研究者サイドからみれば、専門的知識をもった正職員を配置し、ノウハウの安定的な継承を求めるのは当然といえる。しかし、現実はそれほど甘いものではないことも、現場にいるとよくわかっていた。そこで、むしろこの逆境を利用して、大学院生が積極的に行政に食い込んでいけばよいのではないかと考えるようになった。現場の最前線での経験は必ず将来の研究にも活かせるであろうし、経験が買われれば行政への就職の道も残される。このような考えはさして目新しいものではないが、筆者が知る限り、行政職員と大学院生の二足の草鞋《わらじ》を履いた場合、行政での業務はあくまでも収入源の一つと割り切って、大学等への研究機関への就職を目指すか、あるいは業務に重きを置いて行政への就職に収まるか、いずれかに偏る傾向にあると思う。

　筆者が目指したのは、自らの研究と行政として必要な研究を両立することであった。モチベーションを維持するのも困難だが、何より難しかったのは、博物館のような機関でもない行政の一部署で、業務の一環に研究が位置付けられるかどうかという点であった。

　筆者は当初、「歴史資料整理員」という肩書で枚方市の非常勤職員として採用された。これは、枚方版ワークシェアリングの一環で新規に設置された役職で、二〇〇五年三月末までという任期も当初から決まっていた。市史業務とはいっても、『枚方市史』そのものの刊行はすでに完了し、刊行物の編纂や史料の収集・公開、レファレンスなどを細々ながらも継続するというのが主たる業務である。二〇〇四年四月にともに仕事をしてきた正職員の鈴江智氏が異動となって以降は、業務の全容を把握しているのが筆者一人となってしまい、仕事量は非常勤職員のそれを明らかに凌《りょう》駕《が》するものとなる[18]。当時は市役所にて業務を行っていたが、二〇〇五年四月に開館する中央図書館内への移転も決まっており、引越の段取りや新しい部屋の間取り、今後の窓口対応のあり方なども筆者に一任されていた。そのため、継続して専門の担当者が必要と判断され、「市史資料調査専門員」という新たな役職を設置して、二〇〇五年四月に再び非常勤職員として採用された。

　それと前後する同年二月に、筆者のこれ以後の身の振り方を変える事件が起こる。中央図書館への引越作業中に、消火用連結送水管改修工事の請負業者による過失で、市民から借用していた大量の古文書が水損してしまったのである[19]。以後、その失態を収拾するために多くの時間を費やすこととなってしまった。また、古文書所蔵者および市民に対して示すことのできる筆者の最大限の誠意は、枚方市が保管する古文書を可能な限り論文等に活用することだと考えるようになっていく。

このように思わぬ重責を背負うこととなったものの、新規の役職で、かつ業務の全容を把握しているのが筆者のみであったため、自身で試行錯誤しながら業務形態を定めていくという、大学院生ではなかなかありつけない立場を得ることとなる。と同時に、いつまでも非常勤職員の立場にはいられないので、中央図書館に新たに設置される市史資料室の業務を少しでも早く軌道に載せて、後進に道を譲らなければならないという状況にもあった。そこで、当面の方向性として、市史資料室を枚方市の歴史研究の最前線に触れられる場として、市民に広く周知していこうという青写真を描いた。もちろん、研究が業務の一環か否かというのは、職場内でも相当の議論があったが、市民にとって研究が必要なことを証明するための業績は、年を追うごとに積み重ねていた。その結果、現在は「枚方市教育委員会非常勤職員に関する要綱」のなかで、「市史資料調査専門員」の業務として、「枚方市関連資料の調査、整理及び研究に関すること」が謳《うた》われている。この点は、後進に道を開くことができたのではないかと自負している。

以上のように、当時の筆者は、市民と歴史研究を結びつける役割を行政に求めていた。そして、それを実現するために、行政内部での研究にこだわっていた。その点を踏まえたうえで、楠葉台場が保存されるに至った経過を振り返っておく。

保存運動というと、破壊する側と保存を求める側の衝突というイメージがつきまとうが、楠葉台場の場合はそのようなことがあまり起こらなかった。楠葉台場が市民運動によって保存されたと評価されることもあるが[20]、実際のところそのような動きは起こっていない。当初は、筆者も市民運動として展開することを期待していたが、結果的にそれを要することなく、思いのほか円滑に保存へと進んでいったのである。

もちろん、保存を決定するまで、行政内部ではいろいろと揺れ動く部分もあったようだが、それについては守秘義務もあるのでここには記さない。筆者はそのなかで、これまでと同様に常に論文で学術的な裏付けを与え続けるということと、講演などをできる限り引き受けて、研究成果をわかりやすく市民に伝えるということを心がけたのみである。いわば、筆者が描いた市史資料室の青写真に沿って行動を続けたわけだが、その姿勢と大阪歴史学会の協力や新聞などのメディアの力が相まって、楠葉台場を保存しなければならないという雰囲気が広がったようである。遺跡保存の一つのあり方として、何かしらの参考になれば幸いである。

（2）課題設定と成果

楠葉台場を研究するうえでの問題の所在や方法論、あるいは関係史料の残存状況などについては、すでに【拙稿A】でまとめている。そのため重複するところもあるが、ここでは筆者の研究段階に沿うかたちで、どのような課題意識を持ちつつ研究に取り組んだのか整理しておきたい。まず始めに、楠葉台場の研究に取りかかった当初、目標としていたことを三点掲げておく。

第一に、いわゆる縄張研究的な視点から、構造を解明するということである。すでに松田万智子氏によって、楠葉台場の絵図が紹介されていたので[21]、この図面通りに築造されているのかどうか、【拙稿B】にて地籍図等と照らし合わせることで現地比定を行った。その結果、台場を関門として用いるという特異な構造物であることが明らかになった。

第二に、築造の主体とその目的の解明である。従来は、築造の主体が漠然と幕府とされていたが、京都守護職に就任した会津藩の意向で設置されたことを確認した。また目的も、外国船対策や尊王攘夷激派対策など、さまざまな憶測がなされていたが、表向きは朝廷が最も気にかけていた外国船対策に則《のっと》って台場を築造しつつ、内実は尊攘激派対策としての関門築造が主目的であったことを【拙稿Ｂ】にて明らかにした。さらに、台場を築造する過程で、仮想敵が長州藩へと移って淀川警衛体制が変化していくことも、【拙稿Ｄ】や【拙稿Ｆ】で論じた。

第三は、楠葉台場の歴史を時系列で把握することである。まず【拙稿Ｂ】にて、構想が浮上して固まっていく過程を論じ、【拙稿Ｄ】にて実際の築造過程を明らかにした。さらに【拙稿Ｆ】で、幕末の淀川警衛体制全体の変遷のなかに楠葉台場の築造を位置づけた。そして【拙稿Ｇ】にて、鳥羽・伏見の合戦のなかで、楠葉台場周辺での戦いがどのように推移したのか検討した。また、維新後に耕地化していく過程は、【拙稿Ｅ】で論じている。

所期の目標であった右の三点は、研究を積み重ねるなかで、おおむね達成することができたと思う。さらに筆者の想定にほぼ沿うかたちで発掘成果も出揃い、楠葉台場が幕末の複雑な政治情勢を反映した構築物であったことは揺るぎない事実となった。

次に、研究を深化させるなかで意識するようになったこととして、以下の三点をあげておく。

第一は、発掘調査だけでは復原が困難な部分を、文献史料によって補うことである。いうまでもなく、全体的に復原可能な史跡であることが、その歴史的価値を高めるであろうと考えるようになったからである。このような視点から、【拙稿Ｃ】では、地表面より上部の立面的な構造を復原している。また、【拙稿Ｅ】では、用地取得の過程と耕地化の過程を分析することで、現地との平面的な対応関係をより確実なものとした。

第二は、台場の築造が、周辺の村社会に及ぼす影響である。このような幕末特有の問題に対し、【拙稿Ｄ】や【拙稿Ｅ】

などでは、地元村落の対応を検討した。偶然にも、前後して楠葉村の庄屋文書である今中家旧蔵文書が新たに出てきたため、その活用を検討するなかでこの方面への意識が深まっていったと記憶している。

第三は、淀川警衛に動員された中小譜代藩の史料を集成することである。これは、【拙稿F】を執筆する過程で取り組んだ。京都政局を分析するにあたっては、薩長に代表される特定雄藩を対象とすることが多かったが、家近氏が進めた会津藩研究によって、より客観視されるようになってきた。ただし、幕政に少なからず発言力のある譜代藩は、そのほかにも数多く京都周辺の警衛に関与している。その点は、【拙稿H】でもみたように、福山藩が楠葉台場の設計案を作成していることからもうかがえるだろう。筆者はあくまでも楠葉台場に関わる史料しか紹介していないが、諸藩に伝わる史料に目を通した感触では、史料収集の労さえ惜しまなければ、さらなる議論の展開も可能と思われる。

以上の三点については、史料的な制約もあって必ずしも完全に達成できたとは思っていないが、楠葉台場を歴史的に評価するという点に限っていえば、一定の成果をあげたと自負している。

（3）残された課題

そしてもう一つ、楠葉台場の研究に取りかかった段階から常に意識しつつも、筆者にとってはあまりに大きすぎる課題であるため、十分に成し遂げることのできなかったことがある。それは、京都政局を中心とした幕末政治史研究と畿内近国支配の研究を接続するという課題である。その課題に初めて本格的に取り組んだのは、一橋家とその領知を対象とした岩城卓二氏の研究といえる。(22)【拙稿I】は、一橋家よりも軍事的な中核を占める会津藩こそ研究の対象とすべきだと主張し、その視点を引き継いだものである。台場とは直接関わらないものの、この方面の研究に進展が見受けられないため、ここではその重要性とともに、筆者がこのような課題にたどり着いた経過について触れておきたい。

畿内近国において、村方文書の目録を作成したり、その解説を執筆したりするにあたっては、錯綜《さくそう》する所領に対する個別領主支配とその枠組を越えた幕府による広域支配という二元的な構造を理解しておく必要がある。そのため、筆者もその方面の研究成果を必要最低限ではあるが学び続けていた。当時、広域支配の実態は、村田路人氏や岩城卓二氏の研究で詳細になりつつあったが[23]、それに比べて個別領主支配については蓄積が不十分に感じられた。

もちろん、熊谷光子氏の在地代官に着目した旗本知行所の実態分析はあったが[24]、旗本の全数からすればごく一部を取り上げているに過ぎなかった。また、関東に比べて、畿内近国では領主である旗本側の視点からの分析が少なかった。とりわけ、枚方市域は旗本知行所の比重が高く、かつ大身から小身まで数も多いため、個別領主支配の全貌《ぜんぼう》を知ろうと思えば、相当数の旗本を対象とする必要がある。そのため、全体的な俯瞰《ふかん》は将来の研究に委ねるとして、ひとまず旗本による知行所支配の実態を個別に検討するという作業を積み重ねることとした[25]。研究成果としては必ずしも大きいものではないが、行政で日常的に行っている古文書の整理作業を、ただそれだけで終わらせるのではなく、地域史研究の成果として還元するという点においては、この作業は有効だったと思っている。

その延長線上で、会津藩を取り上げることとなった際にも、畿内近国に設定された京都守護職の知行地における支配に関心が向いた。その成果である【拙稿Ⅰ】では、知行地支配の確立によって会津藩は人足を安定的に確保できるようになり、京都での軍事行動が可能になったとの見通しを得た。京都守護職としての会津藩の動向は、京都政局のなかでしか説明されてこなかったが、経済的・軍事的基盤が確保できていなければ、さまざまな局面で思うように動くことができなかったのである。事実、会津藩が京都周辺から徴発した人足の数は、他を圧倒している。このように、会津藩は京都周辺でもさまざまな足跡を残していることを確認したが、【拙稿Ⅰ】は基礎的な分析に留まっており、研究の余地はまだ残されていると思う。

また、京都守護職は、既存の広域支配体制である京都町奉行の上位に位置付けられる存在でもあったが、実態に即した両者の関係など、幕末の組織改編にともなう広域支配の変化が、研究の対象とされたことはほとんどない。しかも、畿内近国支配の研究は、上方八ヶ国のうち摂津・河内・和泉・播磨を担当する大坂町奉行の管轄に分析が偏っており、山城・大和・近江・丹波を担当する京都町奉行の管轄を対象とした研究は少ない。そこで【拙稿D】では、楠葉台場の普請体制を対象として、京都守護職と京都町奉行の関係についても若干の検討を試みた。

以上のように、京都守護職としての会津藩は、広域支配と個別領主支配の両面から分析できるきわめて興味深い対象である。しかも、その支配の実現が京都政局の動向と密接に関わるので、両者を結びつけることで、より豊かな幕末史を描けるに違いない。今後の研究に期待したい。

むすびにかえて――台場研究の展望

とりとめのない話に終始したので、ここであらためてまとめるようなことはとくにない。また、行政の現場にいる者としての責任感が研究の主たる動機であったため、現場を離れた現在、明確な研究の展望を持っているわけではない。もしかしたら、何か気が変わって幕末の研究を再開するかもしれないが、今はそのつもりもない。したがって、ここではかつての自分が抱いていた台場研究の展望を述べて、むすびの代わりとしたい。

淀川台場は、攘夷実行にともない、外国船が遡上《そじょう》してくることを危惧した朝廷が求めたものであった。しかし、浅瀬の続く淀川の現実を知る諸藩は、その必要性を認めなかったため、計画は立ち消えになる。会津藩もその一つであったが、のちに尊攘激派の京都流入を防ぐために関門を設置しようとした際に、朝廷が計画した台場を築造してそれを関門として利用した。

会津藩が単なる関門を築かなかった理由として、まずは朝廷の信頼を獲得しようとしていたことがあげられよう。また、攘夷対策として実行することで、関門築造に対する尊攘激派の反論も退けることができる。さらには、西洋式の大規模な軍事施設を主要街道上に設けることで、京都を守衛するのは幕府であるという印象を一般にも広めることができる。

国内の政治情勢と対外的な危機が複雑に入り交じっているからこそ、このように台場設置という政治的・軍事的判断にも本音と建前が入り交じっているのである。西洋式築城術の導入も、楠葉台場の事例をみる限り、必ずしも軍事的必要性のみにもとづくものではなく、政治的な目的で導入されたという側面も大きい。文献史料とは、基本的に建前で彩られたものなので、実際の構造を踏まえることで、楠葉台場の場合は築造にあたっての本音と建前がうまく整理できた。楠葉台場はやや特殊な部類に入ることは承知しているが、たとえば福山藩が楠葉台場の設計案を考えていたように、台場を設置する際には蘭書などをもとにさまざまな案が出され、そのなかから一つに絞られるのだと思う。全国に残る台場が必ずしも一様ではないことも、こうしたプロセスを反映したものと理解できるだろう。したがって、台場の形態論から、背景にある軍事的・政治的判断を読み取っていくという作業が、今後は必要になってくると思われる。

註

（1）拙著『楠葉台場跡（史料編）』（（財）枚方市文化財研究調査会・枚方市教育委員会、二〇一〇年）。なお、この報告書は、発掘成果および家近良樹氏・藤田裕嗣氏・奥田尚氏・松田万智子氏の論考を掲載した『楠葉台場跡（本編）』（同上）と二冊セットで頒布されている。
（2）拙稿「城郭由緒の形成と山論」（『城館史料学』第二号、二〇〇四年）。
（3）拙稿「大阪府枚方市所在三之宮神社文書の分析」（『ヒストリア』第一九四号、二〇〇五年）。
（4）拙稿「枚方寺内町の沿革と対外関係」（『史敏』通巻一〇号、二〇一二年）。
（5）拙稿「偽文書からみる畿内国境地域史」（『史敏』通巻二号、二〇〇五年）。
（6）拙稿「交野天神社末社貴船神社の祭祀構造と樟葉宮伝承地」（『枚方市建造物調査報告』Ⅵ、枚方市教育委員会、二〇〇九年）。
（7）拙稿「蝦夷の首長アテルイと枚方市」（『史敏』通巻三号、二〇〇六年）。
（8）拙稿「茄子作の村落秩序と偽文書（上）（下）」（『枚方市史年報』第一四・一五号、二〇一一年・二〇一二年）。
（9）『ひらかた昔ばなし』子ども編（枚方市、二〇〇三年）。『ひらかた昔ばなし』総集編（枚方市、二〇〇四年）。『発進！タイムマシンひらかた号』（枚方市教育委員会、二〇〇八年）。
（10）『三浦家文書の調査と研究』（研究代表者村田路人、大阪大学大学院文学研究科日本史研究室・枚方市教育委員会、二〇〇七年）。拙稿「史料紹介　一五～一六世紀の楠葉今中家文書」（『枚方市史年報』第八号、二〇〇五年）および「河内国楠葉の石清水八幡宮神人と室町将軍家祈願寺伝宗寺」（『枚方市史年報』第九号、二〇〇六年）。拙編著『招提村片岡家文書の研究』（枚方市立中央図書館市史資料室、二〇〇九年）。
（11）中井均「楠葉台場」（『日本城郭大系』第一二巻、新人物往来社、一九八一年）。
（12）「ひらかたの古文書を読む」という対談企画（『ひらり枚方』一一号、枚方文化観光協会、二〇〇六年七月）で楠葉台場を取り上げたのを皮切りに、二〇〇六年九月には城郭談話会で研究報告をした。以降、二〇〇六年度だけでも、楠葉台場をテーマとした市民向け講演は五回行っている。
（13）大阪歴史学会企画委員会「報告　岸和田古城跡問題と楠葉台場跡保存の要望書」（『ヒストリア』第二〇八号、二〇〇八年）。

（14）『朝日新聞』二〇〇八年一月一九日夕刊。『京都新聞』二〇〇八年二月二三日朝刊。
（15）委員会は、藤井讓治氏を委員長、松尾信裕氏を副委員長とし、家近良樹氏・千田嘉博氏・藤田裕嗣氏・山本彰氏および筆者で構成されていた。
（16）展示の際の配布資料は、www.city.nagaokakyo.lg.jp/cmsfiles/contents/0000005/5235/hurusatofile56.pdf。
（17）現時点での総括は、拙稿「戦国期畿内政治史と細川権力の展開」（『日本史研究』第六四二号、二〇一六年）。
（18）鈴江氏の異動後は新入職員の杉谷繁人氏が補充されたが、二〇〇七年四月に異動となり、以後、正職員が補充されることはなかった。
（19）「漏水事故による古文書被害の報告」（『枚方市史年報』第九号、二〇〇六年）。
（20）冨川武史「史跡『品川台場』の保存と活用を考える」（品川区品川歴史館編『江戸湾防備と品川御台場』岩田書院、二〇一四年）。
（21）松田万智子「御普請定法書について」（『京都府立総合資料館紀要』第二五号、一九九七年）。
（22）岩城卓二「幕末期の畿内・近国社会」（『ヒストリア』第一八八号、二〇〇四年）。
（23）村田路人『近世広域支配の研究』（大阪大学出版会、一九九五年）。岩城卓二『近世畿内・近国支配の構造』（柏書房、二〇〇六年）。
（24）熊谷光子『畿内・近国の旗本知行と在地代官』（清文堂出版、二〇一三年）。
（25）拙稿「史料紹介『旗本永井家知行所御用記録』」（『枚方市史年報』第六号、二〇〇三年）。蓮井岳史・馬部隆弘「旗本水野家の陣屋支配と坂村・岡田家・三浦家」（前掲註（10）『三浦家文書の調査と研究』）。拙編著『茄子作村中西家文書の研究』（枚方市立中央図書館市史資料室、二〇一〇年）。そのほか、旗本の所領構成を復元したものとして、拙稿「史料紹介『誓円ノ日記』（一）」（『枚方市史年報』第一一号、二〇〇八年）および「堺町人出身の旗本鹿塩氏について」（『史敏』通巻七号、二〇一〇年）がある。

Ⅱ

淡路島における幕末海防築城

角田　誠

はじめに

日米の貿易不均衡の拡大にともなう円高問題が大きくクローズアップされてきており、この是正のためには日本も市場開放による輸入拡大に踏み切らざるをえないような状況になってきている。この問題についての今後の展開に関するアイデアは、残念ながら筆者は持ち合わせていないし、本稿の内容ともほとんど関係しない。

しかしながら、今日のこの情況は十九世紀中期から末期にかけての「鎖国」から「開国」へ、「近世」から「近代」への転換期における情況と極似しているような気がしてならない。将来の歴史研究者が、二十世紀最末期の今日の情況をどのように分析するかについては考えないことにして、ここでは幕末期の近代化プロセスにも大きく関係する「海防築城」について考察することにする。

さて、十九世紀中期から末期にかけて、海防築城、すなわち異国軍艦の砲撃から身を守るための大砲台場の築造が、日本全国各地の沿岸で盛んに行われるようになる。淡路島は大坂湾に大きく横たわった島であり、徳川幕府にとっても大坂湾防備＝京都守護の観点から、この島での大砲台場の築造は大きな関心事であった。実際、淡路島における台場の築造には幕命によるものもあり、淡路洲本藩の本藩である阿波徳島藩の蜂須賀家が直接工事担当して、岩屋の松帆と由良の高崎の二ヵ所に稜堡式築城法を採用した巨大な台場を完成させている。この両台場は、その規模の点においては日本全国でも屈指のものであり、淡路島内の他の数ヵ所の台場とも明らかに様相が異なっている。本論では、このあたりの事情についての私見を述べることにする。

一、台場築造の背景

阿波徳島藩が藩内の海防築城に本格的に着手するのは、安政元年（一八五四）十一月のことであり、これは幕命によるものとされている。

『蜂須賀家記』(1)には、

是月（安政元年十一月）、幕府以由良岩屋爲攝海咽喉之地、命築砲臺、以備外寇、於是築壘壁干由良港、南北五町、高二尋餘、架大砲六十四門、岩屋則就松尾龍松拂川古城四所築之、架大砲十三門、經七年而成。

とあり、阿波徳島藩が淡路の由良と岩屋に台場築造を実施したことが記されている。

安政元年という年は、アメリカ合衆国水師提督ペリーの二度目の来航の年で、このとき、徳島藩も他藩と共に江戸湾警備を命ぜられ、羽田・大森の海岸に出兵している(2)。一方、大坂湾においてもロシアの使節プチャーチンがディアナ号で天保山沖に来航しており、これらの事件を契機にして、幕府は大坂湾の海防を一層重視するようになったのである。

由良および岩屋の両台場が一応の完成を見るのは、『蜂須賀家記』では文久元年（一八六一）となっているが、後述するように実際は両台場に更なる改修が加えられていったものと考える。そして同三年、将軍徳川家茂が自ら大坂湾の海防状況を視察している。

藤井甚太郎の「攝海防備史」(3)には、

（略）五月四日（文久三年）には、播州舞子濱に來りて松平兵部大輔の砲臺を見、淡路松尾崎臺場を船中より見、由良浦に上陸致して徳島藩の阪固場を見て歸せられ（略）。

とあり、京都に帰った将軍は、同十八日に摂海防備状況を、朝廷に次のように報告している。

（略）紀淡の間由良の峽、淡播の間松尾崎明石の峽は、攝海東西の門戸たる第一の要地は世人共に所知に候間、（略）何分砲臺の設、急務に候處、由良の方は最早落成の模様に有之、沖の島の方は尚此上紀州へ申達、早々落成可爲致候。松尾崎の方は落成に不至候へ共、専ら取掛居、明石の方は小家の儀手及兼候義も可有之に付、入費の手當差遣、早々増築爲致候。淡州の義は防禦筋行届出兵調練も熟居候事に付、阿波守家來共迄賞美差遣候積に候事。

つまり、大阪湾の入口である紀淡海峡と明石海峡は海防上の要地であり、早急に大砲台場を完成させる必要がある。紀淡海峡は海峡を挟んで由良と友ケ島の沖の島（紀州藩領）に、明石海峡は岩屋と明石（明石藩領）に、それぞれ台場築造工事を着手している。このうち、阿波藩が熱心で由良台場が最も早く完成しそうであり、岩屋の方も工事がかなり進展している。よって、阿波藩の家中には褒賞を与えるつもりである旨の報告である。

『蜂須賀家記』にも、この件は、

幕府有命日、由良砲臺築造得宜、演火技練磨有法、皆平日用意於防禦之所致也、賞公以名刀一口、砲手亦賜物褒之。

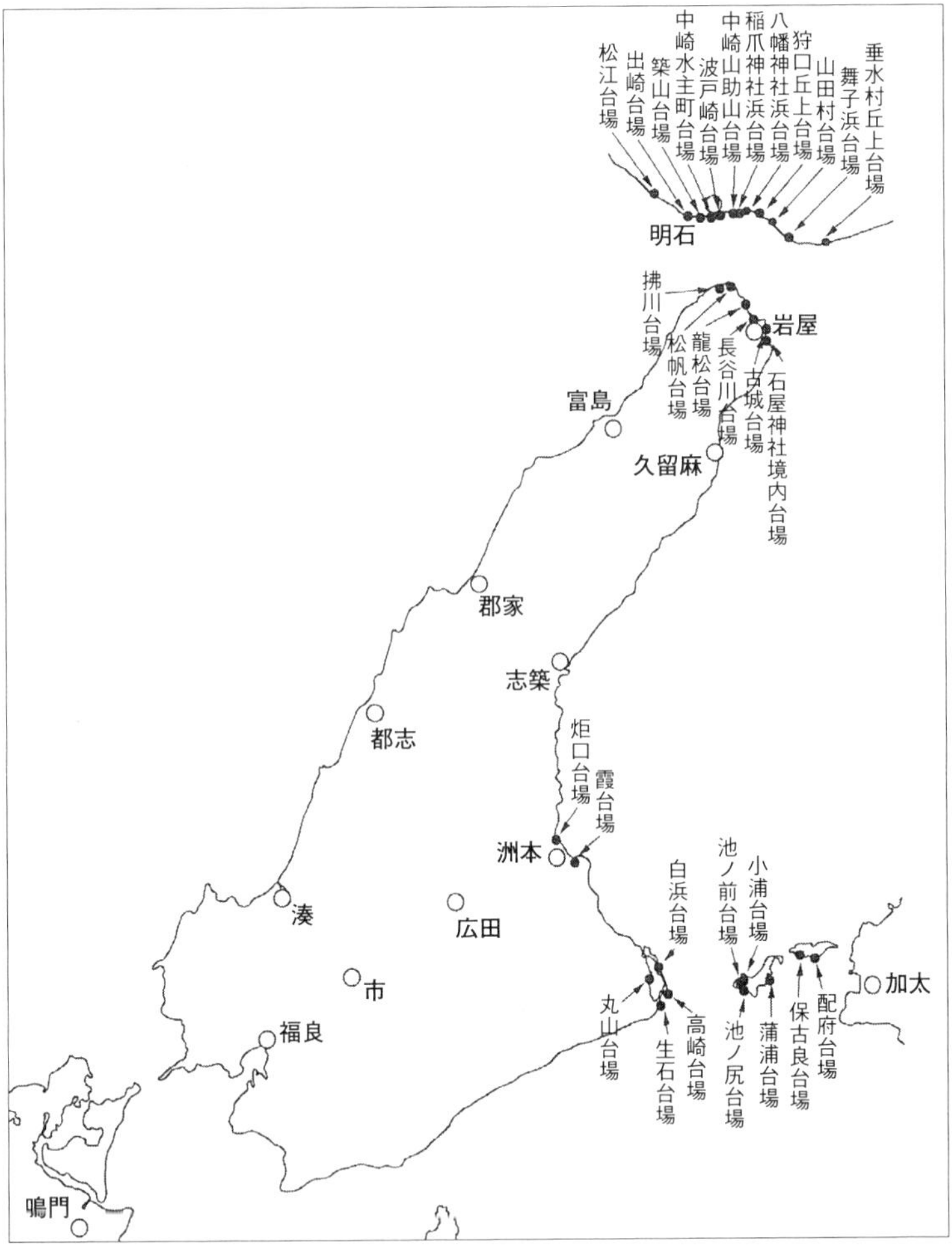

図１　淡路における幕末の大砲台場の分布

と記載されている。

これらの史料から、文久三年段階において、紀州藩の友ケ島地区の台場や明石藩の明石地区の台場に先駆けて淡路の由良台場（高崎台場）と松尾台場（松帆台場）がほぼ完成していたことがわかる。

淡路ではこの他、洲本地区に炬口台場と霞台場を、由良地区に生石台場を文久三年に完成させている(4)。特に霞台場は洲本城城代の稲葉植誠がその築造の任にあたっている。この他、由良地区において白浜台場（別名、六本松台場、オランダ台場）と丸山台場の築造のことが『由良志稿』[5]や『洲本市史』[6]に記載されている。また岩屋地区においても、前記『蜂須賀家記』記載の松帆台場、龍松台場、拂川台場、古城台場の他に、『兵庫県史蹟名勝天然記念物調査報告・第六輯』[7]には長谷川台場や石屋神社境内に小台場のあったことが記載されている。これら淡路における幕末の大砲台場の分布を前頁の図1にまとめて示す。

なお、徳島藩は阿波国内においては、徳島城下の防御を目的として、津田川河口両岸にそれぞれ津田台場と沖洲台場の築造を文久元年に開始し、元治元年（一八六四）に完成させ、津田台場には砲二十門を置いている[8]。また領内小松島では、土地の富豪の多田宗太郎が独力で弁天山台場を文久二年二月に起工し、翌三年に完成させ、砲八門を備えて、これを藩に献上している[9]。

つまり、淡路島も含めて徳島藩における台場の築造は、開始時期こそ異なっているが、完成時期はおよそ文久年間に集中していたとされている。

二、各台場の構造

次に、淡路に築造された台場を地区別にその構造を調べてみることにする。

1．岩屋地区の台場

大坂湾の西の入口に当る明石海峡は、明石・岩屋間の最短距離で三、七〇〇mである。この海峡を防御する目的で、

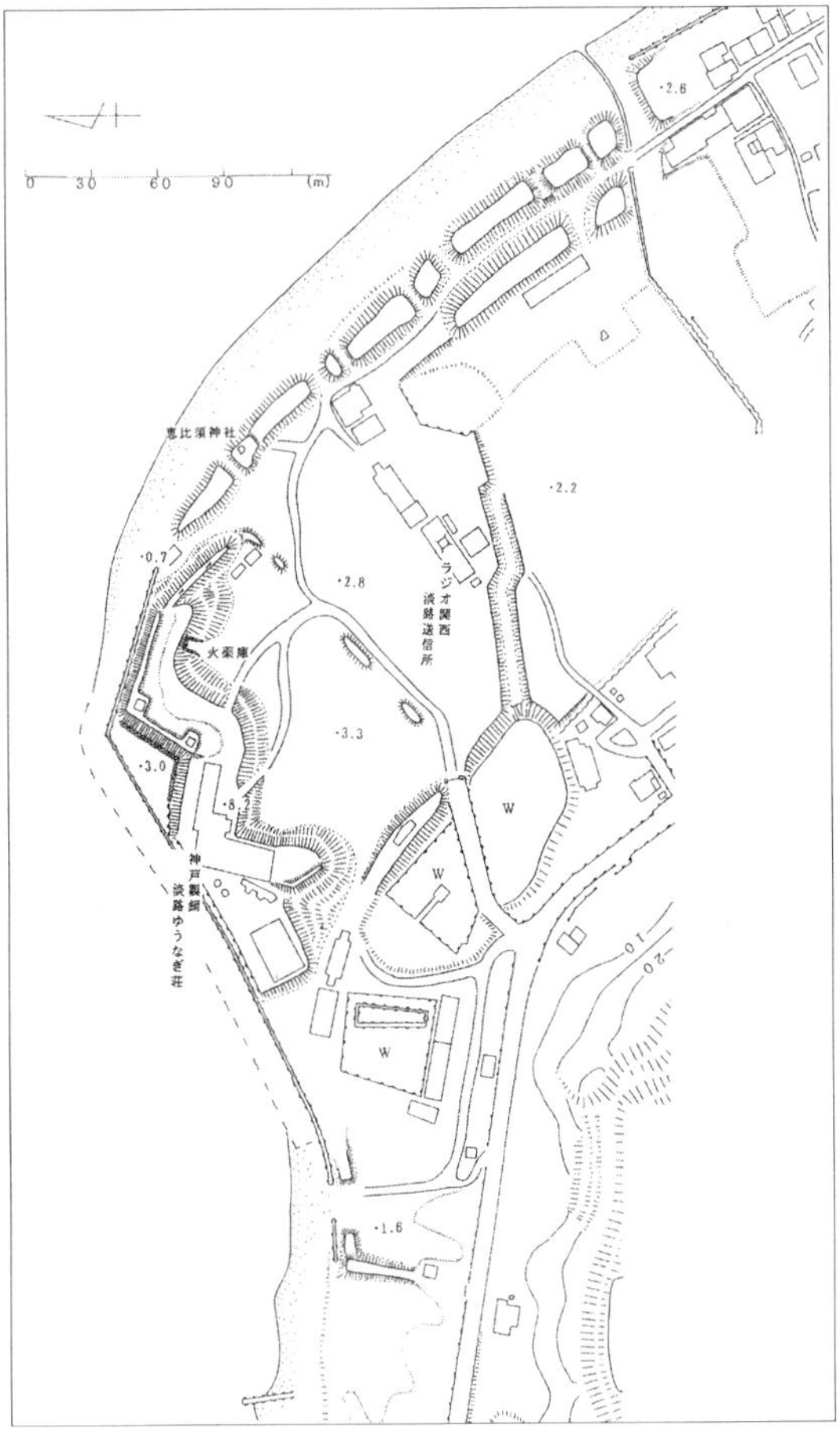

図2　松帆台場の現状図

前記したように、岩屋地区では松帆台場を中心とする六ヵ所（松帆、龍松、拂川、古城、長谷川および石屋神社境内）に台場が築造され、対岸の明石藩の手による明石地区の舞子台場を中心とする十二ヵ所、すなわち舞子、垂水村丘上、山田村、狩口丘上、八幡神社浜、稲爪神社浜、中崎山助山、中崎水主町、波戸崎、築山、出崎および松江の台場[10]と呼応していた（図1参照）。

岩屋地区における各台場の構造については、現在松帆台場以外は殆《ほとん》ど旧態を留めていないので、過去の調査資料等[11]から判断せざるを得ないが、規模の点から松帆台場が突出して巨大で、他は小規模のようであった。松帆台場全体の現状図を図2に示す。

台場は淡路島北端の松帆崎に位置し、全体では東西五三〇m、南北二五〇mの規模で、台場の主要部は北北西に向かって「Ｍ」字型に、海面からの高さ九ｍの堡塁《ほうるい》が築かれており、往時はこの堡塁上に大砲が並べられていたようである。現在、松帆台場主要部一帯は私有地であり、堡塁上左翼に保養施設が建設されているが、右翼は公園整備されて一般にも公開されている。

往時の松帆台場主要部の構造を知る手掛りになる資料として、「岩屋浦松尾御砲臺之圖」(12)という絵図が伝えられている。この絵図のトレースを図３に示す。本絵図は、しばしば研究論文等にもトレース引用されているものであるが、原図には堡塁の断面図が示されていないために堡塁台場の構造を誤解し、平場と斜面部を混同して描いているケースも見られる。念のために、絵図から判断した堡塁の断面図を図４に示す。図中の各部名称は旧陸軍による制式名称を当てはめたものである(13)。

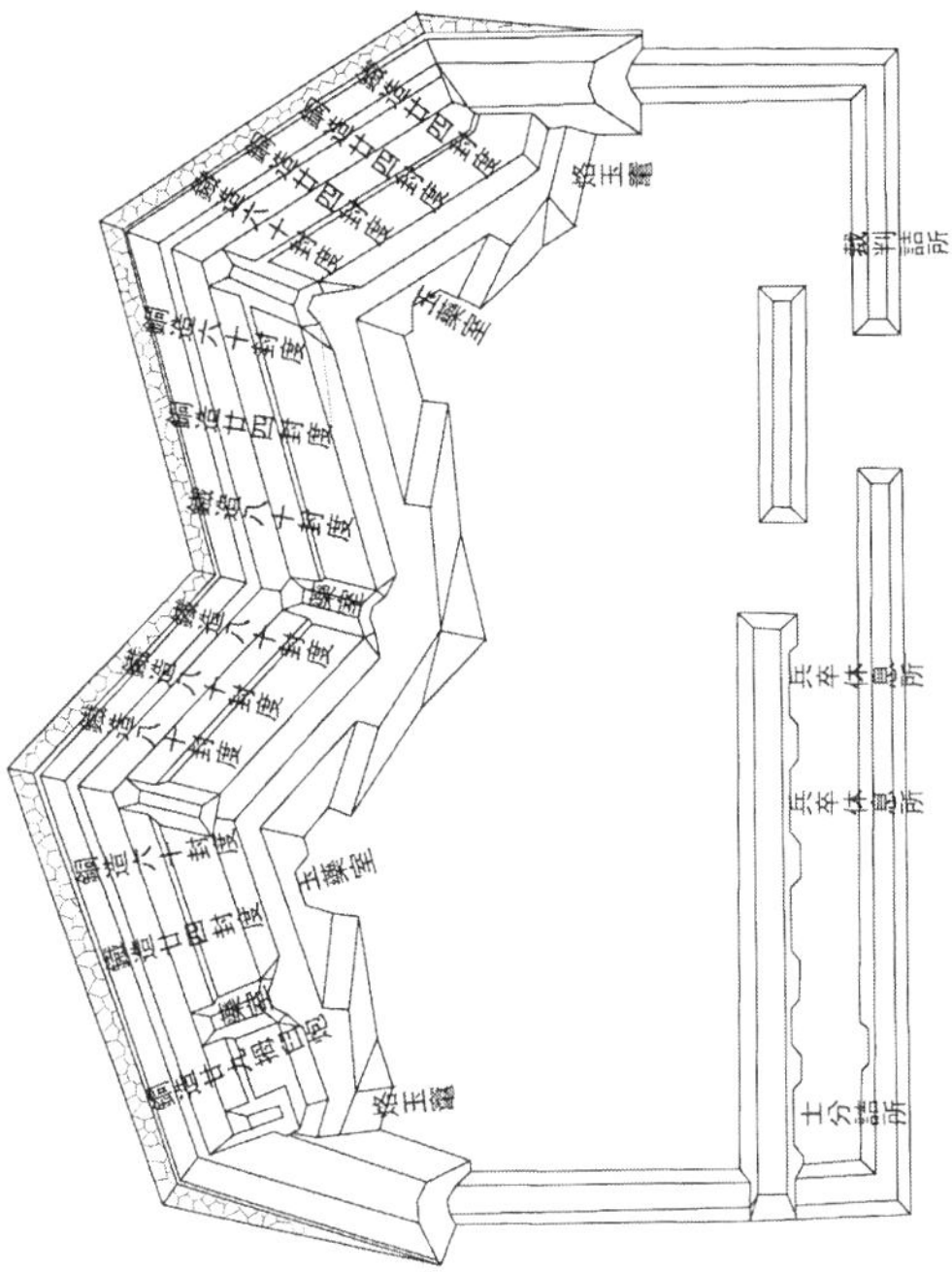
図３　岩屋浦松尾御砲台之図（トレース）

図３および図４から、堡塁は前面の基部に高さ一、七ｍの石垣を用い、その上に二段に分けて急傾斜で盛土し、さらに緩傾斜で最頂部に達する構造を採用して、これを胸墻《きょうしょう》としている。胸墻基部の石垣は花崗岩《かこうがん》の切石を用いた「亀甲積」（写真１）で、刻印も見られることから、近世岩屋城

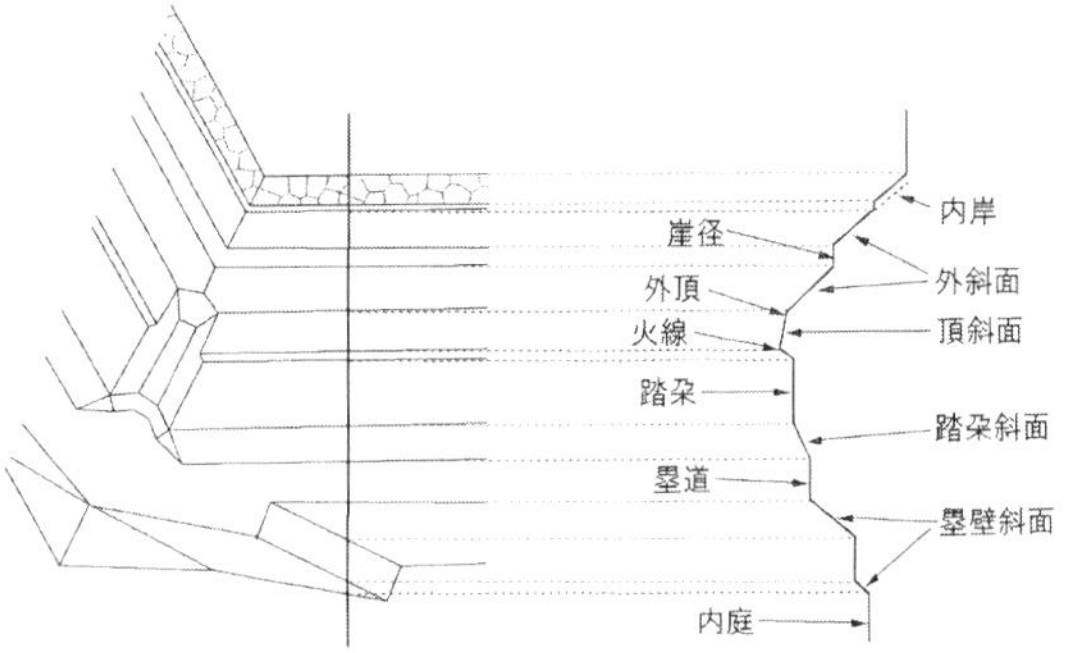

図４　松帆台場堡塁断面と各部名称

からの転用石を用いたものであろう。また、胸墻最頂部から堡塁内部に一段下がって大砲を置く平場を設け、その背後も緩傾斜の斜面を設けた後、もう一段の平場を設けている。これは大砲の移動および砲弾の運搬を容易にするための施設であり、この平場へは下から斜面を斜めに登る緩傾斜のスロープが四ヵ所に設けられていたようである。

　また図３の絵図には、砲台内部一ヵ所に「玉薬室」と記された火薬庫が示され、堡塁上二ヵ所に「薬室」と記された弾薬庫と、各凸角部三ヵ所に堡塁を区画する「横土」が示されているが、胸墻上に固定式砲座は全く描かれていない。このことから、松帆台場の備砲はすべて車載砲であったものと考える。

　なお昭和五二年頃までは、側面に石垣を用いた、二ヵ所の火薬庫と一ヵ所の弾薬庫が残されていたが、現在は弾薬庫は消滅し、左翼火薬庫は土中に埋め込まれてしまっており、図３に示したような右翼火薬庫一ヵ所だけが整備保存されている。参考までに、その見取図（図５）を示しておく。

　松帆台場中心部において、砲台側面は横墻、背後は背墻の土塁によって防御され、また正面入口には「蔀《しとみ》」が設けられていたようであるが、これらの施設は現在は部分的に盛土として残っているに過ぎない。なお、蔀土塁は松前藩戸切地陣屋や鳥取藩由良台場などの幕末期築城の施設にも見ることができる。

　また、図２に示したように、台場の右翼には、途中分断はされているが、南東方向に延びる前後二重の土塁が「塹壕」状に残存しており、これが本台場の右翼を固めていたことがわかる。このような側面に二重土塁を用いた構造は丸岡藩梶台場などにも見られる。一方、台場の左翼も南西方向に土塁が延びていたものと推測されるが現在は消滅し、左端部に水門跡と、一部自然地形を利用した、南に延びる土塁のみが残存している。また台場とその背後の丘陵部の間は低湿地帯になっており、台場築造前は自然の入江であったと思われ、それを台場築造時に改修したようで、改修時の台場に付随する堀跡も一部残っている。

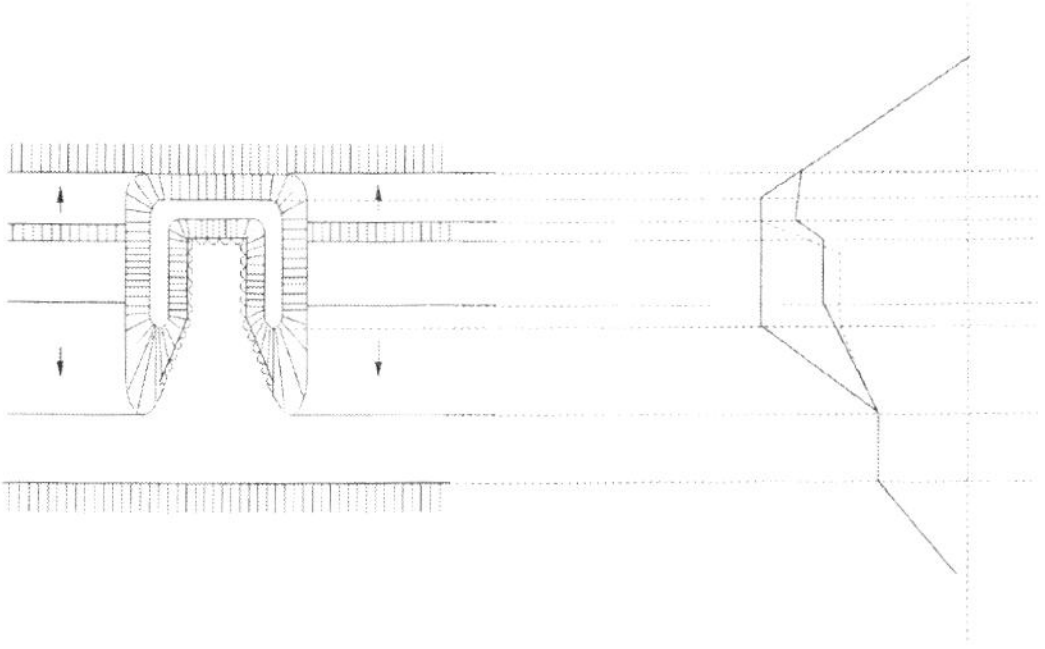

図5　松帆台場弾薬庫の見取図（昭和52年当時）

以上が松帆台場の概況であるが、次に岩屋地区の松帆台場以外の台場の現況を述べる。拂川台場は松帆台場の西方、北淡町に入ったところ標高二〇mの丘陵上にあったとされているが、現在は畑に整地され、台場の状況は不明である。但《ただ》しこの丘陵の東側谷筋には、かなり崩壊はしているものの火薬庫跡と思われる土取りによる凹みが残り、丘陵北側斜面に数は少ないが瓦片も散乱している。古城台場は近世岩屋城の北側の海岸に築かれ、台場前面に石垣が築かれていたことが知られているが、現在はこの石垣もコンクリートの中に埋め込まれており、ごく一部分だけ表面に出ているに過ぎない。そしてこの他の龍松台場、長谷川台場および石屋神社境内台場については全く遺構を残していない。

さて、岩屋地区の各台場の備砲であるが、前記したように『蜂須賀家記』には岩屋地区全体で十三門とある。ところが、『岩屋誌』[14]には、松帆台場は大砲七門と野戦砲四門、拂川台場は野戦砲二門、龍松台場は大砲四門と荻野砲二門、長谷川台場は野戦砲二門、古城台場はモルチル砲一門と海岸砲三門、石屋神社境内台場は野戦砲二門の合計二十八門が記載されている。また、前掲絵図（図３）には松帆台場だけで鉄製砲七門、銅製砲六門の計十三門が記載されている。その内訳は、八十封度（ポンド）四門、六十封度三門、二十四封度五門、二十九拇（ドイム）一門となっている。

これら備砲の性能については後で考察するが、備砲数の記載の違いは、砲種の記載内容等から判断して、台場完成後にその備砲が増強、充実していった可能性が考えられる。

２．洲本地区の台場

洲本地区では、洲本川左岸の河口に炬口台場、洲本城下大浜海岸の南端に霞台場がそれぞれ文久三年に完成している。淡路において洲本地区の台場のみが、徳島藩主の命を受けた洲本城城代の稲葉氏が築造、守備を全面的に任されている。この両台場のうち、炬口台場が図６に示すように一部現存しているが、霞台場は消滅している。しかしながら両台場の構造は、「文政元年（一八一八年）作」と記した「洲本御城下絵図」(15)によって知ることができる。この絵図の年号の「文政元年」には両台場は未だ築造されておらず、明らかに年号は誤りであるが、記載内容は幕末期の洲本城下の様子を正確に伝えているので、記載内容自体は十分信頼できる。

炬口台場および霞台場部分についての絵図からのトレースをそれぞれ図7および図8に示す。この絵図によると、炬口台場は東北東に向かって海に面しており、鈍角の凸角部を三ヵ所、砲座六個を有する砲台である。砲台部前面は石垣で、図６にも示したように現在も民家の裏に当時のものが一部残っている。砲台は、この石垣の上に盛土して胸墻としていたようである。砲台の側面および背後は木柵を設けただけで、特に横墻や背墻は設けられていない。台場

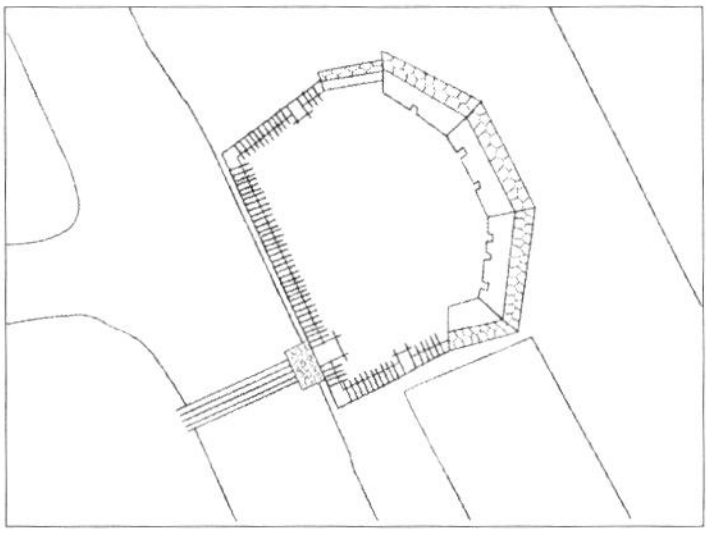

図７　炬口台場

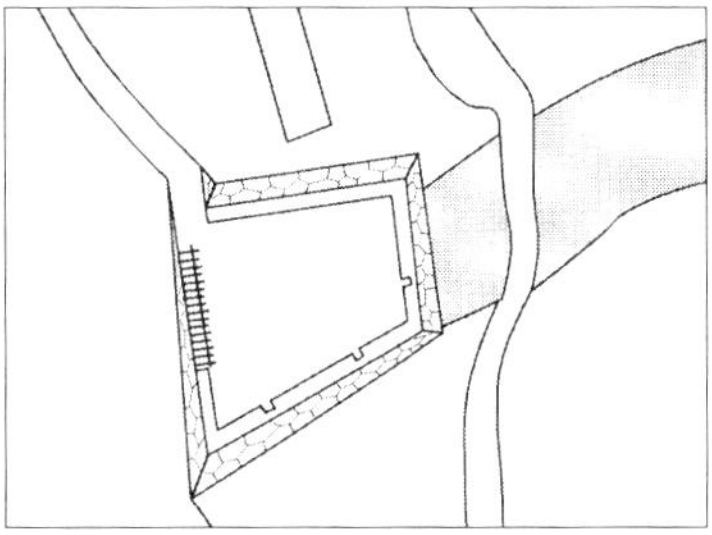

図８　霞台場

（図７・８は、ともに「洲本御城下絵図」の部分トレース）

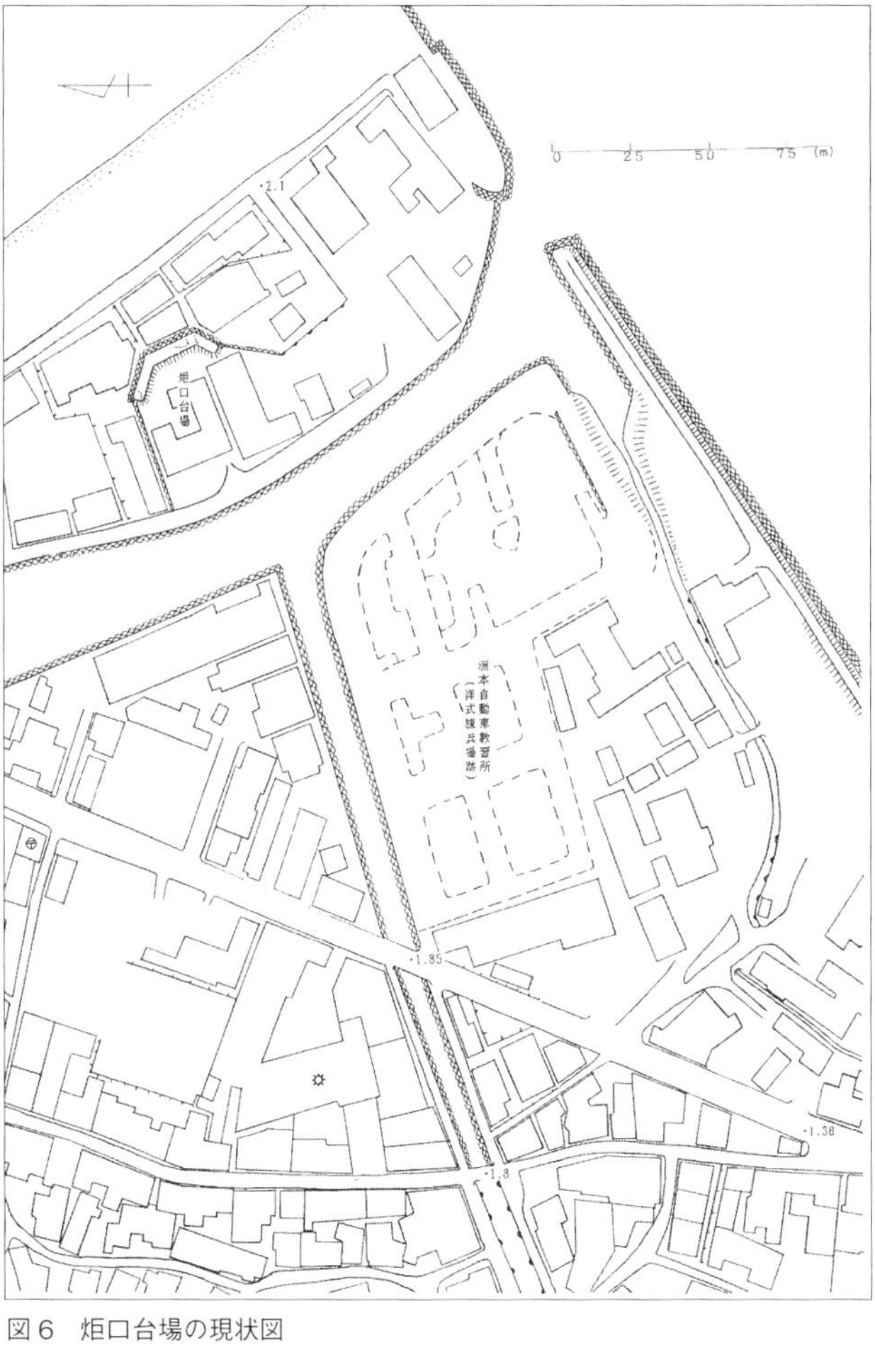

図６　炬口台場の現状図

の規模は、遺構の現状と絵図から推測すると南北、東西とも四〇m程度であったと考えられる。また炬口台場の西側の運河を隔てたところに、四辺が水堀で囲まれて、現在は自動車教習所になっている一区域がある。ここはかつては洲本藩の洋式練兵場であったといわれている。往時はこの練兵場と炬口台場の間を木橋によって連絡していたようである。

一方、霞台場は一辺の長さが二五〜三〇ｍの四角形で、砲台は西、北、北東の三方向に向いた構造で、砲座は北に向かって一ヵ所、北東に向かって二ヵ所描かれている。そして、この台場も背後は木柵のみであった。霞台場の北西に続く大浜海岸は延長七五〇ｍの砂浜で、ここは大砲射撃練習場跡で、また霞台場とその背後三熊山との間には大砲長屋と呼ばれる砲兵の宿舎もあった。この他、洲本城下における幕末海防関係施設としては、上物部に洋式大砲の鋳造所があった。[16]

３．由良地区の台場

由良地区は大坂湾の南の入口に当る紀淡海峡の西岸に位置する。紀淡海峡に浮かぶ友ケ島の「沖の島」と由良の間は「由良瀬戸」とも呼ばれ、その間の距離は明石海峡とほぼ同じで約三、七〇〇ｍである。図１に示したように、友ケ島地区には和歌山藩の手による、小浦台場、池ノ前台場、池ノ尻台場、蒲浦台場、保古良台場、配府台場が築かれ[17]、由良地区の台場と呼応して由良瀬戸を防御していた。特に紀淡海峡は、紀伊水道を経て直接外海につながっていたため、近年まで海防上の重要な地点であり、由良には由良要塞地帯の司令部が置かれていた。

由良地区には明治になってから近代要塞が建設されたが、その建設に先立って詳細な地形測量が何度も行われている。これらの測量図のいくつかには幕末の台場の存在が記載されている。その一例を図９に示す。[18]この図は参謀本部によって明治十五年に作図されたものであり、六本松（白浜）台場、高崎台場、および生石台場の三砲台が描かれて

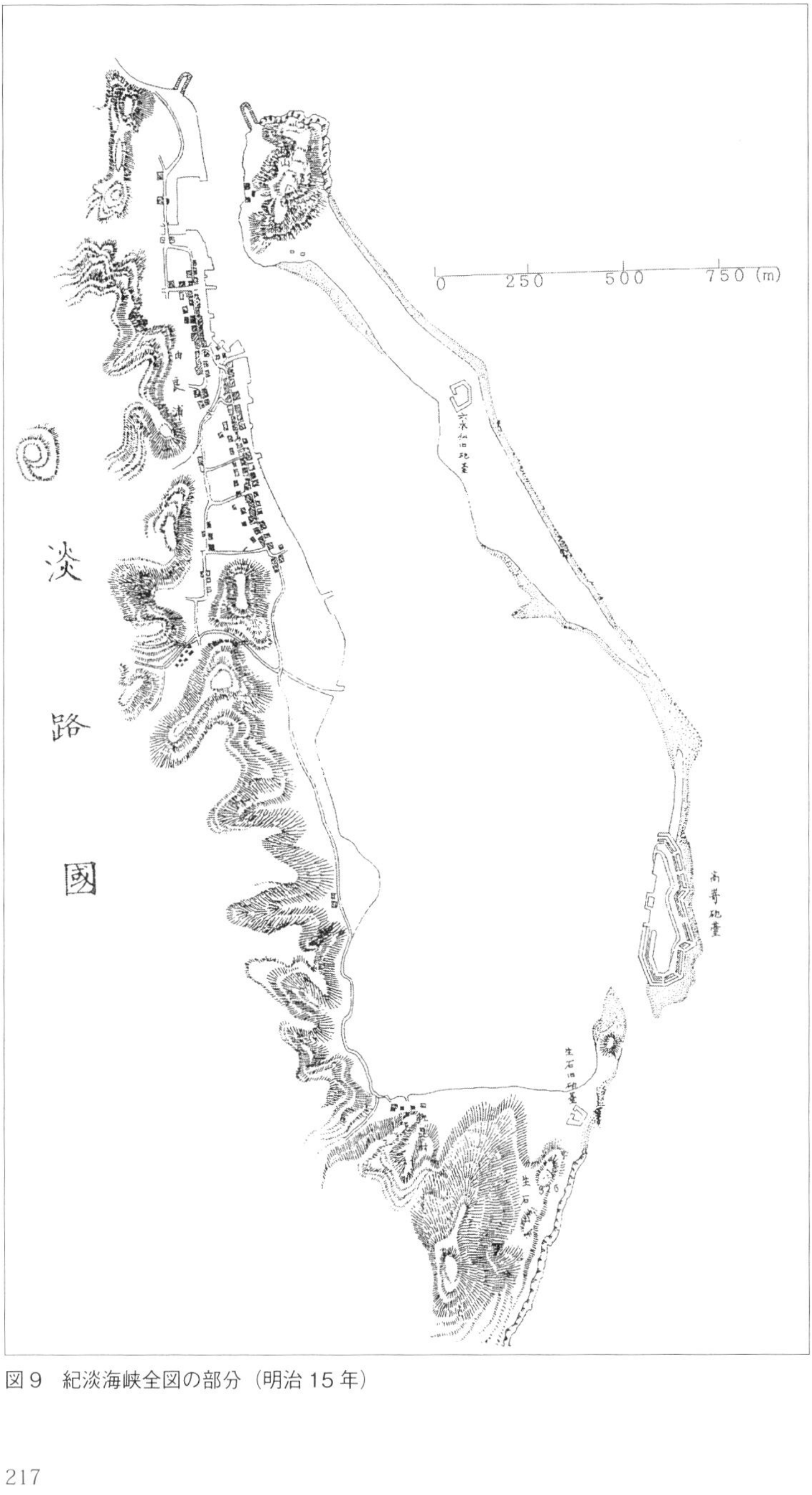

図９　紀淡海峡全図の部分（明治15年）

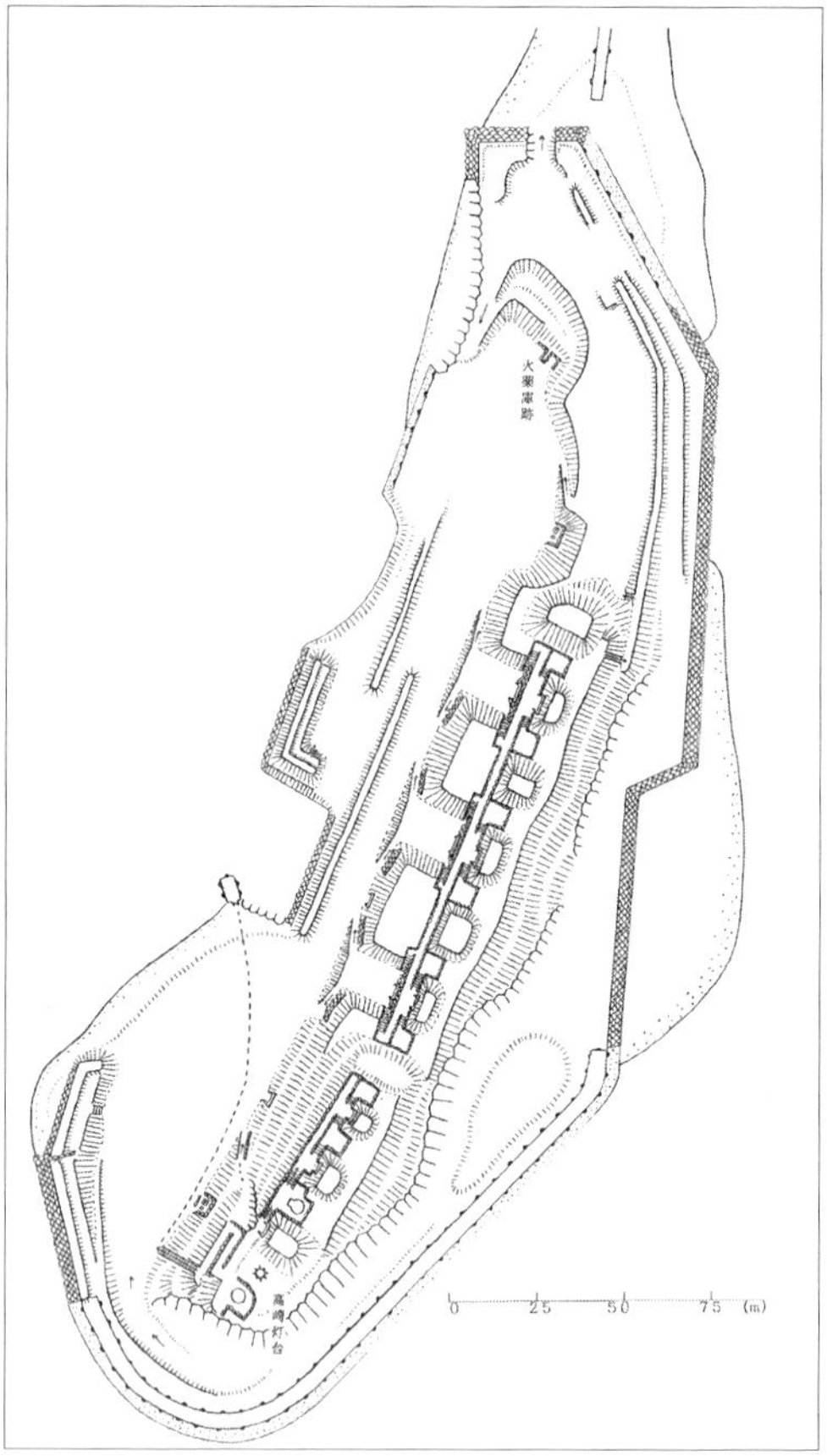

図10　高崎台場の現状図

いる。由良要塞における最初の砲台築造着手は明治二二年三月のことであるから、図９に描かれている「砲臺」[19]は当然幕末に築造されたものである。由良地区にはこの三台場の他に丸山台場があったとされているが、この図には記載されていない。また由良地区における台場築造については、川越重昌氏の優れた報告もあり[20]、その中で築造史に関して克明に論考されている。これらの資料から由良地区の台場については、岩屋地区、洲本地区の台場よりはその構造や築造状況などが明らかにされている。

高崎台場の現状図を図10に示す。高崎台場は近世由良城のあった成山から南に延びた砂嘴《さし》の南端に位置し、その規模は広大で、南北三七〇m、東西一〇〇mである。台場跡には明治三一年に近代要塞の「高崎砲台」が建設されたために、内部は大きく改変され、幕末期の遺構はほとんど失われてしまっている。ただ胸墻の土塁の一部と、石垣で囲まれた火薬庫のみが北端部に残っている。しかしながら外周については、南の部分の表面はコンクリートで固められてしまっているが、かなりの部分について、幕末の稜堡式築城法特有の凸角部と凹角部のある屈曲した石垣が残っている。外海に面した石垣には、岩屋の松帆台場と同様に花崗岩が用いられ、石垣刻印も見られることから、近世由良城からの転用石が用いられたものである。これに対して、内海の船付場周辺には砂岩が用いられている。

なお、近代要塞としての高崎砲台は、砂嘴北端の「成山砲台」や対岸山手の「生石山砲台」などと共に由良要塞地帯の中枢をなすものであった。

「由良要塞築城史」[21]では、

高崎砲臺

此砲臺ノ任務ハ由良海峡ヲ射撃シ以テ同海峡ニ於ケル敵艦ノ動作ヲ防遏《ぼうあつ》スルニ在リ

としており、築造当初の備砲は、

右翼	安式（アームストロング式）隠顕砲架 三五口径二四（センチ）加（カノン砲）	二門
左翼	克式（クルップ式）前心軸 二五口径二四加	六門

であり、大正十三年の要塞整理において、

右翼	安式隠顕砲架三五口径二四加	二門
左翼	克武前心軸二五口径二四加	四門

に縮小されたが、昭和八年の再整理計画で、「七年式十五加四門」の追加されることが決定していた。

したがって、図10の現状図に示す砲座は、高崎灯台両側の南側二個が安式砲に、逆に北側から六個が克式砲に、それぞれ対応し築造当初のものであり、安式砲の北隣の二個は再整理計画で、七年式十五加を追加するために、後に築造されたものである。

白浜台場は高崎台場の北方一、五〇〇ｍにあって、「六本松台場」あるいは「オランダ台場」とも呼ばれていた。白浜台場の現状図を図11に示す。この台場は、現在前面が防潮堤のために消滅してしまっているが、図９から前面「へ」の字型の五角形の台場であって、背後の入口は土塁が「食違い構造」になっていたことがわかる。この背後の土塁は現在も残されており、南北で長さ五〇ｍ程度である。土塁の基底部には石垣も使用され、石材は砂岩で、後世の積み直しも認められるが、積み方は基本的には高崎台場の船付場周辺のものと同様である。

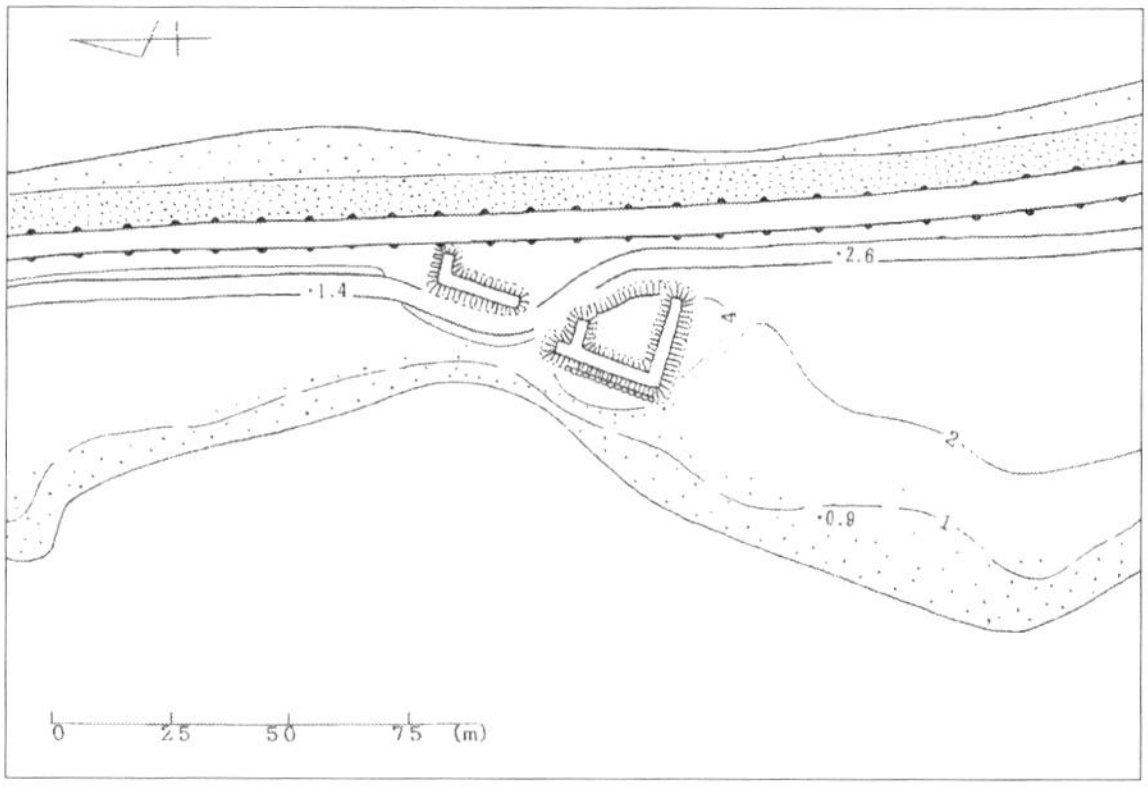

図 11　白浜台場の現状図

生石台場は高崎台場から、「今川口」と呼ばれる幅一二〇ｍの海峡を隔てた淡路島本島にあり、その構造は図９では四角形に示されている。図12に生石台場の現状図を示すが、台場前面の胸墻土塁を四〇ｍ程残すのみで、内部は生石梅園の駐車場になって台場の遺構は残していない。現存する胸墻土塁の基底部の海に面した側はコンクリートの防潮堤で覆われてしまっていて、石垣の有無は不明であるが、内面には石垣を使用した形跡が認められることから、この台場も堡塁の構造は白浜台場と同様であったものと思われる。

丸山台場は港町由良の南のはずれの標高五〇mの独立した小山の山頂にあったと伝えられている。図13に丸山台傷跡とされる位置の現状図を示す。

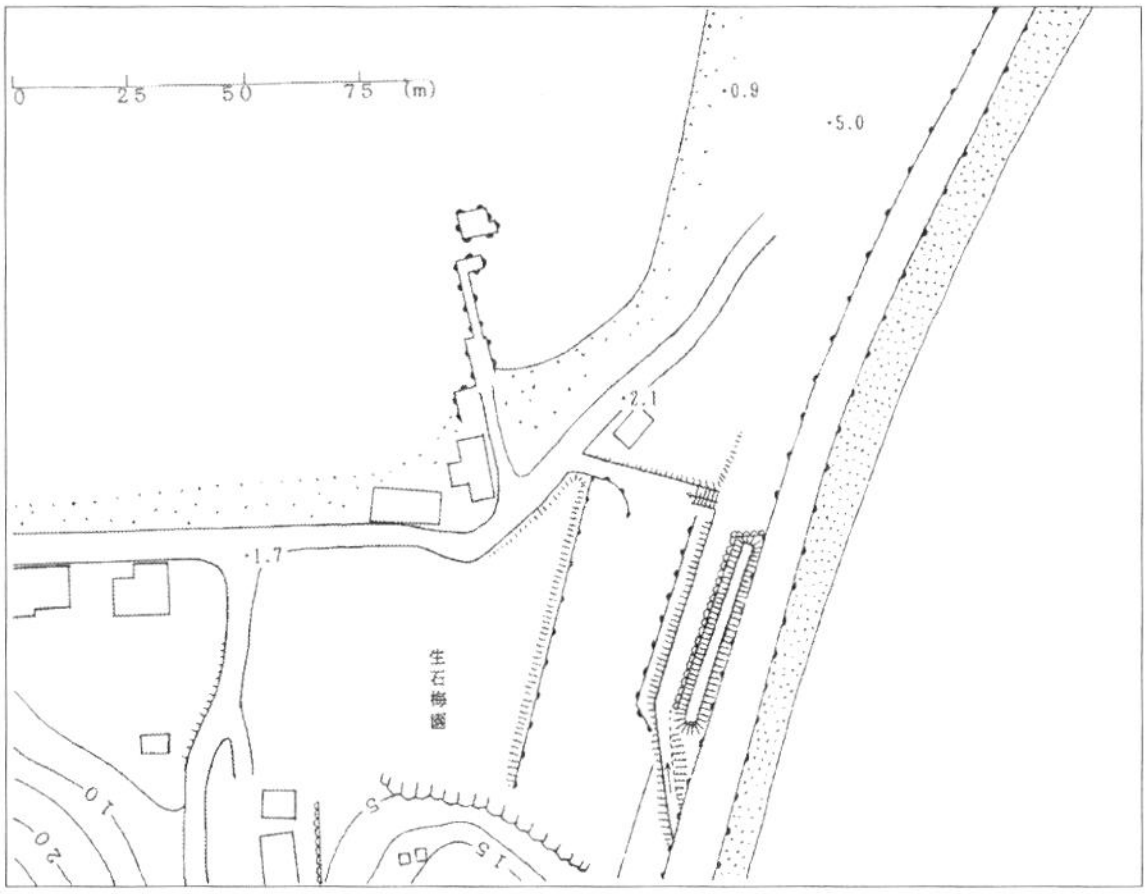

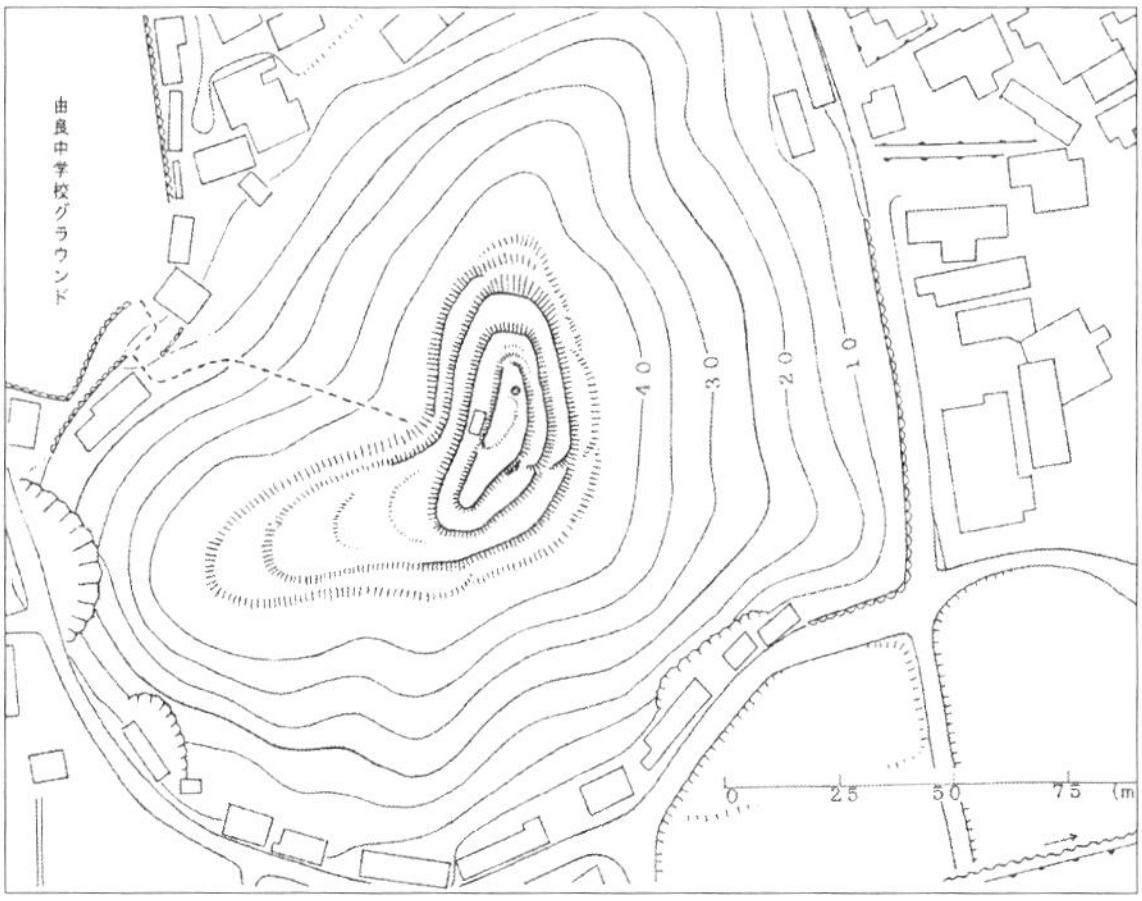

上：図12　生石台場の現状図　下：図13　伝丸山提婆の現状図

現在、丸山の山頂部および海に面した斜面は畑になっており、台場の存在を裏付ける遺構は見出だせない。現地形から判断して、白浜台場や生石台場タイプの多角形の台場はここには築かれなかったと考えた方が良さそうである。丸山台場が存在したとするなら、その構造は野戦砲台に類するもので、山頂部を削平した程度のもので、大砲は常備されなかったと考えられる。

三、台場築造についての考察

以上、淡路における各台場の状況を述べてきたが、特筆すべきは、松帆台場と高崎台場が巨大であり、他は小規模である点が挙げられる。この理由として、⑴両台場の築造は幕命によるものであること、⑵岩屋地区および由良地区の台場群が、それぞれ本堡塁と支堡塁の関係にあること、および⑶築造時期の違い等が考えられる。

⑴の幕命の問題については、『蜂須賀家記』記載のとおりで、また摂海巡視した将軍の朝廷に対する報告、その他幕府要人や朝廷要人の度重なる巡視等で、台場の出来栄えが常に注目されていたため、蜂須賀氏も巨費を投じて大工事に臨んだことが考えられる。

⑵の本堡塁と支堡塁の関係については、このような類例は各地に見られ、例えば前記した明石藩十二ヵ所の台場群においては、八幡神社浜の台場が本塁で、ここには練兵場等の施設もあり、他を支塁として位置付けていたことがわかっている。(22) 但し、舞子に勝海舟の設計による石堡塔砲台が完成してからは、状況は少し変わっている。

そして、⑶の築造時期の問題であるが、従来、松帆台場および高崎台場の完成は文久元年あるいは同三年頃とされてきたが、両台場が最終の姿に築造されたのが果たしてこの時期であったのだろうか。筆者としてはこの点に疑問を持っている。結論からいえば、明治維新の直前の慶応年間まで、何回も改修工事が行なわれたものと考えている。

その理由としては、大坂湾岸の各地の台場の変遷を見た場合、台場の築造が分散型、すなわち小台場を何ヵ所にも築造して十字砲火を浴びせる防御方法から、集中型、すなわち台場を一ヵ所に集約してそれを強固なものに改革されてゆく場合が多く見られる。その端的な例が泉州堺台場である。(23) 堺台場も淡路の台場と同様に安政元年に着工され、同二年に堺北台場が、同五年に堺南台場が完成している。しかし、南台場は文久三年から改修工事が開始され、元治元年に一応改修完了するが、すぐに再改修工事が開始され、慶応二年まで工事が継続されていたことがわかっている。堺台場の場合、南台場については改修による台場の構造の変化が多数の絵図によっても裏付けられている。一方、北台場については安政二年に完成した時の姿のままで、改修は全く行われていないのである。

つまり、松帆台場や高崎台場も堺台場と同様の変遷をたどった可能性がある。筆者は現在のところ直接これを裏付ける史料は見出せていない。しかしながら、間接的には、前掲の図9がそれを裏付けているといえる。すなわち図9において、六本松台場と生石台場は「旧砲臺」と記載されているのに対して、高崎台場は単に「砲臺」と記載されている。つまり、作図が行なわれた明治十五年の時点で、六本松台場と生石台場は廃止されていたが、高崎台場は未だ使用されていたか、あるいは少なくとも使用可能な状態にあったと考えることができる。従って、由良地区においては、高崎台場は六本松台場や生石台場とは差別化されるべきものと考える必要がある。そして、同様のことが岩屋地区において松帆台場についても言えるのではなかろうか。

四、備砲についての考察

淡路の台場の備砲の詳細については不明であるが、前掲図3記載の松帆台場備砲を信頼して考えてみることにする。砲種は記載されていないが、「八十封度」、「六十封度」、「二十四封度」および「二十九拇」が備えられていたとされている。「封度（ポンド）」表記、すなわち砲弾の重量（一ポンド＝四五〇グラム）表記されているものは、おそらく長砲で加農砲（カノン砲）、またはそれに類似する射程の長い大砲であろう。一方、「拇（ドイム）」表記、すなわち大砲の口径（一ドイム＝一、〇センチメートル）表記されているものは、おそらく短砲で臼砲（モルチル砲）、またはそれに類似する射程の短い大砲であろう。『西洋砲術便覧』(24)には、

単ニ幾斤（＝封度）ト云者ハ長砲ノ称ナリ、（中略）又幾拇ト云者ハ皆短砲ナリ。

とある。命中精度優先という点ではカノン砲が、また与えるダメージ優先という点では臼砲が、それぞれ優れており、通常は両者を組合わせて用いられていたようである。

また同書には、

迦農ノ最大ナルハ八十斤、六十斤等ニシテ、平常多ク用ル所ハ三十六斤、三十斤、二十四斤、十八斤、十二斤、八斤、六斤、三斤等若干種アリ。

とある。つまり八十斤砲は、当時の最大のカノン砲で、さらに八十斤砲（＝十貫匁）の口径は「七寸三分二五」とも記載されており、これは約二十二センチに相当する。大砲の性能は異なってはいるが、前記した明治年間築造の高崎砲台備砲のカノン砲が二十四センチであったことを考えると、信じ難いような気もするが、松帆台場には当時としては如何に巨大な大砲が置かれていたかが想像できる。

八十斤砲や六十斤砲が特殊な大砲であったため、その性能は不明であるが、二十四斤カノン砲のデータが『西洋砲術便覧』に示されているので、その一部を表1に紹介する。同書には、カノン砲は命中精度の観点からいって、射角二十度以下で使用することが条件とされているが、表から射角十度でその有効射程距離は二十五町三十七間四尺（＝二、八〇〇m）であり、明石・岩屋間の距離が三、七〇〇mであることから、もし明石の台場でも同性能の大砲を使用

したとすると、明石海峡は完全に防御できる計算になる。高崎台場についても、その備砲種については不明であるが、由良瀬戸の距離も三、七〇〇mであることから、同様のことがいえよう。

また、同書には、モルチル砲についても、

臼砲ハ概四十五度ヲ用フ。然ドモ陸用ノ者、時ニハ三十度ヨリ六十度ニ至ルコトアリ。薬量ハ敵ノ遠近ニ隨テ増減ス。

陸用迦農砲射放表　銕實彈

砲	火薬	度	彈到
廿四斤	一貫百廿五匁	零度	五町十四間七寸
		一度	六町三十五間二尺
		十度	廿五町三十七間四尺

表1　24斤カノン砲の性能

臼砲鄭放表　暴母及柘榴彈

砲	度	装薬	彈到
陸用廿九拇砲	四十五度	百廿五匁強	三町三十三間
		二百五十匁強	六町五十二間五尺
		五百一匁	十七町一間二尺
		二貫二匁	廿四町五十八間一尺
	三十度	二百五十匁強	五町五十五間五尺
		五百一匁	十四町一間二尺
	六十度	二百五十匁強	五町三十七間一尺
		五百一匁	十三町三十間三尺

表2　29拇モルチル砲の性能

と記載されており、二十九ドイム砲の性能が、表2のように示されている。つまり、二十九ドイム砲も二貫匁の火薬量で射角四十五度の時、砲弾の飛距離として二十五町弱を達成できるとしている。

以上の備砲についての考察から、淡路における主要台場の備砲には、性能面においても、優れたものが使用されていたといえる。

まとめ

以上、淡路における幕末の台場の築造について述べてきたが、松帆台場と高崎台場が規模の点で巨大で、これは阿波徳島藩あるいは洲本支藩だけの問題ではなく、大坂湾防備という幕府の政策的な観点から築造されたものであり、それぞれ明石海峡、紀淡海峡の防御を目的としたものであった。そのため、幕府が開国政策をとって、他の台場が機能しなくなって以降も、この両台場については機能が維持されるばかりでなく、さらに改修が加えられ、備砲も充実していったものと考えている。

本論は史料調査不十分なまま、しかも「淡路」という限定された地域に限って述べた私見であることをお断わりしておく。筆者としては、今後、文久年間～明治初年の淡路の海防に関する史料の精査に心掛けてゆくつもりであり、今回は推論の域を脱し得なかったことをお許し願いたい。また紙数の都合で述べられなかった、明石藩荻野流砲術との接点の問題や、阿波徳島藩の海防という観点からの、文化・文政期以降の紀伊水道の「台場とのろし」についても、機会があれば述べてみたいと考えている。御批判等いただければ幸いです。

註

（1）岡田鴨里編『蜂須賀家記』（東洋社、一八七六年）。
（2）徳島県史編さん委員会編『徳島県史・第三巻』。
（3）藤井甚太郎「攝海防備史」『攝津郷土史論』所収。
（4）兵庫県史編集委員会『兵庫県史・第五巻』（兵庫県、一九八〇年）。
（5）稲垣伊作『由良志稿』（一九二一年）。
（6）洲本市史編さん委員会編『洲本市史』（一九七四年）。
（7）『兵庫県史蹟名勝天然記念物調査報告・第六輯』（兵庫県、一九二九年）。
（8）前掲註２。
（9）『小松島市史・上巻』（一九七四年）。

(10)『明石市史・上巻』。
(11)前掲註7。
(12)「岩屋浦松尾御砲臺之圖」、前掲註7所収。
(13)『大正元年改訂築城学教程・巻二』による。
(14)『岩屋誌』(岩屋町役場、一九一六年)。
(15)「洲本御城下絵図」、淡路文化史料館所蔵。
(16)『おいでてはいりょ見てはいりょ城下町洲本』(洲本市立淡路文化史料館、一九八八年)。
(17)『異船記』、和歌山県立図書館所蔵。
(18)「明治十五年参本第三五八号付図・紀淡海峡全図」、防衛研究所図書館所蔵。
(19)浄法寺朝美『日本築城史』(原書房、一九七一年)。
(20)川越重昌「由良浦台場(淡路)築造始末」『淡路の歴史』(大阪淡友会、一九七七年)。
(21)陸軍築城部本部編『現代本邦築城史・第二部第四巻「由良要塞築城史」』(昭和年間)、国立国会図書館所蔵。
(22)木村英昭氏および明石郷土史研究会の教示による。
(23)拙稿「大阪府下の幕末海防築城」『日本城郭大系・第一二巻』(新人物往来社、一九八一年)。
(24)上田帯刀仲敏『西洋砲術便覧・上巻』(一八五三年)、逢左文庫所蔵。

【付記】本稿脱稿後、「池田家文書」(岡山大学附属図書館所蔵)の中に、「由良浦高崎砲台図」という絵図のあることを知り、早速現物を実見してきた。この絵図について若干の所見を述べる。

池田家文書の中には、池田家旧領国の備前の台場図、幕末期に海防を担当した江戸湾や大阪湾の海防史料が多数含まれているが、淡路島の海防史料は唯一「由良浦高崎砲台図」のみである。本絵図の裏に「明治八年四月　故□當方」と貼紙をしており、池田氏が明治八年に収集したもののようである。

絵図の成立年代は不明であり、掲題に「由良浦高崎砲臺圖、但壱歩壱間之割」とあって、稜堡式の高崎台場平面図が描かれている。

この絵図において興味深いのは、台場の外側の稜線に沿って備砲種がぎっしりと貼紙されていることである。全部で四十挺を数え、その内訳は、「鉄造八拾斤」十六、「銅造六拾斤」一、「鉄造二拾四斤」二十、「銅造二拾四斤」一、「銅造拾八斤」一、「貳拾九拇臼砲」一、である。そして、絵図の隅に「砲名朱丸備附」として、貼紙された砲種名の下に、十五挺については朱丸を付けている。朱丸のついていない貼紙の分についても、朱丸をつけるスペースは設けられていることから、高崎台場の備砲計画は四十挺であり、絵図成立時点では十五挺が実現していたと解釈できる。

すなわち、実現していた十五挺の備砲の内訳は、「鉄造八拾斤」三、「銅造六拾斤」一、「鉄造二拾四斤」八、「銅造二拾四斤」一、「銅造拾八斤」一、「貳拾九拇臼砲」一、であり、未実現の砲種としては「鉄造八拾斤」と「鉄造二拾四斤」のみ、ということになる。つまりこれ以外の砲種の大砲は従来からの手持ちのものを備砲しただけであり、新規備砲については「鉄造八拾斤」と「鉄造二拾四斤」を重点的に計画していたと理解でき、本稿の「備砲についての考察」で述べた内容（私見）を支持している。

さらにこの絵図において、実現していた備砲の配置は、台場南西部の稜線上に集中しており、このことからも紀淡海峡の入り口に向かって砲口を開いていたことが明確に表現されていると考える。

【編者註】本章は、角田誠・谷本進編『淡路洲本城』（城郭談話会、一九九五年）に掲載された角田氏の論文を転載したものである。本章中の情報は、いずれも一九九五年時点の情報である。

第3部　大阪湾岸と淀川べりの台場跡

凡　例

◎台場名下の項目は、①中心部の所在地（町名まで）、②築造年代、③築造主体、④現存遺構など、について可能な範囲で示した。

◎各項目の地形図は、「数値地図２５００オンライン」（国土地理院発行）を利用した。また、地形図に示した丸い円は台場の位置を示し、範囲ではない。

◎本文中では、地形や交通路などの「立地」、伝承も含む「築造の歴史と背景」、遺構を念頭に置く「構造と評価」、現在の状態に言及する「現状」の順で述べていく。

◎参考文献は、各項目の末尾に刊行年順でまとめた。

◎次頁の地図は、幕末期の大阪湾周辺の台場と城郭・陣屋の分布を示したものである（一部、明治初頭のものも含む）。台場の位置は、「大阪湾岸の台場跡」（大阪歴史学会企画委員会、『ヒストリア』二一七号、二〇〇九年）を参照した。

◎掲載写真は、一部を除き、それぞれの執筆者の撮影によるものである。

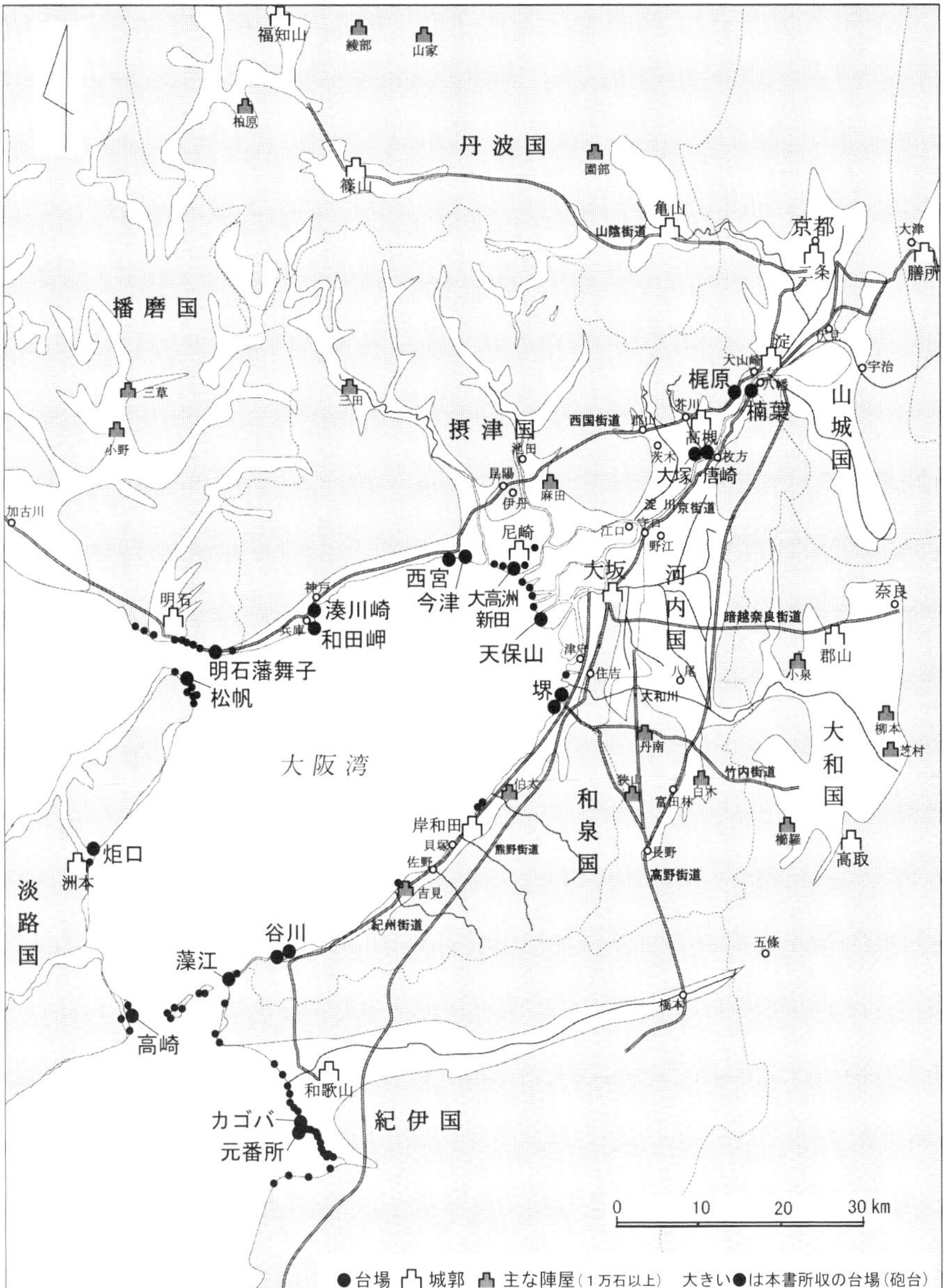

幕末の大阪湾周辺の台場と城郭・陣屋　作図：中西裕樹

1 舞子台場《まいこだいば》

①所在地：兵庫県神戸市垂水区東舞子町
②年　代：文久三年（一八六三）
③管　轄：明石藩
④遺　構：稜堡式石垣

【立地】徳島藩がすでに築造していた松帆台場（国指定史跡・二〇〇六年指定）とともに、明石海峡を航行する異国船を挟撃する態勢を構築する「目的」で、明石藩が幕府の命に従い舞子浜に築造した。現在の明石海峡大橋の橋脚のすぐ西側に位置する。明石海峡を描いた測量図である「岩屋浦明石近海測量之図」（神戸市立博物館蔵）によれば、淡路島岩屋浦の松帆崎から舞子浜台場までの距離は「三拾七町程」（約四キロ）と記す。

【築造の歴史と背景】明石藩では嘉永六年（一八五三）に三ヶ所、文久二年（一八六二）に九ヶ所、計一二ヶ所の台場を築いていたが、文久三年に行われた将軍徳川家茂《いえもち》による大阪湾防備の視察にあたり、対応が不十分であることが指摘され、築造されたのが舞子台場である。同年四月二一日に老中水野忠精《ただきよ》から出された達しでは、明石藩領は瀬戸内海から大阪湾に至る海防上の要地であることから、既存台場四ヶ所のうち一ヶ所をよりいっそう堅牢《けんろう》な台場に改築し、徳島藩と連携して防備にあたるよう命じられている。

　築造にあたり幕府からは費用二万両のうち一万両が貸与され、軍艦奉行並勝海舟の指導にもとづいて築造されている。近年、存在が確認された舞子台場の碑文写しには、舞子台場に関しても勝海舟の部下佐藤与之助（政養）が関

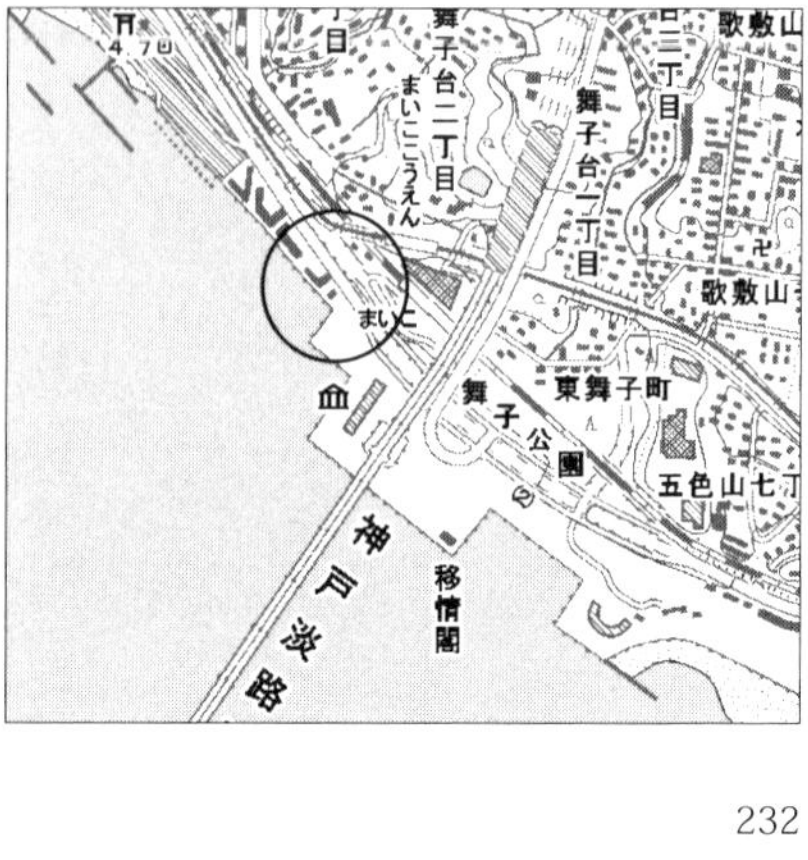

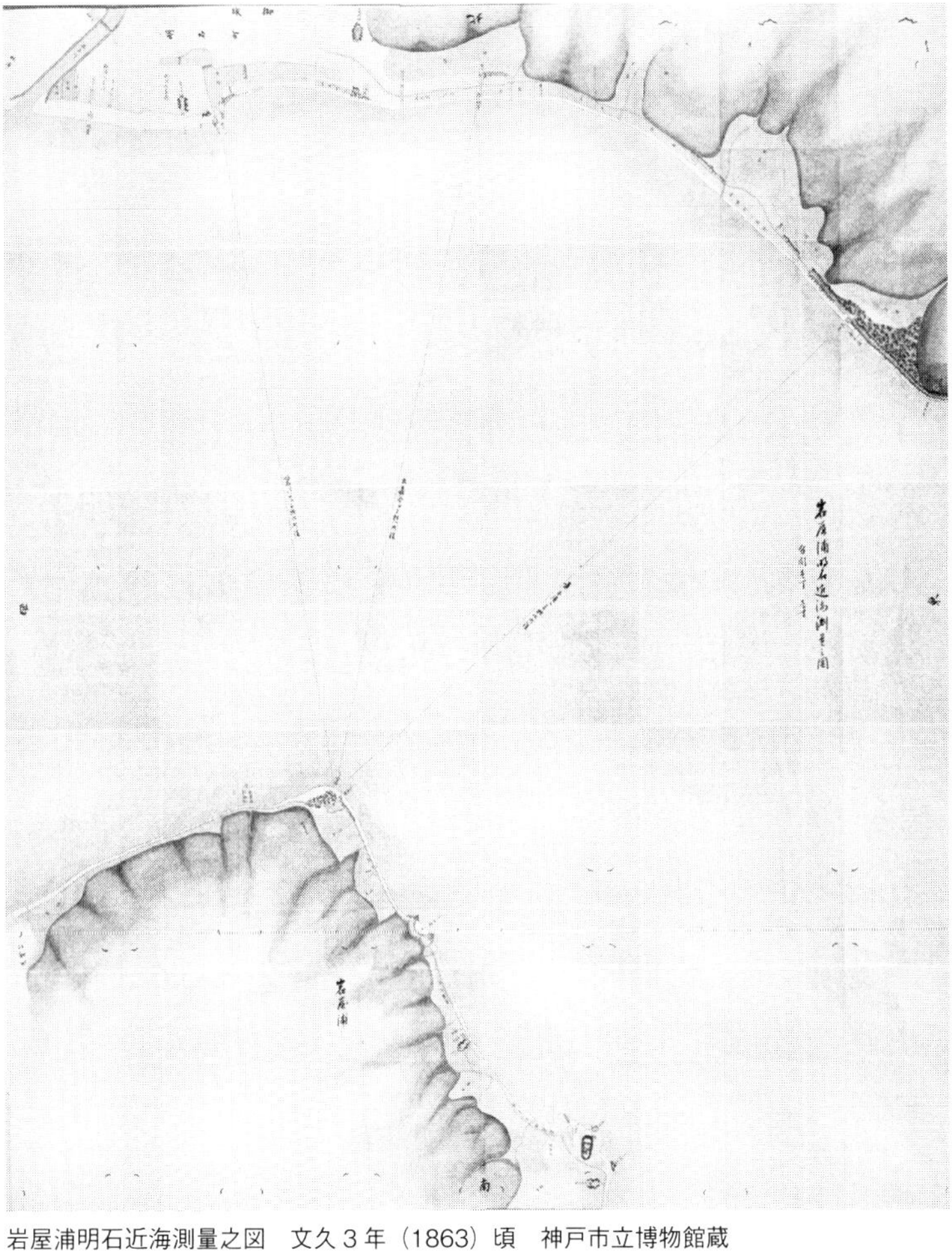

岩屋浦明石近海測量之図　文久３年（1863）頃　神戸市立博物館蔵

与していたことや元治元年（一八六四）の完成であることが記されている。ただし、砲弾庫・火薬庫・兵舎などの附属建物は設けられず、また大砲も配備されることなく明治維新を迎えたといわれている。

【構造と評価】舞子台場は両翼約七〇、幅六～一〇メートルに及ぶW字形の稜《りょう》堡《ほ》式の台場である。高さは現存する下層部だけで約六メートルあり、当時の写真などから築造当初の高さは一〇メートルに及ぶと推定される。すでに失われてしまったが、上層部の前面には一五ヶ所もの砲門が設けられ、背面には円形門が五、ないし七ヶ所あったとされる。

【現状】 昭和五年（一九三〇）に「史蹟舞子砲臺跡　兵庫県」と刻まれた石碑が建てられたが、砂の堆積《たいせき》の進行や昭和初期に行われた神明国道の拡幅工事で海岸部が護岸化したこともあり、近年まで幕末期の台場遺構として顧みられることがなくなっていた。しかし、一九九八年の文化財保護法の改定にともない、近代化遺産の一つとして埋蔵文化財包蔵地に加えられ、二〇〇三年春に行われた共同住宅建設にともなう試掘調査により、当時の石造遺構が確認される。以後、二ヶ年度四次の発掘調査により、台場の規模や構造が判明した。国内ではほかに類例がない総石造の構造も良好に残存することが確認され、貴重な文化財として二〇〇七年に国の史跡指定に至る。現在、発掘調査で確認された遺構は埋め戻され埋設《まいせつ》保存されているが、一部公園として整備され、西端部分の石敷遺構が公開されている。

（髙久智広）

舞子台場跡より明石海峡をのぞむ

〔参考文献〕橋本海関『明石名勝古事談』（中央印刷・出版部、一九二〇年・一九七四年復刻）／『舞子砲台跡　第一～四次発掘調査報告書』（神戸市教育委員会、二〇〇六年）／山本雅和「わたしたちの文化財　明石藩舞子台場跡—発掘調査と保存・史跡指定—」（『ヒストリア』二一七、二〇〇九年）／『兵庫県の台場・砲台』（兵庫県教育委員会、二〇一三年）／前田結城「幕末明石藩の政治動向の基礎的考察」（『Ｌｉｎｋ』七、神戸大学大学院地域連携センター、二〇一五年）／企画展・明石藩の世界Ⅴ図録『明石藩の幕末維新』（明石市立文化博物館、二〇一七年）

2 松帆台場《まつほだいば》

①所在地：兵庫県淡路市岩屋
②年　代：文久元年（一八六一）
③管　轄：徳島藩
④遺　構：石垣・土塁・平坦面・堀・港湾・区画など

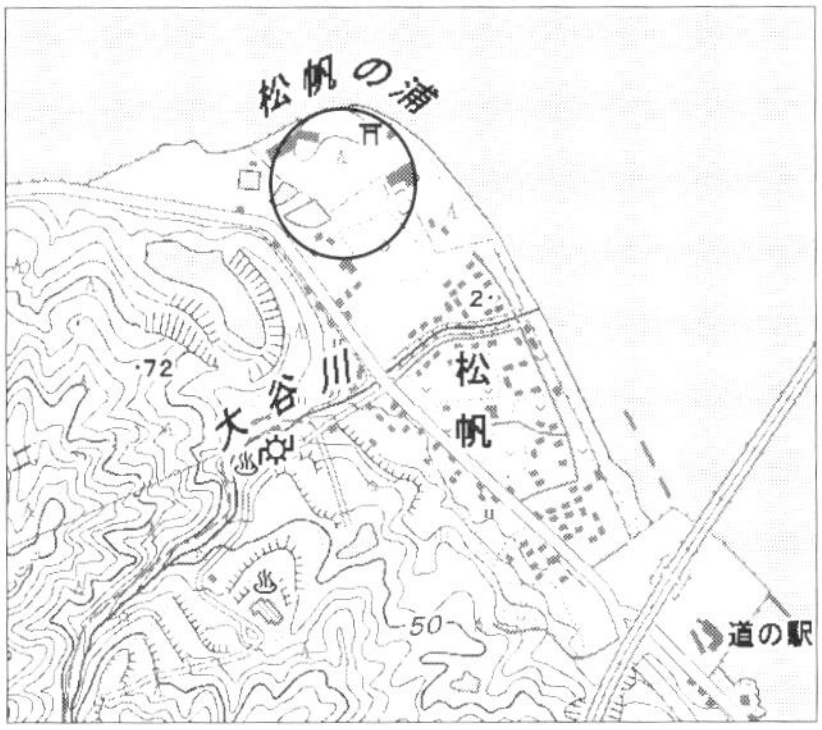

【立地】松帆台場は、淡路島北端の松帆崎に立地する。周辺は岩屋と呼ばれる地域であり、大阪湾の西の入口にあたる明石海峡の南岸に位置する。対岸本州の舞子との間は約三七〇〇メートルの距離である（以下、本書所収の角田論文も参照）。

【築造の歴史と背景】江戸時代の淡路国は徳島藩領で、藩主蜂須賀家は家老稲田家を洲本城（兵庫県洲本市）の城代に任じて支配させていた。徳島藩は安政元年（一八五四）一一月から淡路島で台場の築造をはじめるが、この年は正月にアメリカ東インド艦隊を率いるペリーが再び江戸湾に、九月にロシア使節のプチャーチンが乗るディアナ号が大阪湾に来航した年であった。築造は徳川幕府の命によるものだが、すでに徳島藩では淡路の由良地区で台場築造に取り掛かっていた。翌安政二年二月には、勘定奉行で海防掛の石河《いしこ》政平が率いる幕府の調査団が大阪湾岸の防衛体制を視察し、二月二六日には岩屋で宿泊した。この調査団には、大久保忠寛や、勝麟太郎（海舟）らが参加していた。

松帆台場の本格的な工事は、安政五年（一八五八）からはじまった。完成時期は定かでないが、文久元年（一八六一）からは守備兵が配置され、士分である藩士のほか、郷士らも訓練を受け、兵卒として淡路の農民らが徴用されていた。この頃には、ある程度台場は完成していたとみられる。文久二年には、安政六年から台場と並行して整備がなされた

上：大規模な稜堡の土塁・石垣の屈曲部分
下：現状で池となる松帆湊の跡

「松帆湊」の掘削《くっさく》が終了しつつあった。

　松帆湊は、台場の御備船である小型迎撃船（「バッテラー」）を停泊させる人工の港湾施設である。周辺に適地がなかったため、台場の後背に掘削された。徳島藩では、淡路の村々を組に編成する支配を行っていたが、松帆湊の工事に際しては来馬組の組頭庄屋正井次郎左衛門ら四人を任命し、人夫と資金の確保を命じた。ただし、明石海峡は潮流が非常に速く、湊と接続する場所の護岸が崩壊を繰り返した。このため、文久三年に工事は中止され、台場にともなう港湾施設として完成することはなかった。

　同年五月には、上洛した将軍徳川家茂が軍艦順動丸に乗って大阪湾岸の台場を視察するなか、松帆台場も海上から遠望している。同年七月には明石海峡を通過しようとした幕府の軍艦朝陽丸を台場の守備兵が外国船と誤認し、砲撃する事件が起きた。砲弾は朝陽丸の舵《かじ》に命中し、台場が実際に機能したことがわかるが、藩士長坂三知が責を負って切腹している。

　岩屋地域には松帆台場のほか、龍松台場・拂川台場・古城下台場などが築造された。築造の時期は松帆台場からは

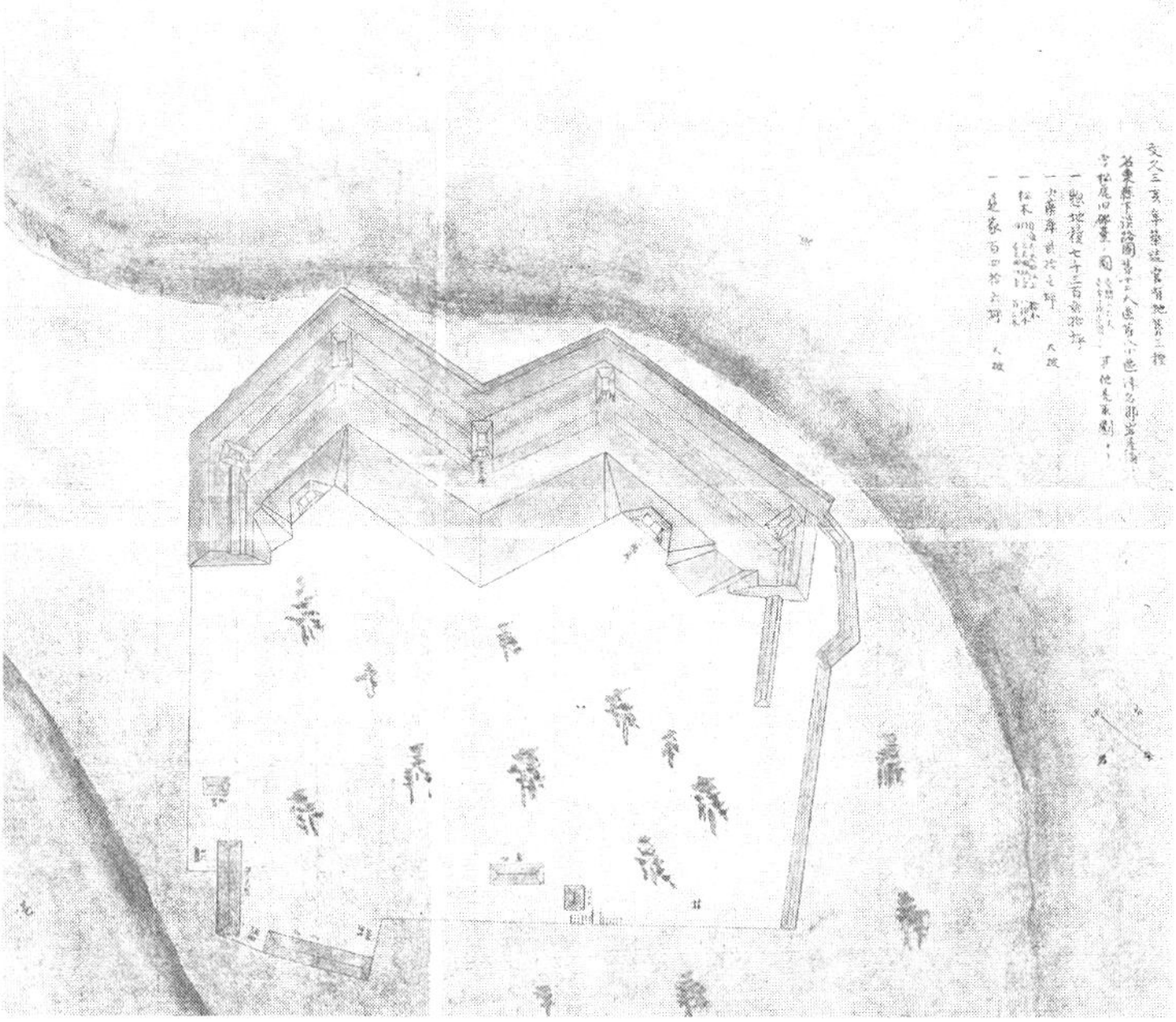

津名郡岩屋浦松尾旧砲台の図　洲本市立淡路文化史料館蔵

遅れ、龍松台場が慶応元年（一八六五）、拂川台場と古城下台場が翌慶応二年の築造と考えられている。

明石海峡では、対岸の垂水周辺で明石藩が嘉永六年（一八五三）から台場の築造に着手しており、明石藩舞子台場の石垣が元治元年（一八六四）に一応できあがった。この台場が機能することはなかったようだが、松帆台場をはじめとする岩屋の台場群と呼応する形で、海峡の防衛体制がとられたことになる。

【構造と評価】台場の構造は、「津名郡岩屋浦松尾旧砲台の図」（上図）にみえるように、明石海峡に面した側に稜堡《りょうほ》を設けるものであった。現状においても、平面が「M」字型となる幅三〇メートル以上の非常に大規模な稜堡の土塁・石垣の屈曲部分が確認できる。全体の規模も、南北約二五〇×東西約四〇〇メートルと非常に大きな台場であった。台場跡では発掘調査が実施され、興味深い成果があげられている。

稜堡は海側に石垣を構築し、現状では高さ一メートル程度が露出している。本来は三・五メートルの高さがあり、砂浜に直接構築されていた。この石垣の上に高さ五メートル以上の巨大な土塁が構築されていた。

土塁の内側裾《すそ》には、石垣で固められた火薬庫跡が残され、本来は漆喰《しっくい》を使用した天井を土で覆った半地下式の構造であった。発掘調査では、礎石や焼けた側壁、崩れ落ちた漆喰、焼土などが確認されている。また、土塁上には石積みをともなった小山状の弾薬庫跡がある。入口だけに石積みが施され、やはり火災を受けていた。

この土塁の東側からは海岸に沿った土塁が伸びている。幅は現状でも一〇メートル以上あり、長さは途切れながらも二五〇メートル以上に及ぶ。また、南側には松帆湊の遺構が池として残され、花崗岩《かこうがん》の岩盤を垂直に約四メートル掘削したものであった。発掘調査では、階段状の岸壁や池の中に立つ石柱などが確認され、岸壁には人力で掘削した工具の痕《あと》がしっかりと刻まれていた。牡蠣《かき》の殻も付着しており、実際に海とつながっていたことが証明されている。

【現状】　松帆台場跡は、二〇〇六年に国史跡となった。先述したような遺構が良好に保存されており、中心部は神戸製鋼所健康保険組合の保養所の敷地になっている。見学には事前の申し込みが必要であり、くれぐれも迷惑がかからないようにお願いしたい。台場跡からは、明石海峡対岸の明石藩舞子台場跡を遠望することもできる。なお、松帆台場以外の岩屋地区の台場は、ほとんど遺構が残されていない。

（中西裕樹）

［参考文献］角田誠「淡路島における幕末海防築城」（『淡路洲本城』城郭談話会、一九九五年。本書所収）／伊藤宏幸「幕末の海防施設―松帆台場と松帆湊―」（『季刊考古学』一〇二、二〇〇八年）／望月悠佑「松帆台場」（『ヒストリア』二一七、二〇〇九年）／『史跡 徳島藩松帆台場跡』（淡路市教育委員会、二〇一二年）

3　和田《わだ》岬《みさき》砲台《ほうだい》

①所在地：兵庫県神戸市兵庫区和田崎町一丁目
②年　代：文久三年（一八六三）～慶応二年（一八六六）
③管　轄：徳川幕府
④遺　構：石堡塔

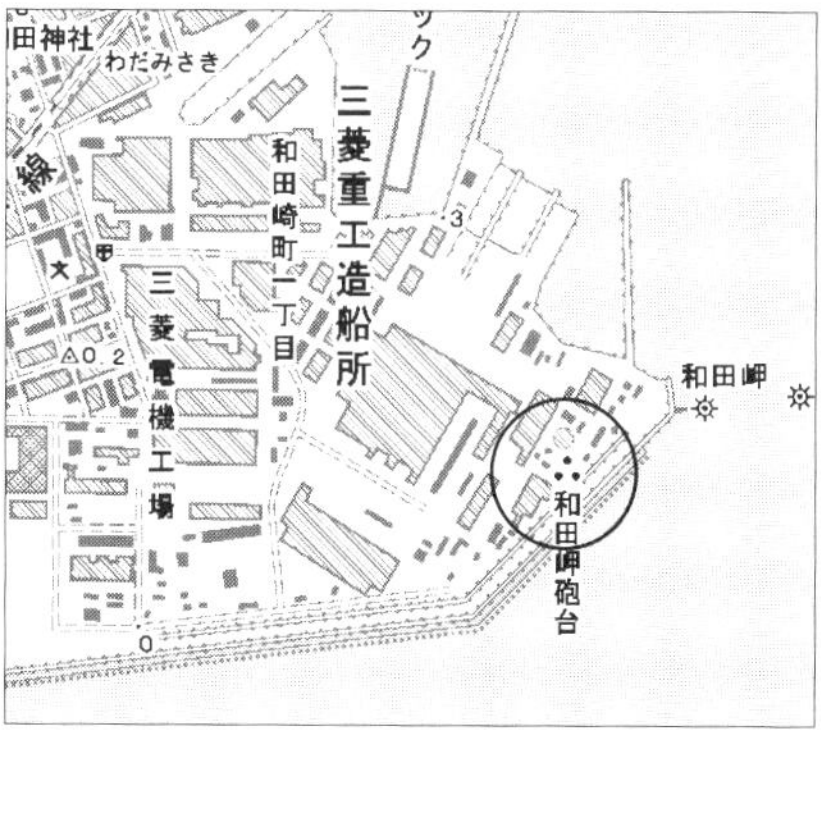

【立地】和田岬砲台は、兵庫港から南沖に突き出した和田岬の突端に築造された。現在の三菱重工業株式会社神戸造船所の敷地内に位置する。旧湊川の河口西岸に築かれた湊川崎台場とともに、将軍の港として整備が進む兵庫港の守りを固め、将軍の武威を示した。兵庫は瀬戸内海の要港の一つであり、江戸時代には西国街道の宿場も置かれ、海陸交通の結節点として繁栄した。

安政五年（一八五八）に欧米諸国との間に締結された修好通商条約では、畿内において唯一の開港場にも選定されている。和田岬・湊川崎台場の周辺には、このほかに御台場築立御用掛を兼務する大坂町奉行の指示に従い、兵庫の町方によって少なくとも二基以上の「仮台場」と呼ばれる土塁台場が築造されたことが、『北浜会所日記』からうかがえる。

【築造の歴史と背景】和田岬台場は湊川崎台場・西宮台場・今津台場とともに、文久三年（一八六三）に幕府が築造を開始する台場の一つである。これらの台場は、当時、海軍奉行並として来坂していた勝海舟の部下である佐藤与之助（政養）によって設計され、築造は当初より目付として当該御用に携わり、後に大坂西町奉行に就任する松平信敏を中心に編成された「御台場築立御用掛」によって行われた。

和田岬砲台写真　明治初年（1868）　神戸市立博物館蔵

また、実際の工事は、灘の酒造家である本嘉納の分家で廻船部門を担った嘉納次郎作が差配方として請け負った。御台場築立御用掛および軍艦奉行並勝海舟の立合いのもと、二月晦日には和田岬・湊川崎台場、三月一日には西宮・今津台場の縄張りが実施されている（『北浜会所日記』『和田岬御台場御築造御用留』など）。四基のなかでも和田岬台場の築造が最優先され、五月には基礎杭の打込みなど本格的な作業に着工、元治元年（一八六四）八月までに中央の「石堡《せきほ》塔《とう》」が完成している。ただし周囲の五稜郭形土塁を含め、全体の完成をみるのは慶応二年（一八六六）である。

　築造中には大坂守衛を司る大坂城代松平信古《のぶひさ》や、陸海軍の軍備、軍艦操練や神戸海軍操練所の設置等を職掌とする若年寄稲葉正巳《まさみ》らの見分が行われ、元治元年五月一一日には将軍徳川家茂が筆頭老中水野忠精《ただきよ》や若年寄、大坂城代らを従え、和田岬・湊川崎台場の見分と駐留艦隊による軍事調練の上覧を行っている。幕府は当時、兵庫に隣接する神戸村にて海軍操練所の設置を進め、造船所の建設も計画していた。また、文久遣欧使節を派遣し、延期した兵庫開港期限に向けた港湾整備も大きな政策課題であった。

　その後、明治元年（一八六八）に和田岬・湊川崎・西宮・今津の四台場は神戸外国掛伊藤俊輔（博文）から兵庫出張軍防事務局へ交付され、同五年に陸軍省大阪鎮台に移管。陸軍省はこれらを無用として売却を建議、同年四月に兵庫県が売却を布告するが、兵庫県令神田孝平《かんだたかひら》から祝砲台としての活用が建議されたことで中止となった。

明治二九年になり、和田岬台場は換地により和田倉庫株式会社に下付され、翌三〇年に台場を含む地所を三菱合資会社が買収している。周囲の五稜郭型の土塁台場については、風化や工場内の整備で大正初年までにその姿を消しているが、石堡塔は早い段階からその文化財的価値が認められ、大正一〇年（一九二一）三月に兵庫県で第一号となる国史跡に指定されている。

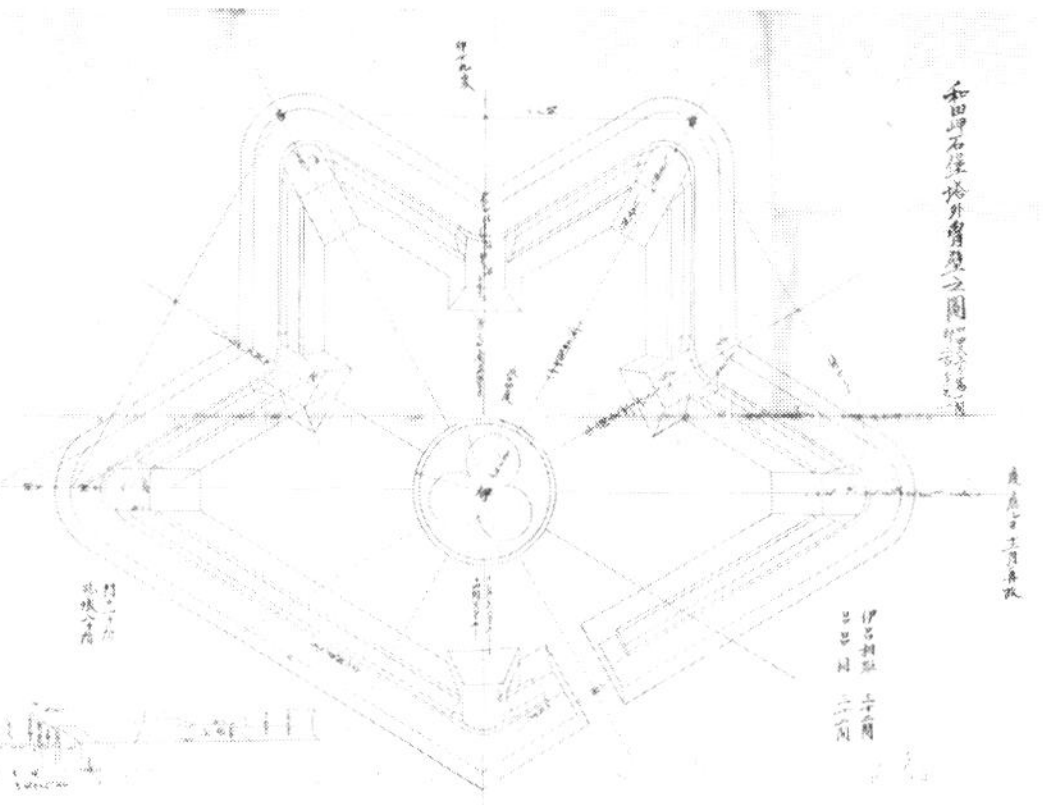

和田岬石堡塔外冑壁之図　慶応元年（1865）　神戸市指定有形文化財「和田岬・湊川砲台（台場）関係資料」　神戸市立博物館蔵

【構造と評価】中央に「石堡塔」と呼ばれる石造砲塔を据え、周囲に五稜郭型の土塁台場を配する構造をもつ。幕末期までに、日本沿岸には一〇〇〇ヶ所に及ぶ台場が築造されたというが、世界の軍事史上でマルテロ・タワーと称される「石堡塔」をもつ台場は、日本では和田岬と湊川崎・西宮・今津の四基だけである。

平成一九年度から二五年度にかけて行われた大規模な修理事業（「平成の大修理」）では、「和田岬・湊川砲台（台場）関係史料（神戸市指定文化財・神戸市立博物館蔵）や「和田岬御台場御築造御用留」（神戸市立中央図書館蔵）をはじめ、当時の築造関係史料をもとに修理方針が検討され、石堡塔の築造に用いられた技術に関する理解も進んだ。

【現状】「平成の大修理」は、大正一五年から昭和二年（一九二七）に実施された「昭和の大修理」以来となる大規模な修理工事であった。今回の修理工事で、雨水による腐食や虫害で倒壊の危機にあった木造部の全

和田岬砲台の現況　写真提供：三菱重工

面的な解体修理が行われ、石造部に関しても目地に漆喰《しっくい》を注入して雨水の侵入を防ぐなど、保存のための処置が施された。

また、この修理事業を通じ、講演会や現地見学会、シンポジウムが継続的に開催され、和田岬台場の歴史的価値が広く認知されるようになった。

（髙久智広）

〔参考文献〕髙久智広「文久—元治期における兵庫・西宮台場の築造」（『神戸外国人居留地研究会年報』四、二〇〇四年）／同「「和田岬・湊川砲台関係史料」について　一～三」（『研究紀要』二〇・二二・二五、神戸市立博物館、二〇〇四・二〇〇六・二〇〇九年）／同「摂海御台場築立御用における大坂町奉行の位置」（『ヒストリア』二一七、二〇〇九年）／後藤敦史「楠葉台場以前の大阪湾防備」（『ヒストリア』二一七、二〇〇九年）／唐澤靖彦「マルテロ・タワーとしての和田岬石堡塔：その世界史的位置」（『和田岬砲台の源流を探る』神戸市教育委員会編、二〇一〇年）／松林宏典「和田岬砲台（台場）」（『兵庫県の台場・砲台』兵庫県教育委員会、二〇一三年）／唐澤靖彦「世界最後のマルテロ・タワー：和田岬石堡塔」（『大阪湾防備と和田岬砲台』神戸市教育委員会、二〇一四年）／同「幕末政治史と大阪湾防備」（『一九世紀日本の国際環境と和田岬砲台』神戸市教育委員会編、二〇一四年）

4 湊川崎砲台《みなとがわさきほうだい》

①所在地：兵庫県神戸市中央区東川崎町二丁目付近
②年　代：文久三年（一八六三）～慶応二年（一八六六）
③管　轄：徳川幕府
④遺　構：地上構造はすでに撤去、地下遺構は未確認

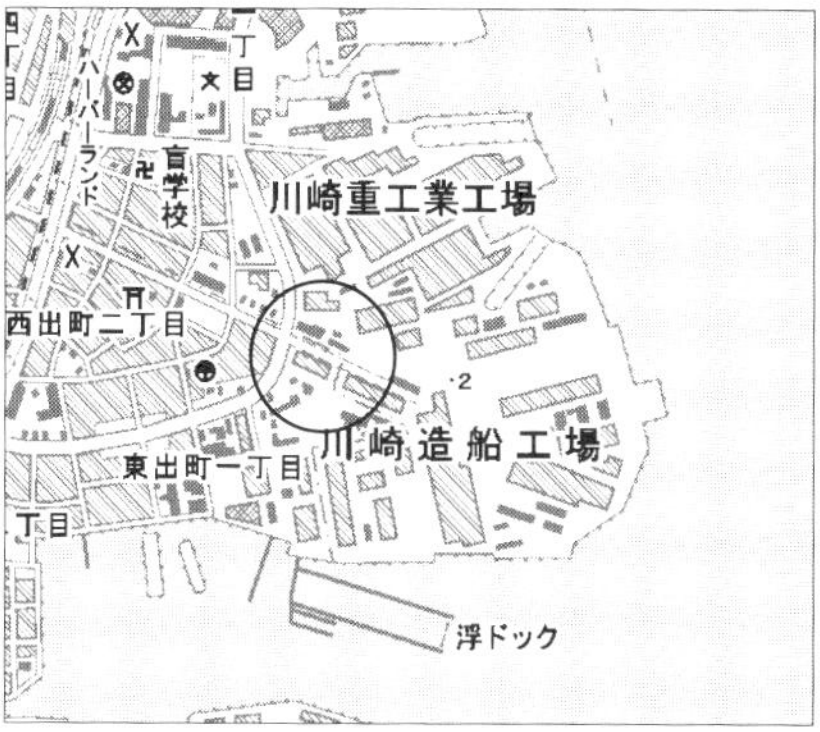

【立地】旧湊川の河口に形作られた出洲《でず》の西岸、当時の地名では兵庫北浜東出町に、和田岬台場とともに兵庫港を挟む形で築造された。現在の川崎重工業株式会社神戸工場の敷地内にあたる。

【築造の歴史と背景】湊川崎台場も和田岬台場と同様、文久三年（一八六三）に着工し、元治元年（一八六四）一二月までに石堡塔《せきほとう》の工事が完了、外郭を含むすべてが完成するのは慶応二年（一八六六）である。

　東出町や隣り合う西出町・東川崎町とともに、全国的にも高い技術をもつ船大工や碇《いかり》鍛冶、船具商などが集住する地域として知られ、一八世紀半ばから一九世紀にかけて、北前船や内海船など当時を代表する廻船集団が修船・造船の拠点、補給基地として位置づけていた。和田岬台場の項で述べたように、幕府が兵庫・西宮で築造した「石堡塔」には彼らのもつ技術が援用されている。明治以降、湊川崎台場も陸軍省衛戍《えいじゅ》兵営の所属となり、砲台地には兵営所属の建家も建設されている。明治二一年（一八八八）までに兵営所属の建家も売却され、石堡塔だけが残されていたが、明治二五年三月一六日に発生した原因不明の火災により石堡塔内部の木造部分が焼失。焼け残った木材と石材は民間に払い下げられ、湊川崎台場は姿を消した。

湊川崎砲台写真　明治４年（1871）頃　神戸市立博物館所蔵

【構造と評価】幕府が兵庫・西宮で築造した四台場のうち、五稜郭形の外郭（土塁台場）をもつのは和田岬台場だけで、他の三台場の外郭は円形であったことが「西宮・川崎石堡塔外郭縮図」などから確認できる。だが、文久三年五月に幕府軍艦方が作成したと考えられる「大坂・兵庫・友ヶ島海図」（神戸市立博物館蔵）をみると、湊川崎台場も和田岬台場と同様に五稜郭型に描かれていることから、最初期の計画では少なくとも湊川崎台場の外郭に関しても五稜郭形で計画されていた可能性が高い。

また、慶応元年三月作成の「西宮・川崎石堡塔外郭縮図」と同年一二月作成の「西宮・川崎石堡塔外郭絵図」（「西宮砲台」項参照）を比較すると、前者に描かれる土塁上の砲座や目隠し土塁が、後者には描かれていないなど、工事が進められるなかで円形土塁の構造が簡素化されていく様子がうかがえる。加えて、イギリス人Ｊ・Ｒ・ブラックが横浜で発行した写真入新聞「ＴＨＥ　ＦＡＲ　ＥＡＳＴ」掲載の写真をみると、八角形の屋根がかけられているが、これは明治以降、内部を火薬置場等として活用するために「雨覆」として被せたものである。ただし暴風雨により大きな被害を受ける場合もあったようで、屋根は幾度かかけかえられている。

【現状】土塁は、陸軍省衛戍兵営所属の建家建設の過程で撤去されたと考えられる。石堡塔も先述のように、火災とこれにともなう解体・払い下げにより、地上の構造物はまったく姿を消してしまっている。（高久智広）

［参考文献］高久智広「「和田岬・湊川砲台関係史料」について　一～三」（『研究紀要』二〇・二二・二五、神戸市立博物館、二〇〇四・二〇〇六・二〇〇九年）／松林宏典「湊川崎砲台（台場）」（『兵庫県の台場・砲台』兵庫県教育委員会、二〇一三年）

5 西宮砲台《にしのみやほうだい》

①所在地：兵庫県西宮市西波止町六番一ほか
②年　代：文久三年（一八六三）～慶応二年（一八六六）
③管　轄：徳川幕府
④遺　構：石堡塔（ただし内部木造部は火災により焼失）、円形外郭（石垣・土塁）

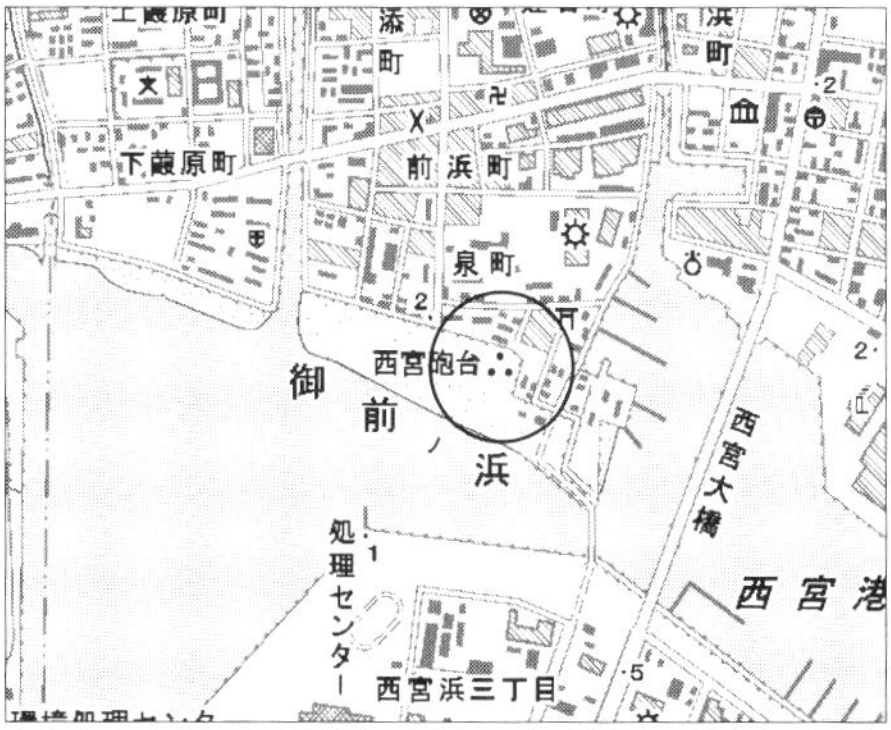

【立地】西宮は、明和六年（一七六九）の上知により、兵庫とともに尼崎藩領から幕府直轄領となり、大坂町奉行所の出張所である勤番所が置かれた。西宮台場は、その西宮より南、夙川《しゅくがわ》河口から東に位置する浜地、現在の御前浜（香櫨園《こうろえん》浜）に築造された。

【築造の歴史と背景】文久三年（一八六三）に幕府が兵庫と西宮に築いた洋式台場の一つ。築造にいたる経緯については、同一事業として幕府が築造した和田岬砲台（台場）の項を参照されたい。

西宮台場と今津台場の工事は、兵庫和田岬台場の着工から三ヶ月後の文久三年八月二日に始まったことが、「西宮・今津御台場掛」が記録した『旅宿附日記』（「西宮・今津砲台建造日記」）から知られる。縄張りは勘定奉行・目付・大坂町奉行ら、御台場築立御用掛と軍艦奉行並勝海舟によって行われたが、西宮台場の石堡塔《せきほとう》の向きや地盤の高低については、設計にあたった軍艦方佐藤与之助を呼び寄せて取り決めている。

また、西宮台場・今津台場の築造には、西宮の船大工次郎吉や土方長兵衛、今津村の船大工四郎七や兼吉、土方市兵衛ら地元の職人・人足らが携わっている。慶応元年（一八六五）四月には、西宮・今津台場の工事を監督した差配

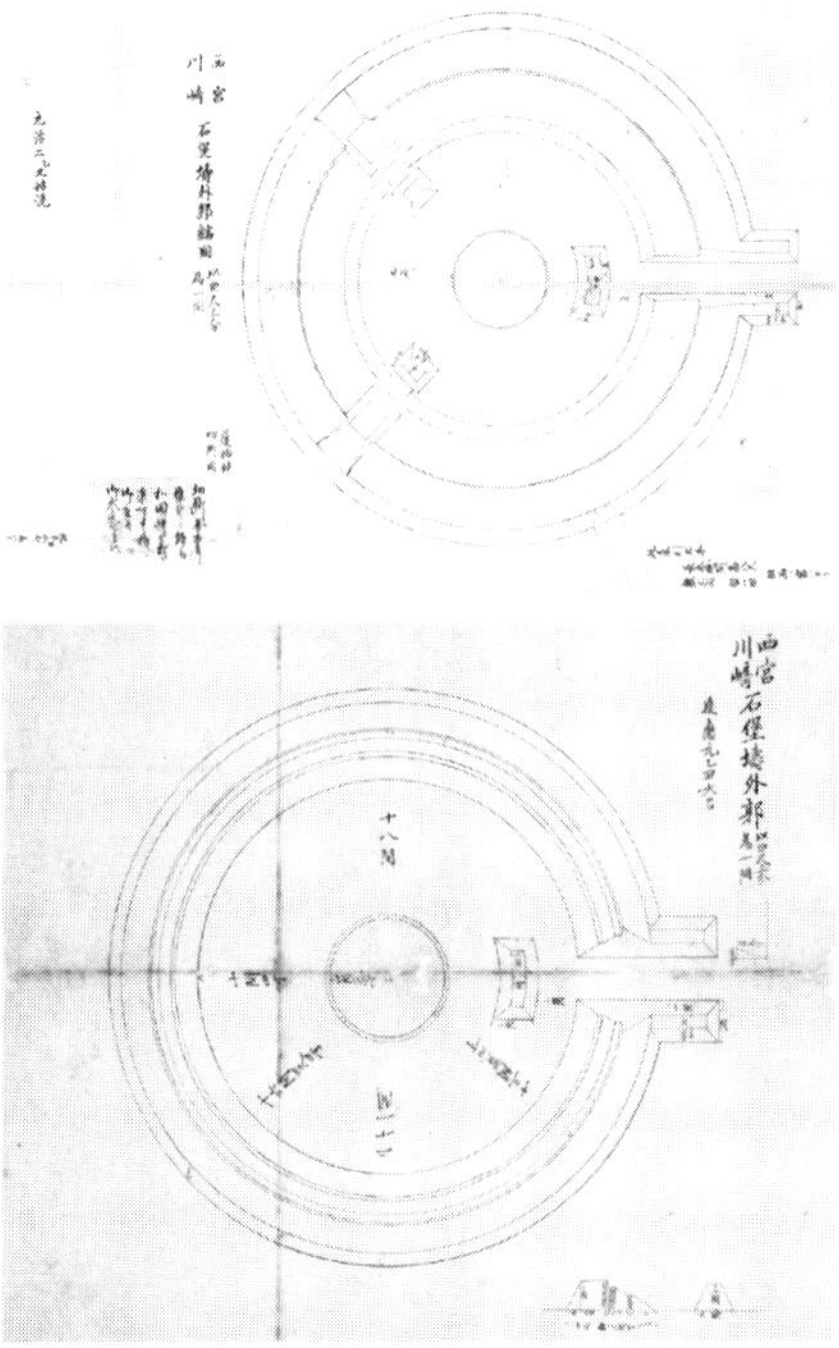

上：西宮・川崎石堡塔外郭縮図　元治元年（1864）
下：西宮・川崎石堡塔外郭図　慶応元年（1865）
ともに神戸市指定有形文化財「和田岬・湊川砲台（台場）関係資料」　神戸市立博物館蔵

方代嘉納佐五郎が、兵庫の差配方代森清之助に石堡塔の築造にかかる経費の精算について問い合わせているため、石堡塔の完成はこれに近い時期だろう。その後、外郭の工事も進められ、すべて完成するのは慶応二年といわれている。

明治維新後、西宮台場は海軍、のち陸軍省所管となる。明治一〇年代には民間から払い下げが申請されるようになるが、同一七年（一八八四）に石堡塔内部の木造建家部分を火災で焼失する。だが、西宮台場に関しては、同じく内部を焼失した湊川崎台場と異なり、解体されず焼け残った石材の払い下げも行われなかった。

その後、同四一年（一九〇八）に阪神電気鉄道株式会社に払い下げられ、同社が経営する海水浴場の一部に組み込まれている。また、大正一一年（一九二二）には和田岬砲台（台場）に続いて、兵庫・西宮台場では唯一現存する外郭遺構も含めた範囲が国の史跡に指定されている。

【構造と評価】湊川崎台場と同様に、中央に石堡塔を据え、周囲に円形外郭を配する構造をもつ。中央に据えられた石堡塔の構造は和田岬台場の石堡塔と同様で、高さは約一二メートル、直径約一〇・五メートルの円筒形である。外郭は幅一二メートル、最大高四メートルで、外周は直径七四・五メートルの円形土塁である。

西宮台場と湊川崎台場は、本項に掲げる「西宮・川崎石堡塔外郭縮図」（元治二年三月）や「西宮・川崎石堡塔外郭図」（慶応元年一二月）にみるように、基本的に同じ設計図が用いられている。また、「西宮・今津砲台建造見込図」（水戸家史料・大日本維新史料稿本）は両台場を舞子台場と同系統の稜《りょう》堡《ほ》式台場として描いており、築造にあたってさまざまなプランが検討されたようだ。

【現状】兵庫・西宮に幕府が築造した四基のなかで唯一、石堡塔と外郭遺構が現存する。ただし、昭和九年（一九三四）の室戸台風により、石堡塔・外郭遺構ともに大きな被害を受け、石堡塔は保護のための覆屋根が施工された。また、昭和四九年から五〇年にかけて石堡塔の保存修理工事も行われている。外郭については、台風以外でも第二次世界大戦後の復興区画整理事業や防潮堤、道路、街区整備等により大部分が失われたが、西側の一部が現存する。

現在では、海岸部の埋め立てと開発により、西宮台場周辺の海浜の状況は大きく変貌《へんぼう》しているが、平成二五年（二〇一三）には史跡保存管理計画が策定され、地域の文化財として、活用事業が広く実施されている。（高久智広）

［参考文献］『西宮市史』第二巻（一九六〇年）／梅溪昇「西宮・今津砲台築造関係史料について　一～三」（『西宮市立郷土資料館研究報告』一～三、一九九一～九三年）、高久智広「「和田岬・湊川砲台関係史料」について　一」（『神戸市立博物館研究紀要』二〇、二〇〇四年）／同「文久─元治期における兵庫・西宮台場の築造」（『神戸外国人居留地研究会年報』四、二〇〇四年）／『史跡西宮砲台保存管理計画策定報告書』（西宮市教育委員会、二〇一一年）／合田茂伸「西宮砲台（台場）」（『兵庫県の台場・砲台』兵庫県教育委員会、二〇一三年）／同「史跡西宮砲台の取り組み」（『幕末・明治の海防関連遺産群の調査研究』兵庫県歴史文化遺産活用活性化実行委員会、二〇一五年）

6 今津《いまづ》砲台《ほうだい》

①所在地：兵庫県西宮市今津真砂町
②年　代：文久三年（一八六三）～慶応二年（一八六六）カ
③管　轄：徳川幕府
④遺　構：記念碑として一石が残存

【立地】今津台場は、摂津国武庫郡今津村の南、今津港の東側に位置する。

　東側の尼崎藩領でも、文久三年（一八六三）に五ヶ所の台場が築造されているが、同藩の台場配置や尼崎城との位置関係をあらわした「尼崎藩台場配置図」（桜井神社蔵・尼信博物館寄託）には「尼崎ヨリ今津村石堡塔迄凡一里二十町」「西新田村ヨリ今津村石堡塔迄凡三十四町余」という但《ただ》し書《がき》がみえ、同藩の海防構想においても、今津台場との関係が意識されていたことがうかがえる。

【築造の歴史と背景】文久三年（一八六三）に幕府が兵庫と西宮に築いた洋式台場の一つ。築造にいたる経緯、完成時期等は、同一事業として幕府が築造した和田岬台場・西宮台場の項を参照されたい。

　先行する和田岬・湊川崎台場には、備中国小田郡神島・白石島・北木島産の石材が用いられたが、元治元年（一八六四）一一月、同三島の石構《いしかまえ》人物代が「海岸最寄能《もよりよ》キ大石不残《のこらず》湊川御用石ニ切尽シ」たと御台場掛に訴えており、今津台場の石材については讃岐国小豆島に調達先を替えている。

　明治維新後、今津台場も他の三台場とともに神戸外国掛伊藤俊輔（博文）から兵庫出張軍防事務局へ交付され、明治五年（一八七二）に陸軍省大阪鎮台に移管される。同一一年に西宮浜石材町の八馬四郎兵衛が、西宮台場・今津台

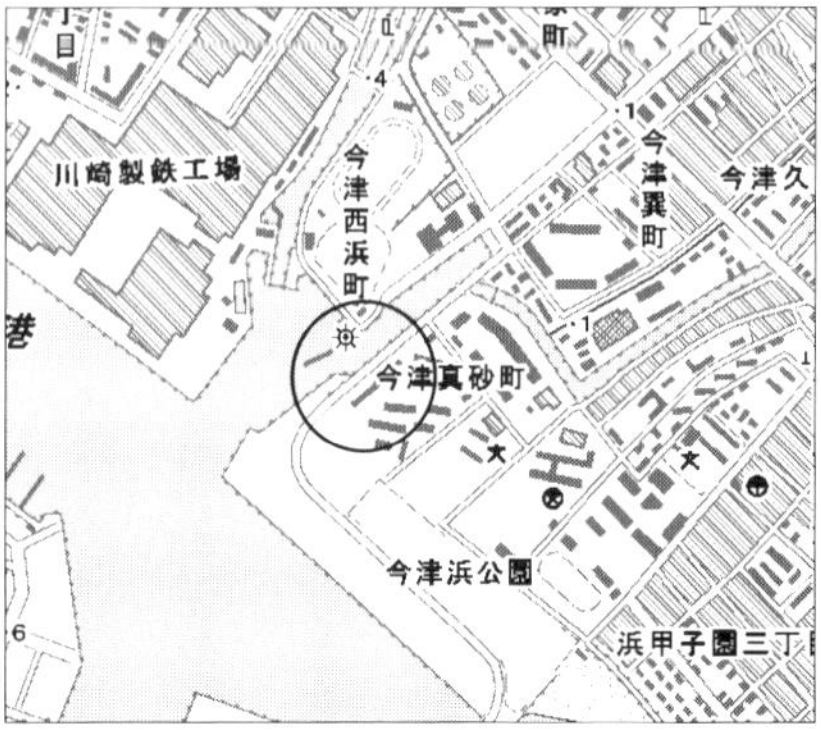

場のいずれかの払い下げを願い出るが受理されていない。同四三年（一九一〇）になって民間へ払い下げられ、大正四年（一九一五）に石材を転用するため解体されている。

【構造と評価】 史料的な制約から、兵庫・西宮に築かれた他の三台場に比べて不明な点が多い。中央に石堡塔《せきほとう》を据え、周囲に円形外郭を配する構造は湊川崎・西宮両台場と同じだが、明治七年の実測図から円形外郭は両台場に比べひと回り小さかったようである。

今津海岸砲台記念石

また、西宮台場の項でも述べたように、稜堡《りょうほ》式台場のプランもあったことが知られている。

【現状】 解体後、石堡塔に用いられていた石材のうち、一石が「今津海岸砲台記念石」と刻まれ、記念碑として福應《ふくおう》神社（西宮市今津大東町）境内におかれていた。だが、一九九五年に発生した阪神淡路大震災後、かつて今津台場が存在した場所近くに移築され、現在に至っている。

（高久智広）

［参考文献］『西宮市史』第二巻（一九六〇年）／梅溪昇「西宮・今津砲台築造関係史料について　一～三」（『西宮市立郷土資料館研究報告』一～三、一九九一～九三年）／高久智広「文久―元治期における兵庫・西宮台場の築造」（『神戸外国人居留地研究会年報』四、二〇〇四年）／同「「嘉納次郎作家文書」に含まれる台場築造関係史料」（『神戸市立博物館研究紀要』二七、二〇一一年）／合田茂伸「西宮砲台（台場）」（『兵庫県の台場・砲台』兵庫県教育委員会、二〇一三年）／同「史跡西宮砲台の取り組み」（『幕末・明治の海防関連遺産群の調査研究』兵庫県歴史文化遺産活用活性化実行委員会、二〇一五年）

7　大高洲新田台場《おおたかすしんでんだいば》

①所在地：兵庫県尼崎市大高洲町
②年　代：文久三年（一八六三）・元治元年（一八六四）改築
③管　轄：尼崎藩
④遺　構：不等辺六画形土塁台場

【立地】尼崎藩領では一八世紀半ば以降、海岸部の埋め立てによる新田開発が積極的に行われていたが、大高洲新田は嘉永四年（一八五一）に東高洲新地の地先に開発された新田である。大高洲新田台場はその南端、中島川の河口付近に築造された。

【築造の歴史と背景】尼崎藩が台場の築造に着手するのは、文久三年（一八六三）になってからである。同藩では天保一三年（一八四二）に幕府が武備状況の報告を求めた際、領内に献金を命じて新たに大砲を鋳造《ちゅうぞう》しているが、その数は七門に過ぎなかった。

また、安政元年（一八五四）九月、ロシア軍艦ディアナ号が大阪湾に侵入する事件が起こった際には、幕府の命に従い、天保山北浦から兵庫にかけての海岸の警衛につき、大坂城代に台場築造を願い出るが、一〇月にはロシア軍艦が大阪湾を退帆したこともあり、実施には移されなかった。同藩の海防に関する動きは、大阪湾への入り口にあたる明石・紀淡両海峡に所領をもつ諸藩と比べると必ずしも積極的ではない。尼崎藩では、文久年間に幕府から台場の築造を命じられており、文久三年正月に大高洲新田台場、二月に丸島新田台場と末新田台場、五月に今福村台場と初島新田台場の地鎮祭が行われていたことが貴布禰《きふね》神社文書に含まれる「御祈願所記録」に残る。

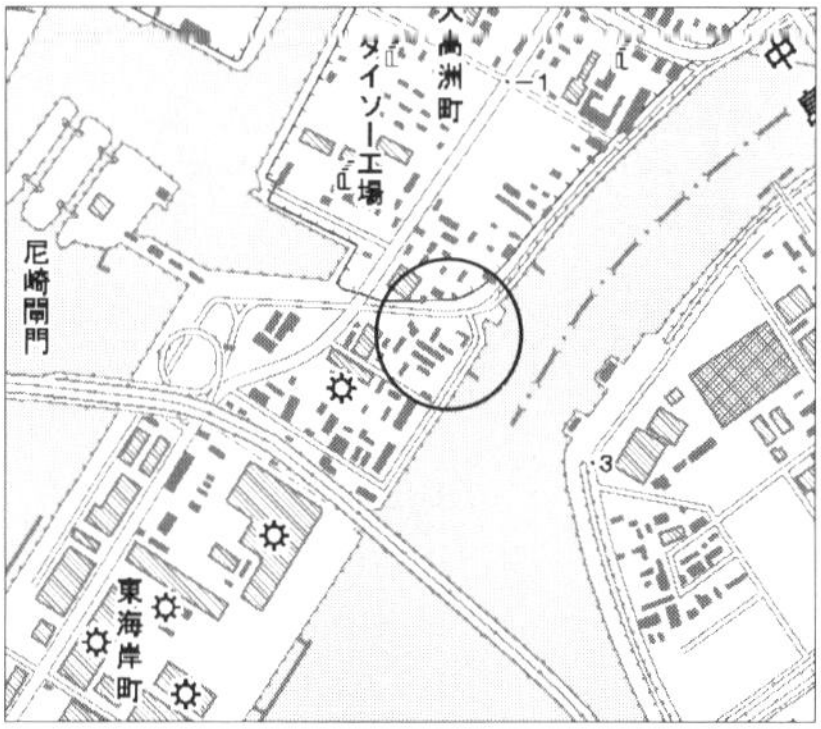

また、同年六月五日に下坂部村から領主の旗本青山氏にあてて出された書状から、当時、今福村で台場の工事が進められていたことがわかる。しかし、元治元年（一八六四）七月に、「其方領分大高洲新田台場在来の姿にては実備とは申し難く候」と幕府の厳しい指摘を受けているように、幕府の台場整備方針に沿う規格ではなかったようである。そのため、幕府は尼崎藩に対し、大砲と玉薬の供与を条件として大高洲新田台場の改築を命じている。この命に従って尼崎藩により造られたのが、「摂州尼ヶ崎大高洲新田砲台図」（桜井神社文書）に描かれた新たな大高洲新田台場である。

【構造と評価】「摂州尼ヶ崎大高洲新田砲台図」によれば、新たに成った台場は東西約一九二メートル、南北約四六メートルの規模をもつ台形に近い不等辺六角形の土塁台場で、内部には横墻《おうしょう》二ヶ所、火薬室四ヶ所、屯兵所《とんぺいしょ》一ヶ所、柵門二ヶ所、砲座四ヶ所などが設けられていた。

【現状】現在、大高洲新田台場の遺構は残されておらず、また築造・改築の経緯に関する史料がほとんど確認されていないため、詳しいことはわかっていない。ただし、「摂州尼ヶ崎大高洲新田砲台図」をはじめ、桜井神社文書に含まれる尼崎藩築造の台場に関連する絵図群は、「浅《あさ》葱《ぎ》糸威《いとおどし》二枚胴具足（附　桜井神社所蔵資料）」を構成する文化財として尼崎市指定文化財に指定されている。

（高久智広）

〔参考文献〕『日本城郭大系』12（新人物往来社、一九八一年）／『尼崎市史』第二巻・第六巻（一九六八年・一九七七年）／尼崎市立地域研究史料館編『図説尼崎の歴史』（尼崎市、二〇〇七年）／森脇崇文「大高洲新田台場」（『ヒストリア』二一七、二〇〇九年）／「尼崎の指定文化財」（尼崎市公式ホームページ http://www2.city.amagasaki.hyogo.jp/bunkazai/sitei/sakurai/sakurai.html）。

8 天保山台場《てんぽうざんだいば》

①所在地：大阪府大阪市港区築港
②年　代：元治元年（一八六四）
③管　轄：徳川幕府
④遺　構：撤去され、公園として整備

【立地】天保山台場は、安治川の川口左岸に位置する天保山に築造された稜堡《りょうほ》式の台場である。江戸時代、安治川は木津川とともに、大阪に出入りする諸国廻船にとっての港口であった。そのため、幕末になると安治川と木津川は大阪防備の要としても重視され、台場が築造されることとなる。

【築造の歴史と背景】天保山は、人工の山である。大阪の出入り口にあたる安治川は、淀川上流からの土砂の堆積《たいせき》によって川床が上昇しやすく、頻繁に川浚《さら》えが実施されていた。天保二年（一八三一）には「御救い大浚《おおさらえ》」として大規模な川浚えが実施され、その際に浚渫《しゅんせつ》された土砂を積み上げてできたのが、天保山である。廻船にとって、目印になったことから、「目印山」と呼ばれていた。

その目印山＝天保山に台場が築かれることになった経緯は、以下の通りである。大阪湾の海防強化は、安政元年（一八五四）九月のロシア艦ディアナ号来航を契機に、その必要性が強く認識されるようになった。同年一一月、勘定奉行松平近直・目付大久保忠寛・勘定吟味役立田正明に大阪湾の巡見が命じられ、彼らを中心に、同湾防備計画の原案が作成される。翌安政二年四月に示された彼らの復命書にもとづいて幕府内で評議が行われた結果、安治川口の右岸と左岸、木津川口の右岸と左岸の計四ヶ所に台場を築くことが決められた。その　つが、安治川口の天保山である。

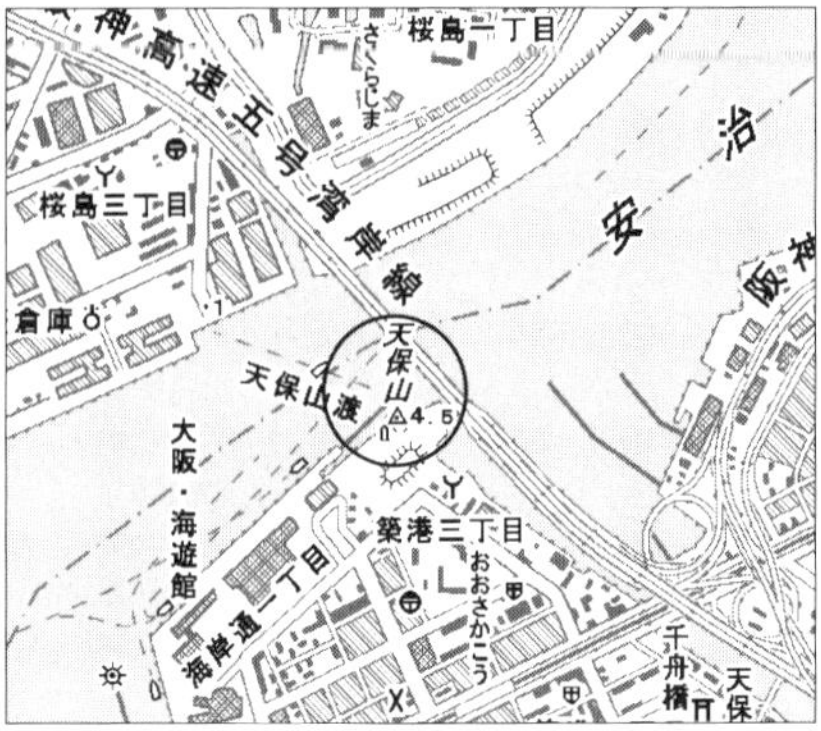

安政三年七月には、大坂城代土屋寅直《ともなお》に対し、天保山を含め、安治川・木津川の川口四ヶ所への台場築造が命じられた。しかし、安政四年（一八五七）一一月には、土屋に安治川・木津川両川口に築く台場の仕様の再調査が命じられており、また安政五年一一月の時点でも、台場築造地の「場所替」が検討されていることから、天保山も含めて両川口の台場築造がほとんど進んでいなかったことがわかる。安政期を通じた朝廷と幕府の安定的な関係を背景に、京都の防衛を目的とした大阪湾防備が計画通りに進まなかったためと考えられる。

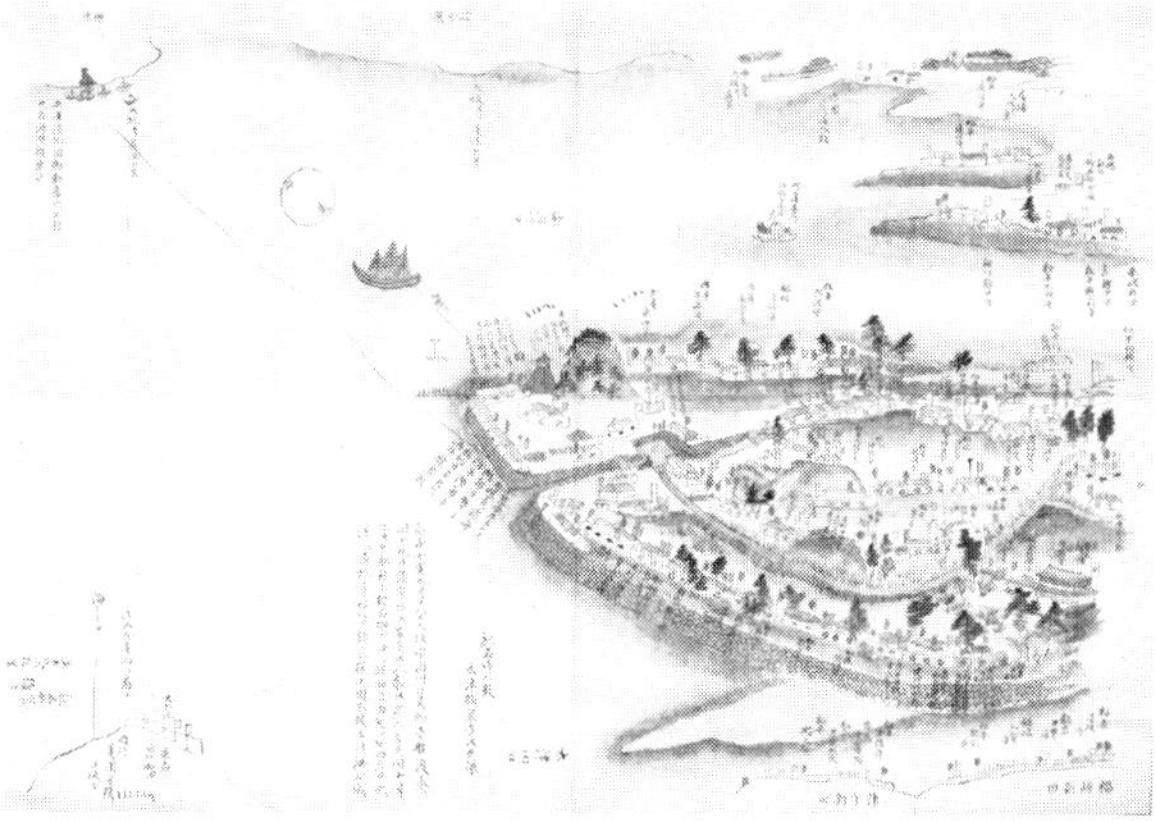

天保山諸家警備之図　安政元年のロシア艦来航時の警衛を描いた図。天保山は、天保２年の安治川の浚渫にともなって築かれた人工の山　津山郷土博物館蔵

しかし、安政五年の日米修好通商条約締結以降、京都への政局の移動など、政治状況が大きく変転するなかで、大阪湾の海防強化が再び喫緊《きっきん》の課題となる。文久二年（一八六二）一二月には、老中格小笠原長行《ながみち》が「摂海御台場築立用」として品川を出発し、大阪湾の見分へ向かう。小笠原には勘定奉行津田正路・外国奉行菊池隆吉・目付松平信敏・軍艦奉行勝海舟が随行し、現地では大坂町奉行川村修就《ながたか》も調査に加わった。文久三年二月には小笠原より津田正路たちが「御台場築立御用掛」に任じられ、彼らの主導により、同湾の台場築造計画が立案されることになった。

この計画にもとづいて、安治川口天保山への台場築造が本格的に開始された。元治元年（一八六四）四月、大阪の市中に対し、安治川口

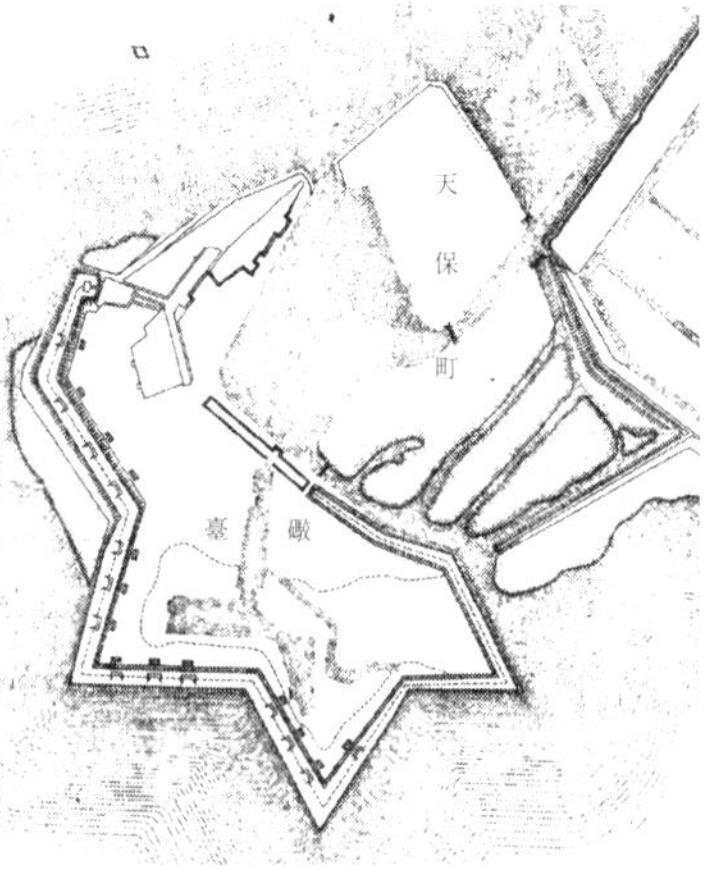

天保山砲台図　『大阪市史附図』（1912）より

への台場築造に多量の土砂が必要なため、河川の「大浚」が命じられている。この頃から、台場の具体的な築造が開始されたのだろう。その後、同年九月頃には胸壁《きょうへき》がほぼできあがっている、ということが、同年九月一四日付の勝海舟の書簡からわかる。海舟によれば、堺南台場の胸壁も同じ頃に完成しつつあり、木津川口の台場も、来春には竣工《しゅんこう》予定であるという（『勝海舟全集』別巻二）。元治元年から翌年にかけて、大阪湾の台場群が相次いで竣工し、防備態勢の充実化が進んだことがうかがえる。

【構造と評価】天保山台場の構造については、大坂町奉行所与力の田坂直次郎が書き記した「目標山御台場縮図」により概要を知ることができる。天保山の山を切り崩して築かれたその台場は、南に面するかたちで稜堡が突き出しており、主に大阪湾を北上してくる外国船を迎撃するための構造となっている。大火薬庫二ヶ所、火薬庫一九ヶ所、そして警衛する者たちの屯兵《とんぺい》所《じょ》が二ヶ所に設けられている。砲門の数は定かではないが、『伊達宗城在京日記』（日本史籍協会叢書）によると、元治元年三月、一橋慶喜・伊達宗城《むねなり》・島津久光によって摂海防禦の案が話し合われ、摂海に台場一五ヶ所、砲数八〇〇門を実現するという方針が定まった。一台場あたり五〇門強という計算になるが、財政の問題等により、これらの計画は実現できなかったと考えられている。

他の台場と同じように、天保山台場もまた、実戦に用いられることはなかった。一方、実戦ではないが、慶応三年（一八六七）八月、幕府は条約を締結している国々の艦船の出入港に際して祝砲を打つよう、当時天保山台場を担っていた大和郡山藩に命じている（「維新史料綱要」東京大学史料編纂所）。また、維新直後の明治元年（一八六八）閏四月には、イギリス女王の誕生日を祝する祝砲の儀がおこなわれた（同上）。台場とは、当然軍事上の目的により築造されるものであるが、明治維新前後の時期、大阪湾の要に位置する天保山台場は、祝砲によって欧米諸国との関係の安定化に寄与したといえる。

【現状】明治期になり、天保山台場は撤去されることとなる。一八九七年（明治三〇）刊行の陸地測量部による地図「二万迅速図・仮製図　天保山」ではその形状を確認できるが、一九〇九年の地図では、完全に埋め立てられている（地図は国土地理院HPより閲覧）。天保山そのものもならされ、現在では、天保山公園として市民の憩《いこ》いの場となっており、そこに天保山台場があったことを想像することは難しい。

大阪城天守閣入口にある津山藩の大砲

なお、天保山台場の往時をしのぶものとしては、大阪城天守閣入口に置かれた大砲がある。津山藩によって天保山台場に据えられ、明治維新後に大阪城へ移されたという。明治三年以降は、時刻を知らせる号砲として、大正期頃まで用いられたという。

（後藤敦史）

［参考文献］大阪市参事会編『大阪市史』四巻下（一九一三年）／平凡社地方資料センター編『（日本歴史地名体系二）大阪府の地名』上巻（平凡社、一九八六年）／大野正義編『大坂町奉行與力史料圖録』（自費出版センター、一九八七年）／原剛『幕末海防史の研究』（名著出版、一九八八年）／新修大阪市史編纂委員会編『新修大阪市史』四巻（一九九〇年）／髙久智広「摂海御台場築立御用における大坂町奉行の位置」（『ヒストリア』二一七、二〇〇九年）／後藤敦史「天保山台場」（『ヒストリア』二一七、二〇〇九年）／同『開国期徳川幕府の政治と外交』（有志舎、二〇一五年）

9 堺台場《さかいだいば》

①所在地：大阪府堺市堺区北波止町・大浜北町四丁
②年　代：北台場・安政二年（一八五五）完成
南台場・安政五年（一八五八）完成
③管　轄：徳川幕府（堺奉行所）
④遺　構：北台場・区画　南台場・土塁、石垣

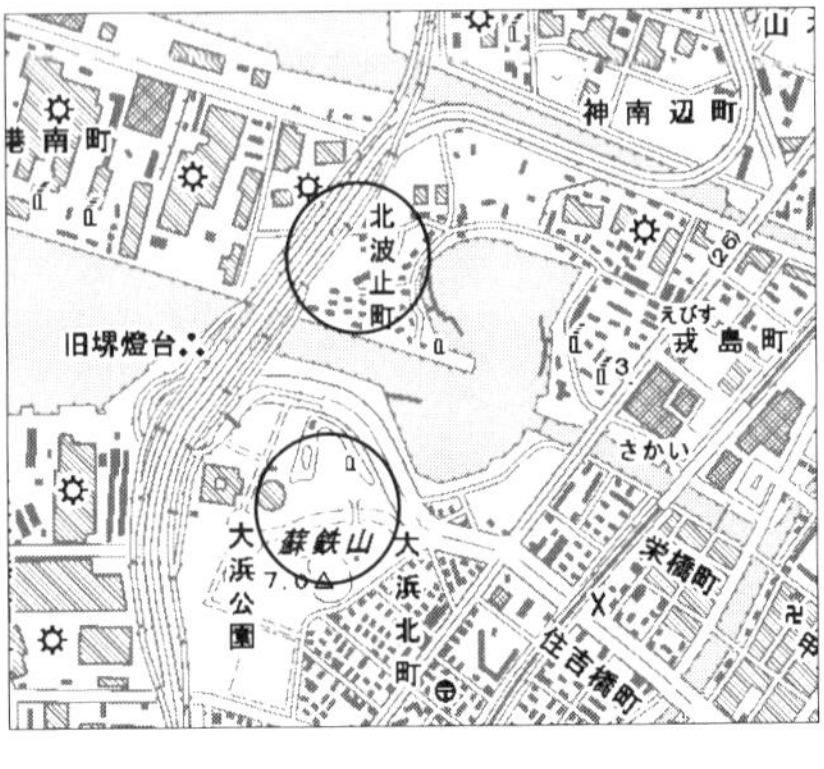

【立地】 堺台場は堺旧港の湊口、大阪湾への開口部に位置する。港の北岸に北台場、南岸に南台場が築かれ、堺台場は両者の総称である。南蛮貿易の拠点として栄えた中世の堺を起源とする町並みは約七〇〇メートル東に広がる。

【築造の歴史と背景】 嘉永五年（一八五二）一一月、江戸湾や新潟の海防強化に携わった川村修就《ながたか》が堺奉行に着任する。嘉永六年一二月、川村は幕府の直轄地である堺の海防強化を訴える上申書を幕府へ提出し、翌安政元年二月には堺沿岸警備の手順を決めて外国船の来航に備えた。同年九月一五日に、ロシア軍艦ディアナ号のプチャーチン来航の知らせを紀州藩から受けると、堺奉行所は手順どおり役人総出で汐除堤《しおよけづつみ》を利用した鉄砲台場を築いて警備にあたったが、九月一七日にロシア船は泉州沖を通過し、天保山へ向かった。

ロシア船来航により、幕府も大阪湾警備の検討を余儀なくされた。安政二年（一八五五）二月に勘定奉行石河政平等、四月に大坂城代土屋寅直《ともなお》、一〇月に勘定奉行川路聖謨による大阪湾の巡見が実施され、大阪湾の防備体制が構想される。構想において、堺沿岸は遠浅のため外国船来航の可能性は低いが、幕府の直轄地に「虚飾」の台場を築いては「御国威」を落としかねず、大坂や兵庫、西宮と同様に堺にもバッテラー（短艇）の配備や大名による守備が必要と判断

される。堺台場の着工時期は不明だが、絵図等から北台場は安政二年九月、南台場は安政五年には完成していたようである。

大名による堺警備も始まり、安政五年六月から柳川藩、文久三年（一八六三）六月からは彦根藩が警備を命じられた。桜田門外の変で藩主井伊直弼が殺害され、政治的立場を失墜していた彦根藩では、堺警備が政治的立場を回復する好機と考えられ、前任地の神奈川から新式の大砲を回送するなど備えを尽くした。

さらに、元治元年（一八六四）六月には南台場の改修に着手するが、六月二四日に堺警備の彦根藩兵は長州軍が上京した伏見を警備するよう大坂城代から命じられた。禁門の変により八月二日に彦根藩は堺警備の任を解かれたため、改修は着手後わずか二ヶ月で堺奉行所に引き継がれた。南台場は、慶応二年（一八六六）一月に稜堡《りょうほ》式台場へと改修を終え、北台場も改修が予定されたが、慶応元年八月に計画が見合わせとなり、明治時代を迎えた。

【構造と評価】 安政二年に完成した北台場の構造は、「堺新御台場図」（堺市立図書館蔵）によると、海岸線と長辺が平行するコの字形に土塁を巡らすのみであった。築造が遅れる南台場とともに描かれた「堺浦両御台場絵図」によると、北台場は土塁が追加され、方形に改修されている。土塁上には海に面した西側と南側に砲台を二基ずつ設置し、東側には虎口《こぐち》（出入口）と虎口正面に遮蔽《しゃへい》用の土手を設けている。

一方、南台場は長方形に土塁を巡らし、土塁上には西側に五基、北側に二基の砲台を備え、北側に虎口と虎口正面に土手を設けていた。改修後の南台場は、「堺浦海岸砲台築造図絵」によると、平面形は長方形から稜堡を設けた多角形になり、北側と南側には外堀が新たに掘削《くっさく》された。北側と西側の土塁は一段高く、土塁上には砲台を備え、砲台の下には火薬庫、火薬庫の前には土手を設けた。東側には二ヶ所の虎口を設け、虎口の横には番所を設置していた。

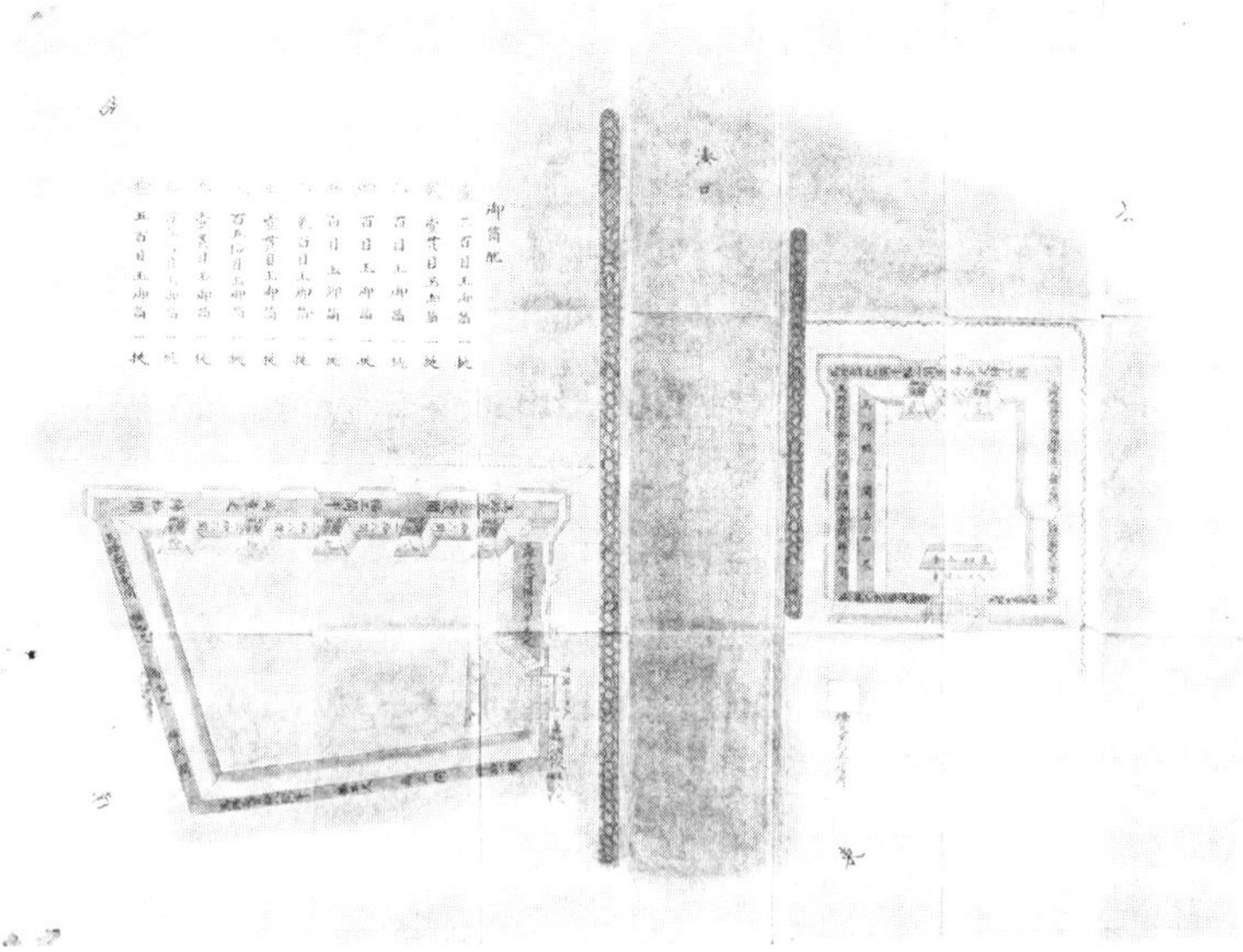

堺浦両御台場絵図　堺市立図書館蔵

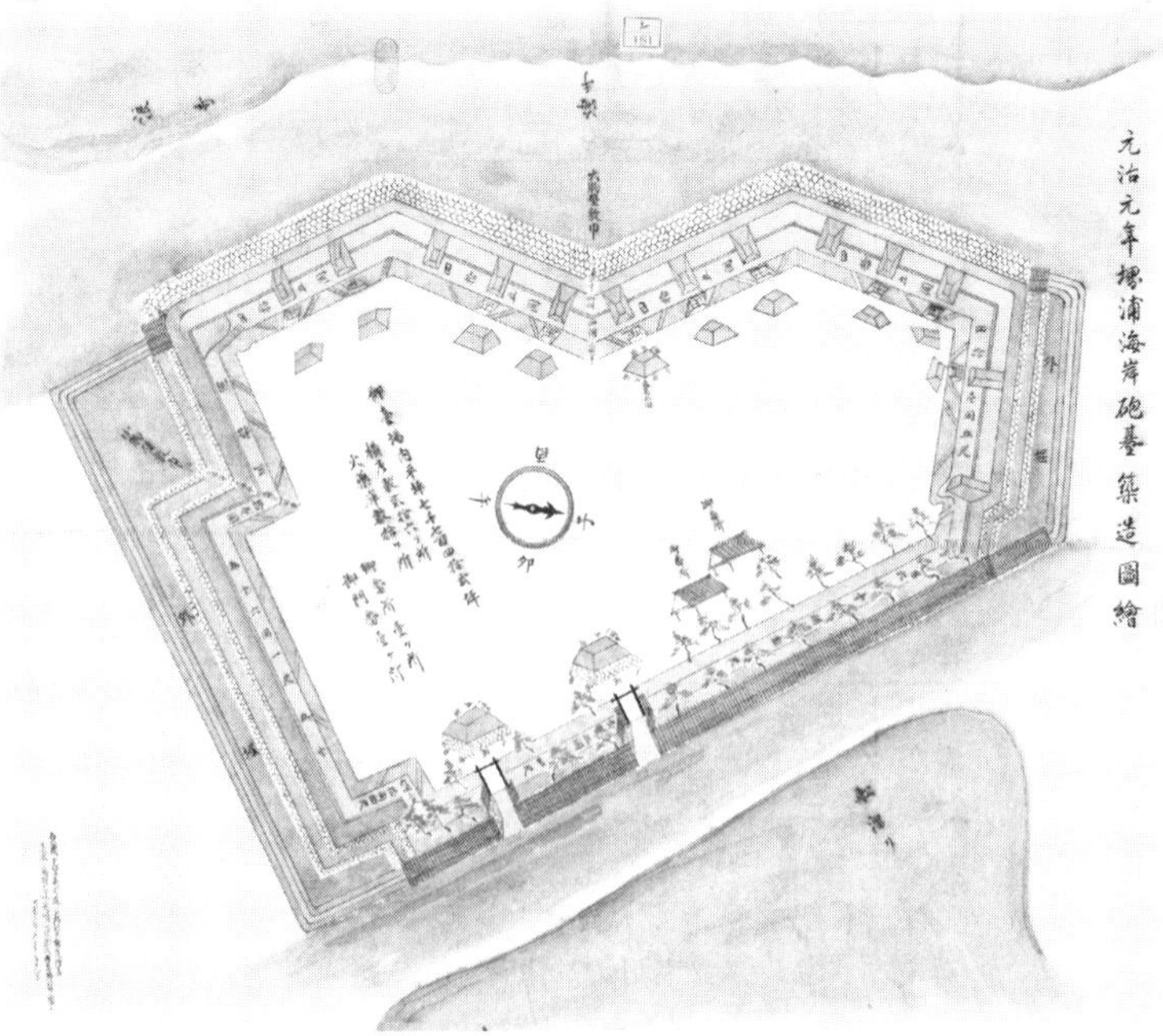

堺浦海岸砲台築造図絵　堺市立図書館蔵

規模は「御台場内平坪七千七百四十二坪」で南北約三〇〇メートル、東西約二〇〇メートルを測り、改修によって規模が拡大しただけでなく、稜堡を備えた西洋式の台場が本格的に導入された。

堺台場の特質としては、大阪湾岸における築造時期の早さや南北両台場のセット関係があげられる。大阪湾岸の台場の多くは文久年間に築造されたが、北台場の築造は安政二年で一〇年ほど早い。さらに、北台場築造後、対岸に南台場を築き、両台場から砲台を対岸に向けて湊口を挟撃できる態勢とし、堺の玄関口の防備が強化された。しかし、湊口は一〇〇メートルにも満たず、大砲の射程距離を考慮しても、過剰な態勢である感が否めず、築造時期の早さと合わせて、幕府が直轄地として国威を示そうとした結果とみられる。

また、南台場は彦根藩により当時の最先端技術であった西洋式台場の築造プランが導入されたが、背景には政治的立場の回復をねらう彦根藩の思惑があった。このように堺台場は外国船来航に備えた軍事施設にとどまらず、幕府や彦根藩などの政治的判断を色濃く反映した施設であったといえよう。

【現状】 明治以降、南北両台場は陸軍の所管となったが、堺県が台場敷地を陸軍から借用し、明治一二年(一八七九)に大浜公園が開園した。北台場は明治四年の暴風雨で大きく崩れ、遺構は失われた。

南台場は土塁の一部が失われるなど改変は受けているものの、早い段階に公園用地となったため開発を免れ、石垣や土塁が現在も良好に残る。遺構の残りの良さだけでなく、交通の便もよく、容易に見学できる点も堺台場の大きな魅力といえる。

(小林和美)

[参考文献]『堺市史』第三巻本編第三(一九三〇年)/『新修彦根市史』第三巻通史編近代(二〇〇九年)/後藤敦史「堺台場」(『ヒストリア』二一七、二〇〇九年)

10 炬口台場《たけのくちだいば》

①所在地：兵庫県洲本市炬口一丁目
②年　代：文久三年（一八六三）
③管　轄：徳島藩
④遺　構：石垣・土塁・区画など

【立地】炬口台場は、洲本川左岸河口の海浜に面して立地し、洲本城下町の中心部とは川を挟んだ北側対岸に位置している。城下町南端の海岸には、別に霞《かすみ》台場が存在した（以下、本書所収の角田論文も参照）。

【築造の歴史と背景】徳島藩領である淡路国には洲本城下町（兵庫県洲本市）が存在し、家老稲田家が城代をつとめた。洲本城は、寛永一一年（一六三四）以降、徳島藩主蜂須賀家による淡路の拠点城郭となっていた。台場の築造目的は、この洲本城下町の防衛にあり、霞台場とともに文久三年（一八六三）に完成した。守備は稲田家が担当したという。

【構造と評価】台場の構造は、「洲本御山下画図」（徳島大学附属図書館蔵。同館貴重資料高精細デジタルアーカイブで公開）に描かれる。平面形状は鈍角の凸が海浜に面し、五つの砲座が存在した。およその規模は、五〇メートルに満たないと思われる。南接して「稲田九郎兵衛下屋敷地」があり、南西に掘割を挟んで垣で囲われた「元廣武館」、「御船屋」の区画が存在していた。

同絵図には霞台場も描かれ、「宮崎御台場」と書き込まれている。台場は海浜に位置するが、背後には洲本城が立地する三熊山の山腹が迫り、台場を見下ろす「炮術射場」があった。平面形状は不等辺四角形となり、三つの砲座があっ

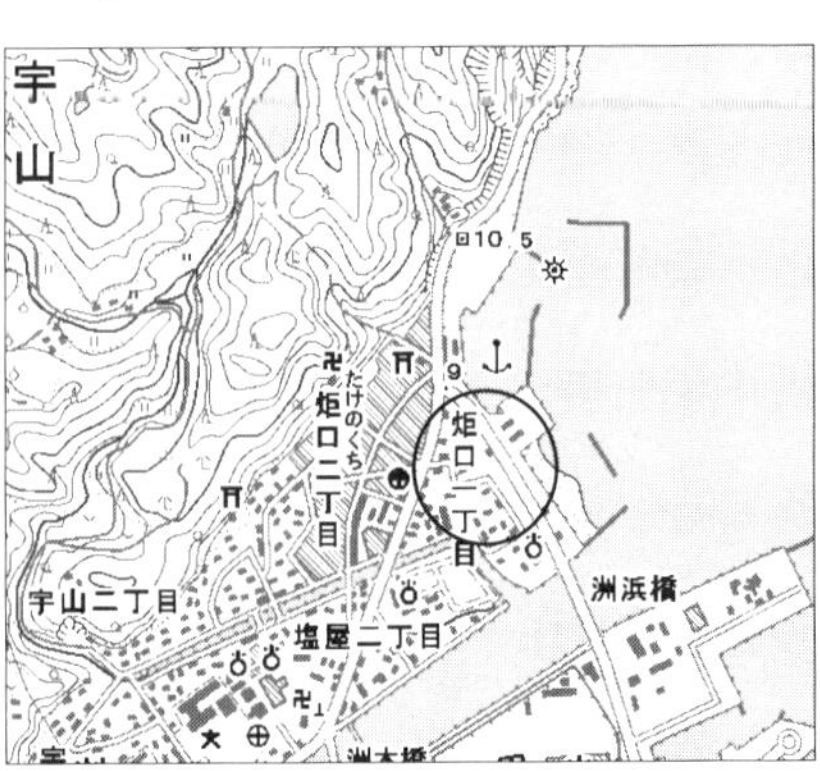

た。規模は、約二五～三〇メートルと考えられる。台場の西側海浜にも屈曲、または鍵の手状の土塁が描かれ、関連した施設なのかもしれない。両台場は、「洲本御城下絵図」（淡路文化史料館蔵。本書角田論文にトレース図所収）にも描かれている。炬口台場に砲座が六つある以外、「洲本御山下画図」と大きな違いはない。

【現状】 炬口台場跡には、土塁と石垣が良好に残存している。家屋が近接するものの、道路からも観察が可能である。かつての台場跡地には、兵庫県の洲本家畜保健衛生所が存在した。遺構の保存を図るため、その解体撤去にともなって洲本市へ土地の無償譲渡がなされており、将来的な調査や整備・公開が期待される。なお、霞台場跡に遺構を確認することはできない。

（中西裕樹）

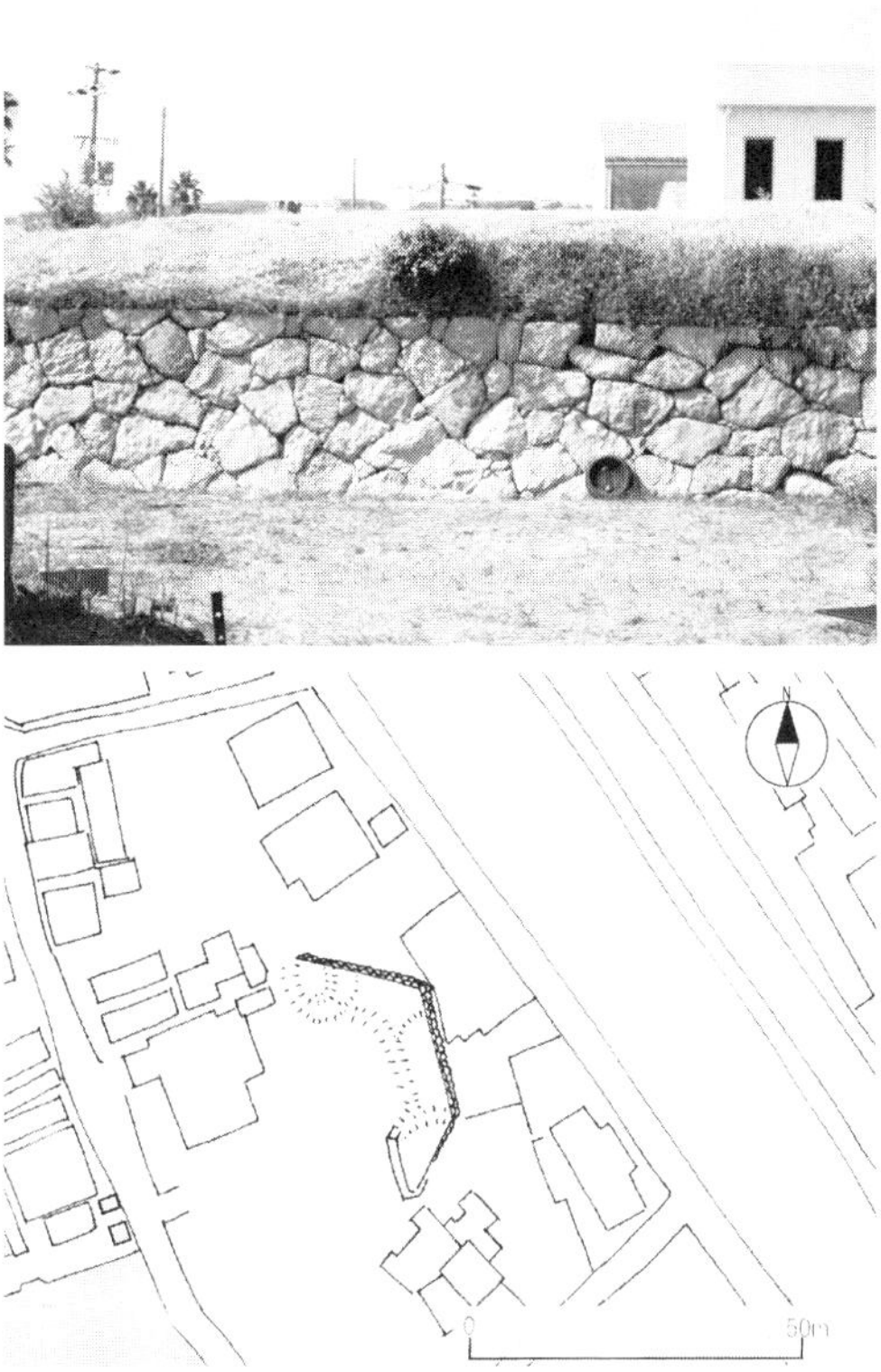

上：かつて海浜に面していた石垣
下：炬口台場跡の概要　作図：中西裕樹

［参考文献］角田誠「淡路島における幕末海防築城」（『淡路洲本城』城郭談話会、一九九五年。本書所収）／小川弦太「炬口台場の保存について」（兵庫県歴史文化遺産活用活性化実行委員会編『幕末・明治の海防関連文化財群の調査研究—広域に所在する文化財群の調査と活用—』二〇一五年）

11 谷川台場《たにがわだいば》

①所在地：大阪府泉南郡岬町多奈川谷川（地図の円内は豊国崎台場）
②年　代：文久二年（一八六五）ヵ
③管　轄：土浦藩
④遺　構：加工石材、マウンドなど

【立地】谷川台場は、和泉国南西端の谷川港を挟む丘陵先端に築造された。西側を豊国崎台場、東側を観音崎台場と呼び、この総称を谷川台場としている。

【築造の歴史と背景】谷川台場の所在地は、常陸国土浦藩領にあたった。藩主は譜代大名の土屋氏、石高は九万五千石である。嘉永三年（一八五〇）、土屋寅直《ともなお》は大坂城代に任じられ、安政元年（一八五四）のプチャーチンが率いたロシア艦の大阪湾内侵入に直面した。このときロシア艦隊は、紀淡海峡を通過している。寅直は安政五年一一月まで大坂城代をつとめ、土浦藩では文久二年（一八六二）、谷川に近い藩領の淡輪《たんのわ》大藪（大阪府岬町）に海防の陣屋を設けた。この頃、谷川台場は築造されたと考えられている。

同年一二月、幕府軍監奉行並の勝海舟は江戸を立ち、紀淡海峡を通って兵庫（神戸市）に到着した。目的の一つは、大阪湾内の台場の視察であり、翌年の年明けには和泉国の岸和田へ向かい、鳥取藩主池田慶徳らと紀淡海峡の砲台を検分している。四月には、上洛した将軍徳川家茂らと神戸方面の台場を海上から視察した。この間、海舟は和歌山藩の依頼を受け、紀淡海峡から和歌浦（和歌山市）にかけての海防の実見に赴き、途中で谷川に宿をとった。おそらく、谷川台場も目にしたと思われるが、海舟の評価を確認することはできない。

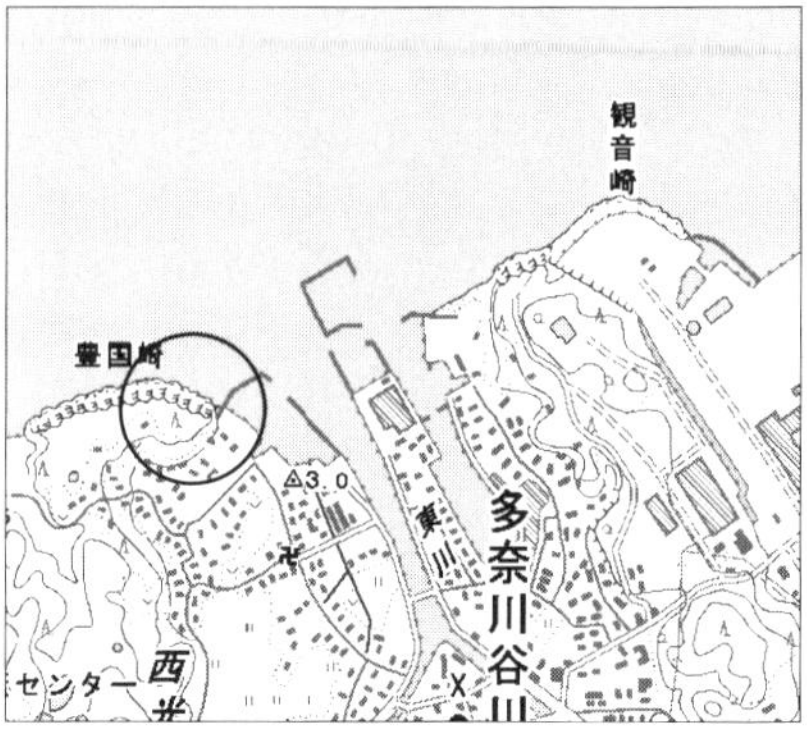

【構造と評価】谷川台場は、昭和六年（一九三一）の『大阪府史跡名勝天然記念物』に構造が記され、豊国崎台場では前面に掩堡《えんほう》という土塁が四個、後方に三個あった。前方の大きさは基底の長さ五間半〜八間・幅一間半、高さ一間強で、後方では少し小規模となる。観音崎台場も基本的に同じ構造で、やや規模は小さく、石垣も用いたようである。しかし、ブッシュなどに阻まれ、両台場とも十分な遺構の観察が難しい。

豊国崎台場は、現状で丘陵端から約一五メートル離れた位置に、加工石材で囲まれた長さ三メートル程度の方形のマウンドが確認でき、南に約五メートル離れて「谷川台場」「大正八年 大阪府」と刻む石碑ある。一九八一年の角田誠氏「大阪府下の幕末海防築城」では、構造を「丘上に段状に築かれ、各段の周囲には部分的に土塁がめぐらされている」とし、二〇〇二年の同氏「谷川台場」では、土塁の写真を掲載し、観音崎台場にも部分的に遺構が残るとする。大阪府下では、貴重な大阪湾岸の台場遺構が残存する可能性は高く、今後の調査に期待したい。

豊国崎台場跡に残る石組み

豊国崎台場の石碑

【現状】豊国崎台場は内部を道路が縦断し、角田氏の調査時点では「谷川台場」碑が確認できないとされていた。現状の遺構には、その後に改変が加わった可能性がある。

（中西裕樹）

［参考文献］角田誠「大阪府下の幕末海防築城」（『日本城郭大系』12、新人物往来社、一九八一年）／同「谷川台場」（西ヶ谷恭弘編『国別 城郭・陣屋・要害・台場事典』東京堂出版、二〇〇二年）／森脇崇文「谷川台場」（『ヒストリア』二一七、二〇〇九年）

12 藻江台場《もえだいば》

①所在地：和歌山県和歌山市大川
②年　代：安政元年（一八五四）
③管　轄：紀州藩
④遺　構：石垣・土塁・井戸

【立地】藻江台場は、和歌山市の北西隅、旧大川遊園の真下に位置する。当地は、友ヶ島（地ノ島）より約一・五キロ北西にあたり、紀伊水道の情勢を監視することができる場所である。海岸線を構成する浜の背後に築かれ、標高は二メートルから一六メートルと総じて低い。

【築造の歴史と背景】「嘉永七年寅正月　所々御台場築立御普請御ヶ所初入用積其外諸役人名前控」（和中家蔵）にその名がみえる。紀州藩では、最も早く築造された台場の一つといえる。

【構造と評価】海岸線に沿って構築された平場Ⅰは、東西約一一六メートル、最大幅約二一メートルの規模を誇り、西面に胸墻《きょうしょう》の土塁を設ける。平場Ⅰの東面に、石垣をともなう方形のくぼみが四つあり、いずれも前面に土塁をともなう。角田誠氏は、これらを弾薬庫跡と評価する。弾薬庫跡の両脇には、土塁状の高まりが計五基確認できる。角田氏はこれらを砲座とみるが、形状や位置関係から、弾除け土塁の可能性が高いと考えられる（富川武史氏の教示による）。

なお、土塁の西面に腰巻状に築かれた石垣Aは、弾薬庫跡の石垣に比べて石材が大ぶりで、加工度も高い。海か

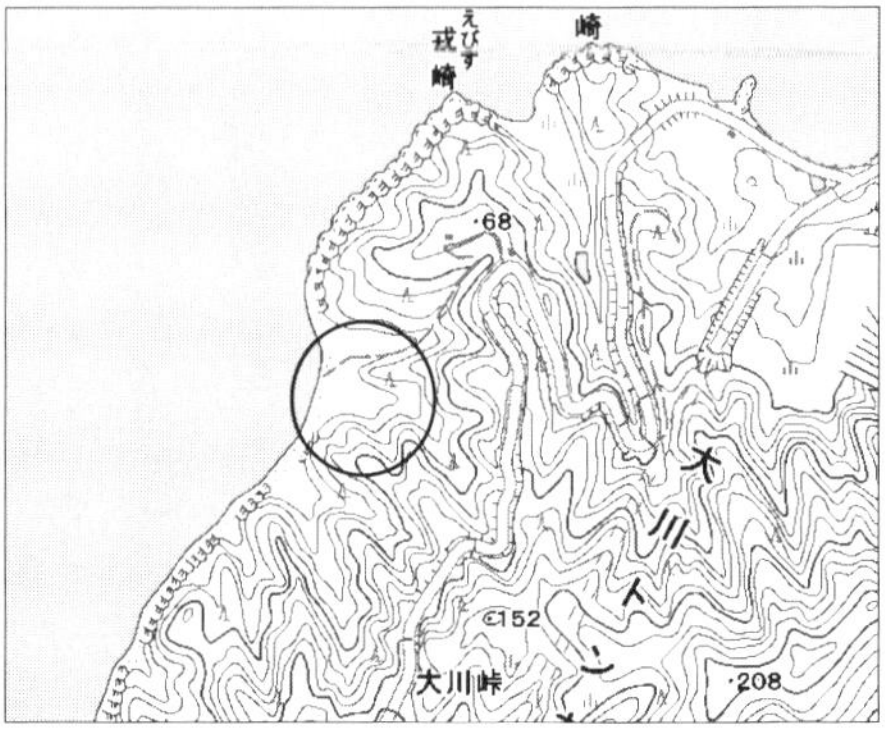

藻江台場縄張り図　作図：新谷和之

らみえる部分に、立派な石垣を選択的に用いたのであろうか。

南西の谷奥に、東西約二八メートル、南北約二九メートルの平場Ⅱがあり、西面に土塁が施されている。平場Ⅱには瓦積みの井戸Cがあり、台場を管理する人々の詰め所があったと考えられる。平場Ⅰ・Ⅱの間は自然地形に近いが、人工的に造成された段差が認められる。また、谷に流れ落ちる水を排出するために、石組みの溝Bが構築されている。平場Ⅰ・Ⅱの間にある平場Ⅲは、西面に土塁をともなう方形の空間である。角田氏はこれを火薬庫跡と推定している。

【現状】 平場Ⅰには草木がひどく生い茂っており、遺構を確認するのが困難である。しかし、台場の遺構はおおむね良好に残されている。砲座だけでなく、倉庫や詰め所とみられる空間もあり、台場の空間利用を示す好例といえる。

（新谷和之）

［参考文献］武内善信「「海防図を読む」—幕末和歌山藩の御台場と海防—」（『和歌山市立博物館研究紀要』三、一九八八年）／角田誠「和歌山市河南に所在する幕末の台場の構造」（『和歌山城郭研究』一二、二〇一三年）／同「和歌山市河北に所在する幕末の台場群」（『和歌山城郭研究』一三、二〇一四年）

13 高崎台場《たかさきだいば》

①所在地：兵庫県洲本市由良成ヶ島高崎
②年　代：安政二年（一八五五）・文久元年（一八六一）改築
③管　轄：徳島藩
④遺　構：石垣・土塁・平坦面・区画など

【立地】高崎台場は、淡路島南東に浮かぶ成ヶ島という約二・五キロの長さに及ぶ砂州《さす》の南端に立地する。周辺は由良と呼ばれる地域であり、「今川口」と呼ばれる高崎台場と淡路島本島との間は約一〇〇メートルしか離れていない。その西側には、由良湾という内海が形成されている。

　また、成ヶ島は大阪湾の南の入口にあたる紀淡海峡の西岸に位置し、海峡に浮かぶ島々（総称「友ヶ島」）のうち、最も近い沖ノ島（和歌山市）との間（由良瀬戸）は約三七〇〇メートルの距離である（以下、本書所収の角田論文も参照）。

【築造の歴史と背景】江戸時代の淡路国は阿波蜂須賀家の支配下にあり、家老稲田家が洲本城（兵庫県洲本市）の城代として統治していた。この徳島藩では、安政元年（一八五四）一一月から淡路島での台場築造に取りかかる。同年の正月にアメリカ東インド艦隊を率いたペリーが江戸湾に再来航し、九月にはロシア使節のプチャーチンが乗るディアナ号が大阪湾に姿を現していた。

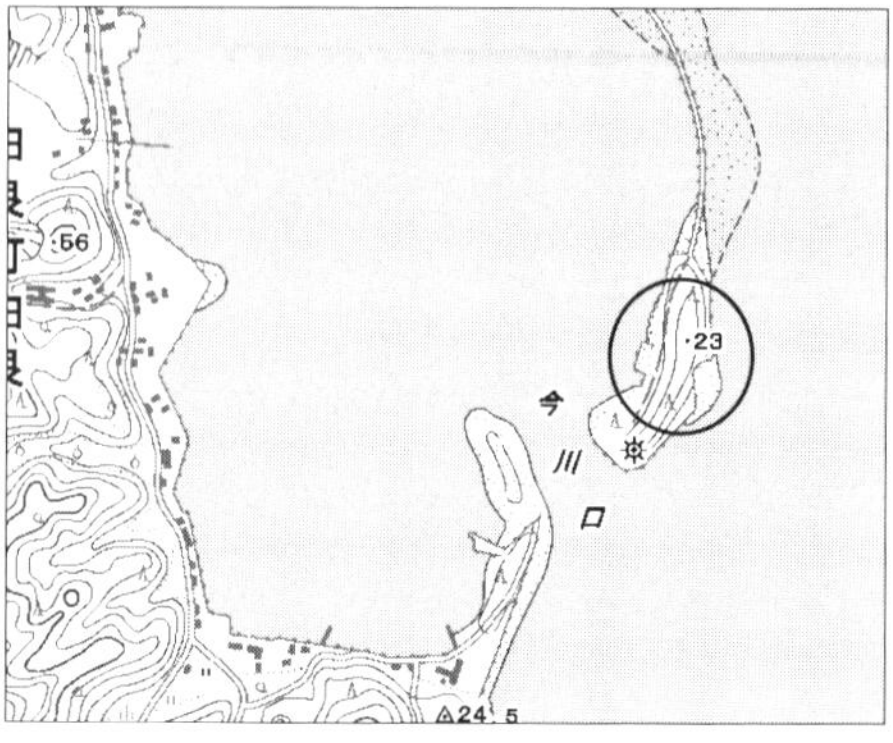

　この台場築造は徳川幕府の命によるが、すでに徳島藩では淡路での台場築造に着手していた。同年五月一〇日、由良の生石《おいし》・六本木台場の築造奉行に道奉行の今田増之助を任じ、一〇月九日には完成していた。一一月二五日、徳島

藩は再び今田に台場築造を命じ、工事は翌安政二年五月に終了する。これが、高崎台場の築造であった。同年正月、幕府は勘定奉行・海防掛の石河《いしこ》政平が率い、大久保忠寛や勝海舟らが参加する調査団に大阪湾岸の防衛体制の視察を命じた。一行は二月二四日に由良に宿泊している。

安政五年正月一六日、やはり徳島藩は今田に台場の拡張工事を命じた。これ以前、徳島藩では西洋流砲術と台場築造に詳しい藩士の勝浦安右衛門を洲本に居住させ、洲本・由良・岩屋の三ヶ所の台場築造御用を命じていた。この工事は、文久元年（一八六一）一二月一六日に終了する。同三年には、上洛した将軍徳川家茂が幕府の軍艦順動丸に乗り、大阪湾の台場群を視察した。ほぼ由良の台場は完成しており、家茂は上陸したうえでの視察だったという。

紀淡海峡をのぞむ。左の島が高崎台場跡、右側の陸地が本州側

由良地域には高崎台場のほか、六本松台場（白浜台場、オランダ台場とも）、生石台場、丸山台場などが築造された。白浜台場は高崎台場の北の砂洲上にあり、生石台場は今川口を隔てた本島側にあった。丸山台場は、由良南端の独立丘陵上にあったという。紀淡海峡の由良瀬戸では、東岸に和歌山藩も台場群を築造しており、由良の台場群と呼応して防御する形となった。やがて、由良地域では高崎台場が重視されるようになり、洋式大砲の配備を可能にする改修と拡張が行われたと考えられている。なお、近代以降の周辺一帯では、由良要塞の整備が進められていく。

【構造と評価】台場の構造は、明治時代以降の由良要塞建設にともなう詳細な地形測量図にみえる形から、大阪湾岸に面した東側を稜堡《りょうほ》式とするものであった

上：今川口に面した高崎台場跡の高石垣
下：北からみた生石台場跡の遺構

ことがわかる。これは現状遺構からも首肯でき、台場東側の石垣の稜線は平面が「M」字型のようになる凸部と凹部が認められる。全体の規模は、南北約三七〇×東西約一〇〇メートルと大きな台場であり、この様相は、たとえばグーグルマップのようなインターネット上の地図においても看取できる。

主に東側の石垣には、花崗岩《かこうがん》が使用されている。角部を算木積《さんぎづみ》で構築する近世城郭のような高石垣であり、刻印が認められている。成ヶ島北端の成山には、由良城という近世初頭に蜂須賀家が築いた城郭が存在していた。台場には、この城郭の石垣石材が転用されたとみられる。

六本松台場の構造は、大阪湾側に逆「V」字型に塁線が突出する平面形で、四方を土塁が取り囲む。土塁は西側の由良湾側でくい違い、開口する虎口《こぐち》となる。およその規模は、五〇メートル四方と推測される。生石台場の構造は、大阪湾側を短辺とする台形状の平面形で、やはり四方を土塁が取り囲んだものであった。西側の土塁が開口するが、くい違う構造ではない。規模は、約五〇メートル四方に収まる。丸山台場については、構造を含めて不詳な部分が多い。

【現状】高崎台場の内部には、明治時代以降に高崎砲台や高崎灯台が建設された。このため、北側の火薬庫や由良湾側の船着場の土塁、石垣などの施設を除く幕末の台場遺構の多くが失われ、反面では近代要塞の遺構が残されている。

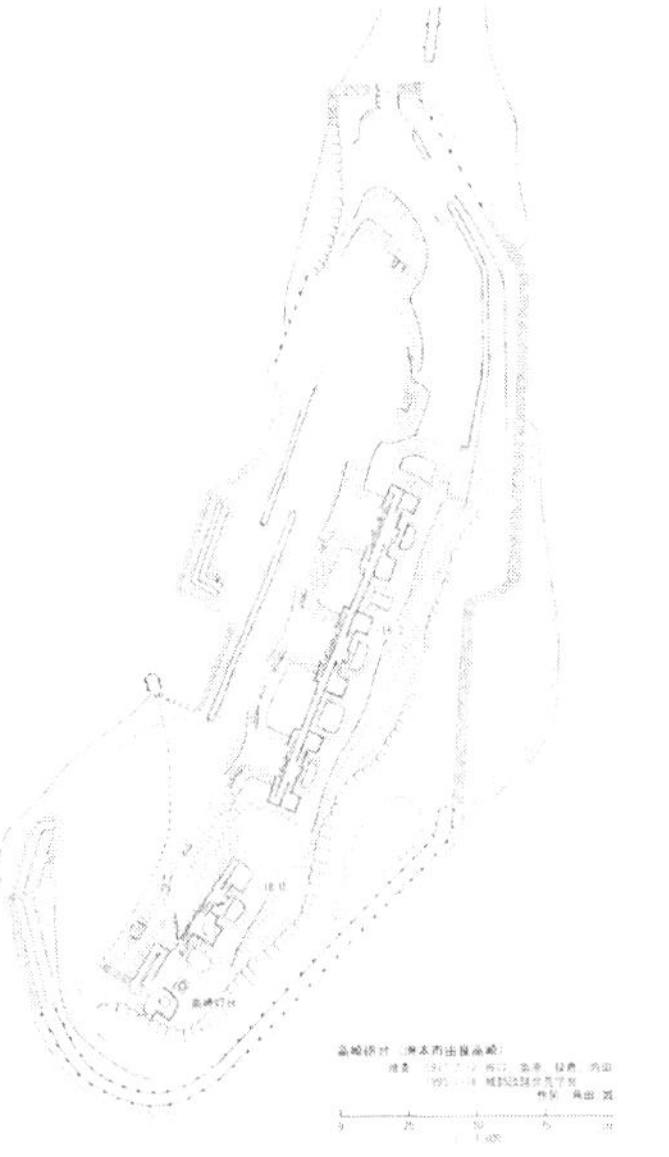

高崎台場跡の現状図　本書角田論文より

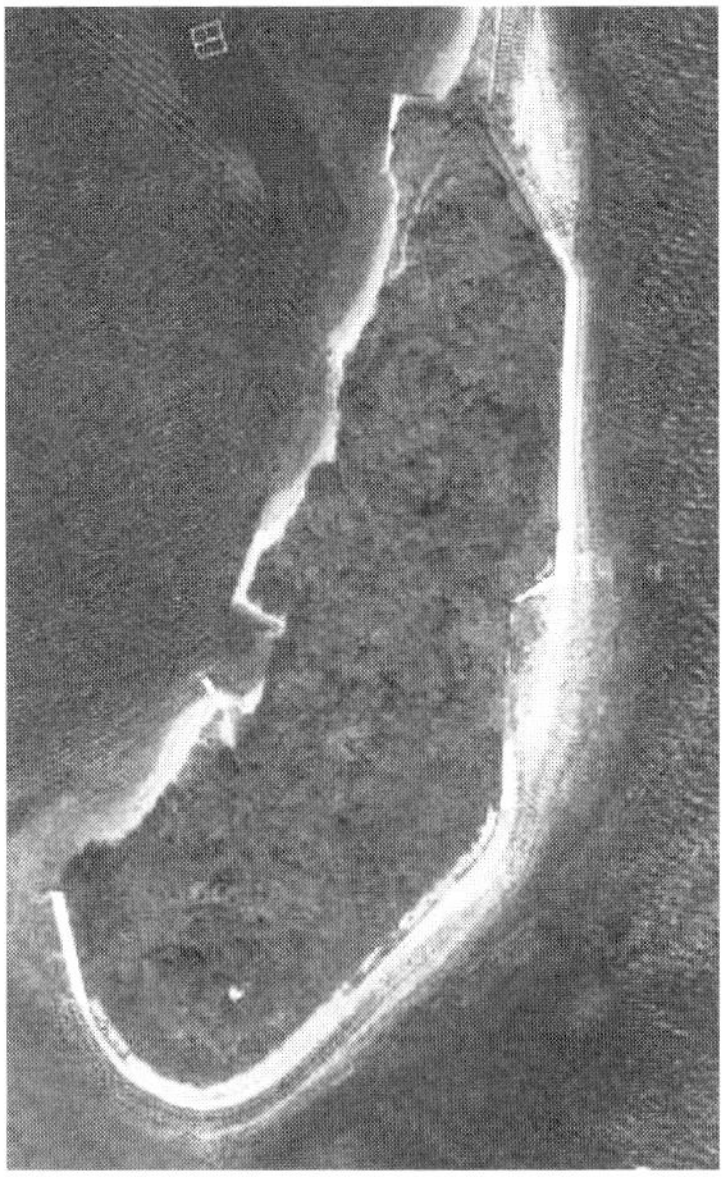

台場跡の衛星写真　Ⓒ 2018 Google

石垣は外海に面した東側でよく残り、南側ではコンクリート護岸に代わる部分が多い。コンクリート護岸は、昭和三六年（一九六一）の第二室戸台風で石垣が崩落した後の新たな護岸である。

六本松台場跡では、くい違い虎口周辺の土塁と一部の石材が残る。生石台場跡では、海側の土塁の一部が堤防護岸に埋まるように残り、石垣を見ることもできる。

成ヶ島には、由良からの渡船で渡ることができ、瀬戸内海国立公園の一部として整備されているが、高崎台場へと続く堤防上は歩道が整備されていない。このため、立ち入りを控えるようにとの告知がなされている。（中西裕樹）

［参考文献］川越重昌「由良浦台場（淡路）築造始末」（『淡路の歴史』大阪淡友会、一九七七年）／角田誠「淡路島における幕末海防築城」（『淡路洲本城』城郭談話会、一九九五年。本書所収）／望月悠佑「高崎台場」（『ヒストリア』二一七、二〇〇九年）／兵庫県歴史文化遺産活用活性化実行委員会編『幕末・明治の海防関連文化財群の調査研究—広域に所在する文化財群の調査と活用—』（二〇一五年）

14 カゴバ台場《だいば》

①所在地：和歌山県和歌山市雑賀崎
②年　代：安政元年～安政二年（一八五四～五五）
③管　轄：紀州藩
④遺　構：石垣・土塁

【立地】カゴバ台場は、和歌山市南西部にあたる雑賀崎《さいがざき》にある通称「トンガの鼻」に築かれた。約三七〇メートル南西には、元番所台場がある。紀州徳川家の居城である和歌山城は、ここから約四・八キロ北東に位置し、城との連絡が可能な位置にある。

【築造の歴史と背景】安政元年（一八五四）一月～同二年九月に比定される「紀藩海防図」（巽家蔵）には、当台場の存在が記されている。打ち手の砲術家の名前までは記されていないが、この頃には整備されていたと考えられる。

【構造と評価】岬の先端にあたる標高約二一メートル地点に平場Ⅰがあり、その周囲を平場Ⅱ～Ⅳが取り巻く。平場Ⅰは、外面に石垣をともなう土塁で囲郭され、中央に土壇Ａを配する。土壇Ａを発掘調査したところ、逆Ｖ字型の石垣が検出された。角田誠氏はこれを、洋式の車載砲の砲座跡と推定する。

Ⅰを中心とする平場群の西方に、平場Ⅴ・Ⅵがあり、いずれも土塁をともなう。土塁Ｂは、攻撃時の衝撃を和《やわ》らげるために海側の前面を土塁とし、内側と側面に石垣を設けている。なお、当台場の石垣はすべて、雑賀崎において豊富に産出される結晶片岩《へんがん》で積まれている。Ⅶは、人工的に削平された痕跡《こんせき》はみられないが、たいへん見晴らしがよ

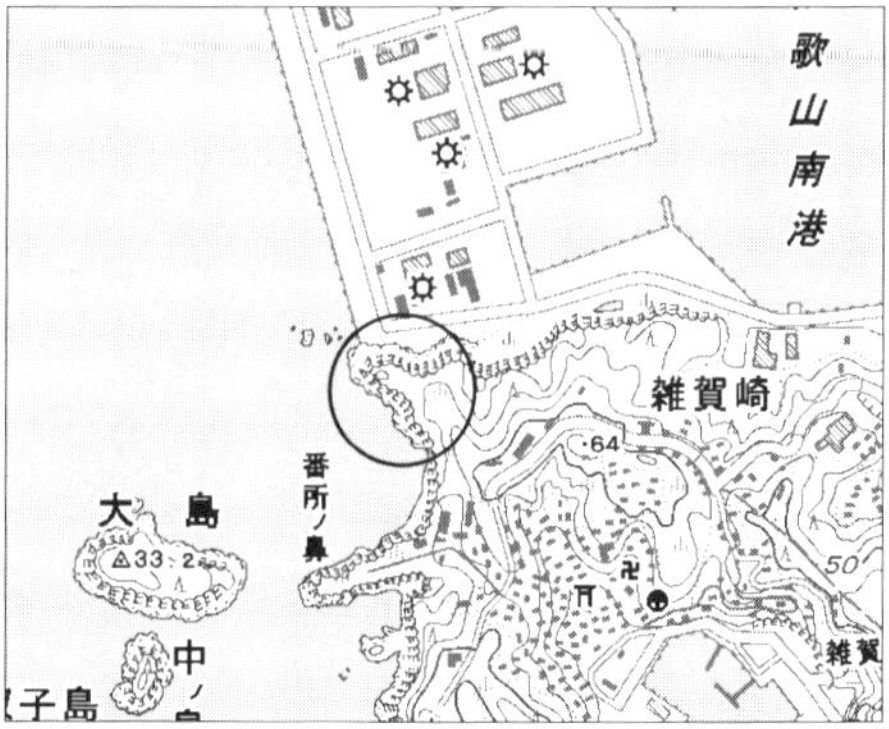

く、和歌山城を北東に眺めることができる。角田氏は、ここに狼煙《のろし》場《ば》があったのではないかと推定している。

【現状】当台場は、平成二二年（二〇一〇）に県史跡に指定された。草木がきれいに刈り取られ、幕末期の台場の姿を良好な形でみることができる。また、石垣・土塁など主要な遺構は三次元レーザー測量で把握され、詳細な現状記録が作成されつつある。（新谷和之）

［参考文献］武内善信「「海防図を読む」―幕末和歌山藩の御台場と海防―」（『和歌山市立博物館研究紀要』三、一九八八年）／藤藪勝則「雑賀崎台場跡　確認調査」（『和歌山市内遺跡発掘調査概報―平成19年度―』和歌山市教育委員会、二〇〇九年）／角田誠「和歌山市河南に所在する幕末の台場の構造」（『和歌山城郭研究』一二、二〇一三年）／藤藪勝則「雑賀崎台場跡第3次調査」（『和歌山市埋蔵文化財発掘調査年報―平成25年度（二〇一三年度）―』二〇一六年）／同「雑賀崎台場の構築とその背景―紀州藩幕末台場の一事例―」（『和歌山市立博物館研究紀要』三二、二〇一七年）

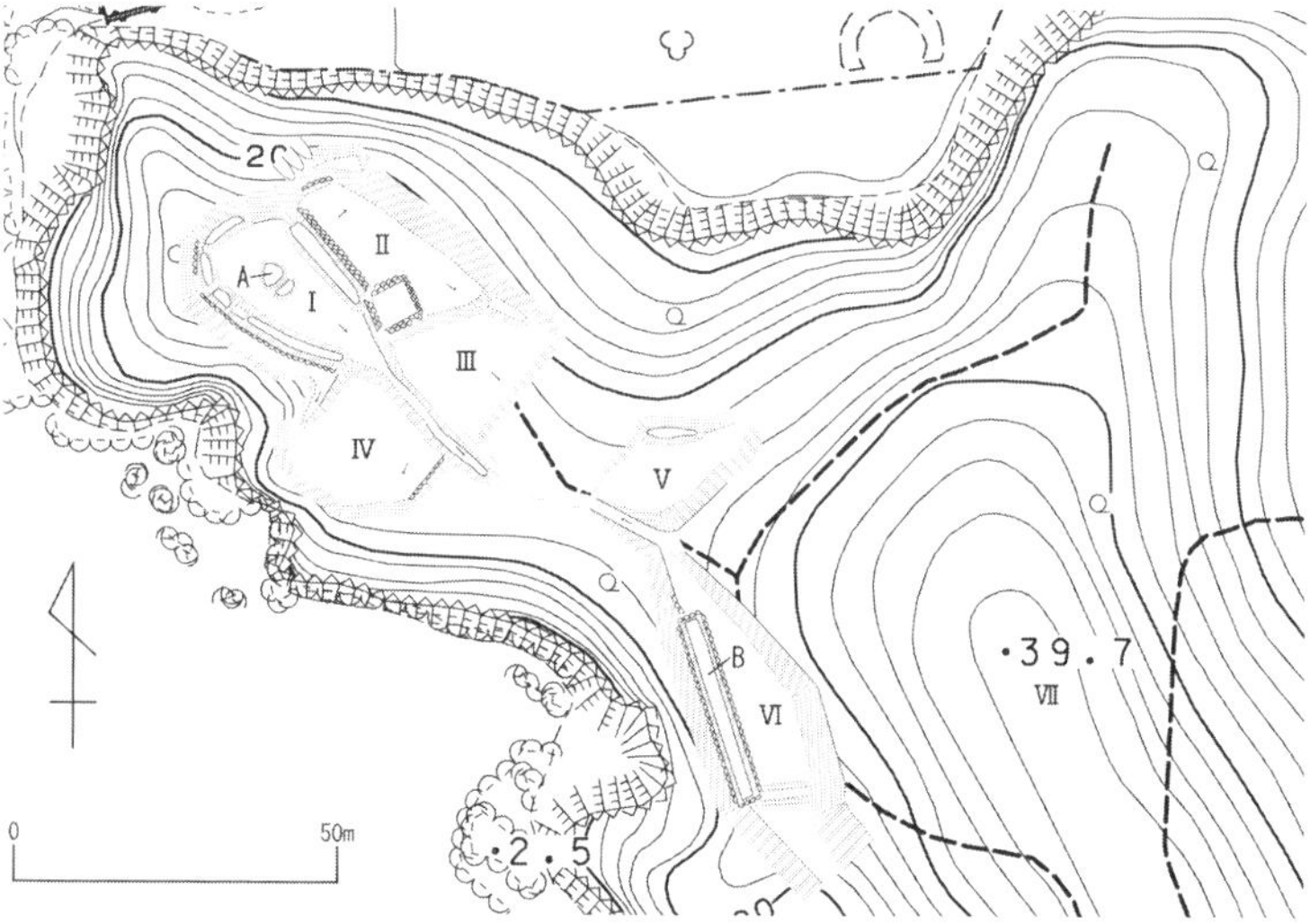

カゴバ台場縄張り図　作図：新谷和之

土塁B

15　元番所台場《もとばんしょだいば》

①所在地：和歌山県和歌山市雑賀崎番所ノ鼻
②年　代：安政元年（一八五四）
③管　轄：紀州藩
④遺　構：土塁

【立地】元番所台場は、和歌山市南西部の番所ノ鼻に位置する。番所ノ鼻の西沖には大島・双子島などの小島が点在し、最も近くにある大島との距離は一〇〇メートルに満たない。海上交通上のチェックポイントとなるべき位置にあるといえよう。

【築造の歴史と背景】安政元年（一八五四）九月にロシアの黒船ディアナ号が来航した時の様子を記した『異船記』（和歌山県立図書館蔵）には、当台場が描かれている。したがって、少なくともこの時点では当台場が整備されていたことがわかる。

【構造と評価】『異船記』は、当台場の規模を「長折曲四十九間一尺、高七尺、厚二間一尺」とし、ほぼ四周を土塁で囲郭《いかく》した長方形に近い台場の様子を描いている。

現状では、図のように土塁をもつ平場Ⅰ・Ⅱが確認できる。平場Ⅰは、東西約七五メートル、南北約二四メートルの規模で、南面から西面にかけて土塁がまとまって確認できる。角田誠氏によると、一九八〇年代には北面にも土塁が連続して残されていたという。土塁の内側にある土壇Ａ・Ｂを砲床土段、土塁が開口するＣ～Ｄを砲門開口部と角田氏は評価する。ただし、土壇Ｂと開口部Ｄ・Ｅは、岬の下に降りる道沿いにあり、少なからず改変を受けているように見受けられる。

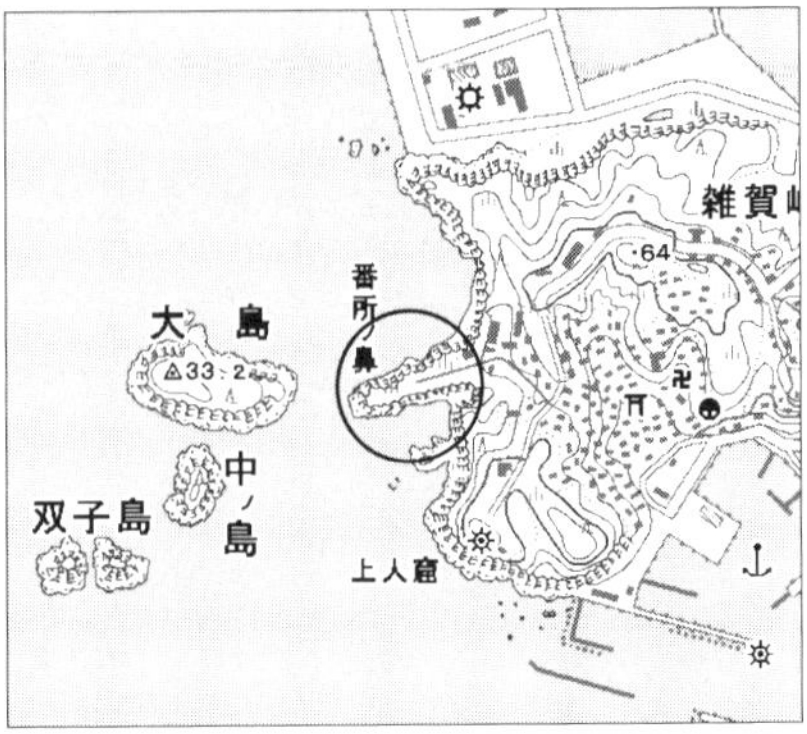

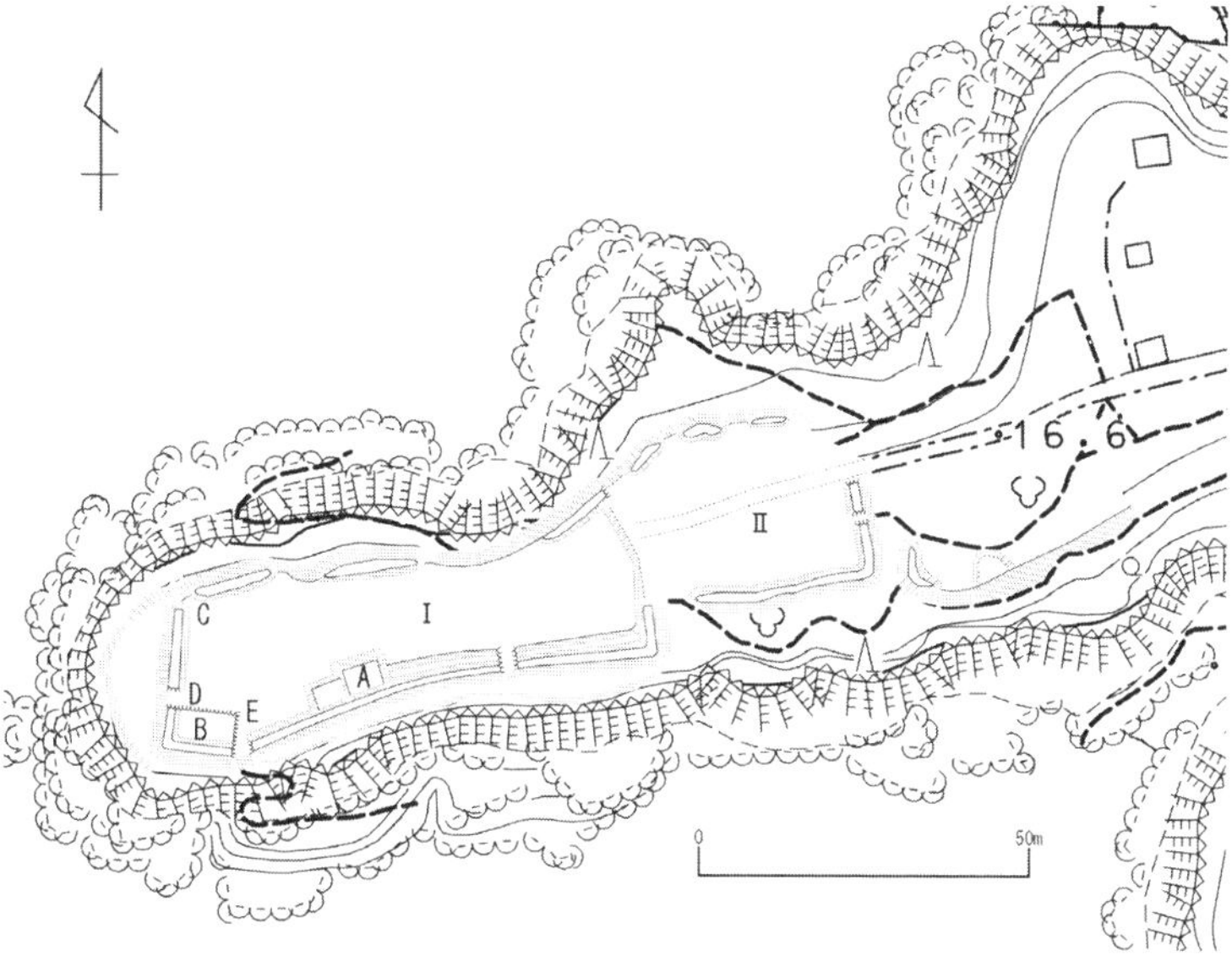

元番所台場縄張り図　作図：新谷和之

平場Ⅰの現状

平場Ⅱは、東西約三五メートル、南北約二五メートルの規模で、東面から南面にかけて土塁がめぐる。角田氏の調査によると、現在の平場Ⅱの中央を東西に走る道に沿う形で土塁があり、平場Ⅱは四方を土塁で囲まれていたようである。

なお、平場Ⅱの東方にも土塁らしきものがみられるが、台場にともなう遺構かどうかは判然としない。

【現状】跡地は番所庭園として整備され、対岸の大島やカゴバ台場を一望することができる。その反面、すでに述べたように、庭園の整備にともない土塁の一部が失われ、かつての台場の構造がつかみにくくなっている。

（新谷和之）

［参考文献］角田誠「和歌山市河南に所在する幕末の台場の構造」（『和歌山城郭研究』一二、二〇一三年）

16 唐崎《からさき》・大塚台場《おおつかだいば》

①所在地：大阪府高槻市番田一丁目付近、大塚町三丁目付近
②年　代：元治元年（一八六四）カ
③管　轄：高槻藩
④遺　構：無

【立地】唐崎・大塚台場は、京都南郊から大阪湾へと流れる淀川右岸の堤上に並んで立地する。西流する淀川が南へ方向を変え、芥川との合流点付近にあたる。

【築造の歴史と背景】台場の所在地は、おおむね高槻藩領にあたる。高槻藩主は譜代大名の永井氏で、石高は三万六千石である。慶安二年（一六四九）の入部以来、永井氏は京坂間の城持・譜代大名として淀川右岸にまとまった所領が設定され、幕末には京都と大坂の警衛に関わった。

安政元年（一八五四）にロシア艦が大阪湾内に侵入して以降、朝廷を中心に淀川の警衛が意識され、文久三年（一八六三）に京都守護職の会津藩主松平容保《かたもり》が淀川べりの楠葉台場（大阪府枚方市）・梶原台場（大阪府高槻市）の築造契機となった建白を幕府に行っている。同年三月、淀川左岸の京街道の宿・枚方の警衛を高槻藩が担当することになった。翌年の元治元年（一八六四）、高槻藩は枚方にも近い唐崎・大塚台場を築造したとみられる。

【構造と評価】台場の概要は、高槻藩家老三嶋《みつしま》家に伝えられた「唐崎大塚村領淀川筋御台場開発図」（三嶋家文書）にうかがえる。「御臺《（台）》場」「牧《（枚）》方村」「元治元子年」の文字とともに、右岸の「淀川筋」に面した二つの台場を描く。「四月開発唐崎村領」とある唐崎台場の規模は、五間×一〇間で「凡五十坪」とあり、淀川に向かって半円が突き出すよ

うな形である。しかし、張り紙の下に淀川の流れに沿う形の台場が描かれている。

「二月開発大塚村領」とある大塚台場は、五間×一七間の「凡八十五坪」の規模で、淀川に沿った形である。明治五年（一八七二）頃にオランダ人技師が作成した淀川絵図をみると、両台場付近では堤防が途切れ、大塚台場付近では三方向の土塁が認められる。

ただし、明治元年以降、同四年、同九年、同一八年と淀川が氾濫《はんらん》し、周辺地域を襲った。以降、淀川流域では堤防や流路付け替えなどの治水工事が大規模に進む。このため、台場の遺構は早期に失われたものと思われる。

【現状】 唐崎台場は現在の芥川左岸の河口部付近、大塚台場は枚方大橋付近のそれぞれ堤防周辺が比定地となる。しかし、現状では痕《こん》跡《せき》を見出すことは難しい。

（中西裕樹）

［参考文献］枚方市立中央図書館市史資料室編『楠葉台場跡（史料編）』（馬部隆弘氏担当部分、財団法人枚方市文化財研究調査会・枚方市教育委員会、二〇一〇年）／高槻市立しろあと歴史館『幕末京都をめぐる雄藩と高槻─黒船来航から鳥羽・伏見の戦いまで─』（二〇一〇年）

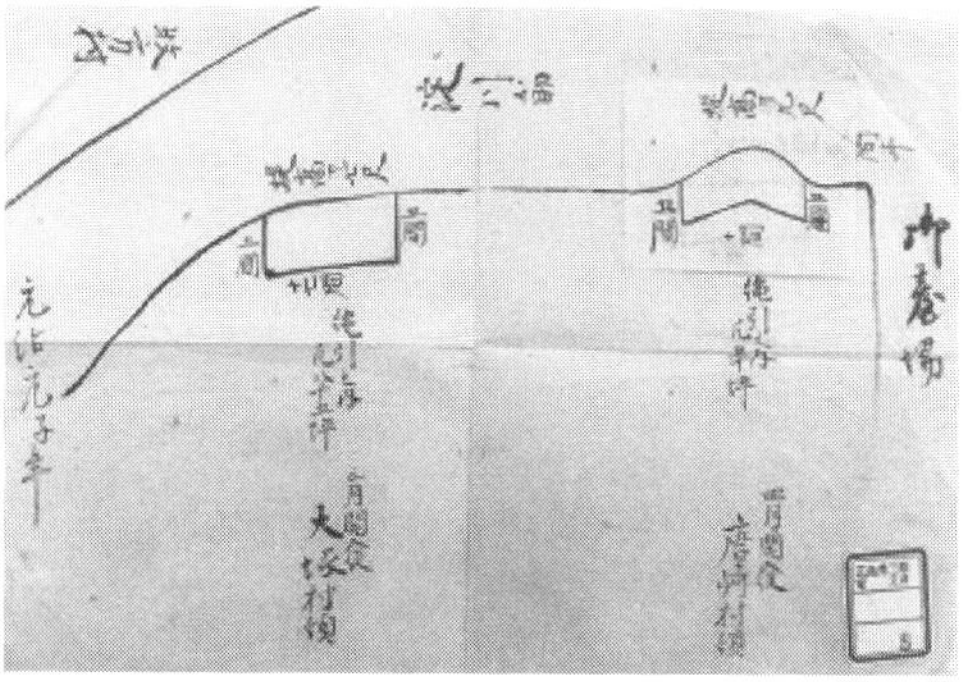

上：唐崎大塚村領淀川筋御台場開発図（三嶋家文書）
下：淀川からみた芥川合流点。唐崎台場が近くにあった

17 梶《かじ》原《はら》台《だい》場《ば》

①所在地：大阪府高槻市梶原三丁目・上牧北駅前町付近
②年　代：元治元年（一八六四）～慶応元年（一八六五）
③管　轄：徳川幕府（会津藩）
④遺　構：区画

【立地】梶原台場は、淀川右岸の山地と内ヶ池に挟まれた平地に立地し、京都盆地南西の山崎地峡とは約三キロの距離がある。周辺の上牧《かんまき》村・神内《こうない》村・梶原村の境界にあたり、小字《こあざ》を「関問跡」という。当時の基幹陸路である西国街道の直上に位置する一方、水上交通が発達した淀川とは約一キロの距離があった。

【築造の歴史と背景】梶原台場の築造は、文久三年（一八六三）三月に京都守護職として上洛した会津藩主松平容保《かたもり》が、幕府に「八幡」「山崎」での関門設置を建白したことにはじまる（『七年史』）。これには、朝廷が模索した淀川を遡上《そじょう》する異国船対策の台場設置を実現するという建前があった。台場の修築総裁には勝海舟（麟太郎）が就き、会津藩の野村左兵衛らが担当者となった。五月一日には容保、同二四日には海舟らが現地周辺を視察している。

築造場所は、九月二一日に決定され、一〇月一二日には高浜村（大阪府島本町）と上牧村の境で、京都町奉行所与力と同心、会津藩らが立ち会って「杭打」「縄張」がなされた。高浜村庄屋の西田家は、この経緯を領主の旗本鈴木家（江戸在府）に伝えている。しかし、翌元治元年（一八六四）三月末に「御台場」の工事は延期となり、六月に「関門」の築造が場所を変えて西国街道上ではじまった（以上、西田家文書）。

築造の延期と場所の変更には、対立する長州藩が前年の八月一八日の政変で下国した際、西国街道を利用したことが一因であろう。工事再開直後の七月、やはり長州藩は西国街道を通って禁門の変を起こしている。同年一一月、再び工事がスタートし、翌慶応元年（一八六五）に完成した。七月一二日に幕府は津藩に台場の警衛を命じ、八月八日に供用開始を布告する（『続徳川実紀』）。津藩は、伊賀上野城代・藤堂采女《うねめ》を中心に、藩兵は主に山崎（京都府大山崎町）に分宿した模様である。なお、台場は村境に位置したため、当時の呼称は一定しない。

この後、勅命で長州藩主は入京を禁じられたが、慶応三年一〇月の倒幕の密勅を受け、長州藩兵は京都を目指す。

山手の妙浄寺（旧正覚寺）から見た梶原台場跡

一一月二九日には打出浜（兵庫県芦屋市）に上陸し、京都と西国街道で結ばれる西宮（同西宮市）に屯集《とんしゅう》した。このため、津藩では上牧村や淀川沿いに簡易な台場や番所を設けて兵を配し、高槻藩と情報収集などの有事に備えた（以下『藤堂藩山崎戦争始末』）。

一二月六日に長州藩兵が昆陽宿《こや》（兵庫県伊丹市）へ進出すると、津藩では台場近隣の街道沿いに篝火《かがりび》をあげた。入京中止の交渉が進められたが、長州藩兵が八日に台場直前にまで進み、開戦が迫った。しかし、ほどなく長州藩主へ入京が勅許されたことで長州藩兵は無事、台場を通過する。

直後の翌年一月三日に鳥羽・伏見の戦いが起こり、旧幕府軍は津藩に同調を求めた。しかし、梶原台場に勅使が派遣されたため、津藩兵は五日に淀川べりの高浜周辺から楠葉台場の旧幕府軍に砲撃を加えた。旧幕府軍は敗退し、津藩は七日

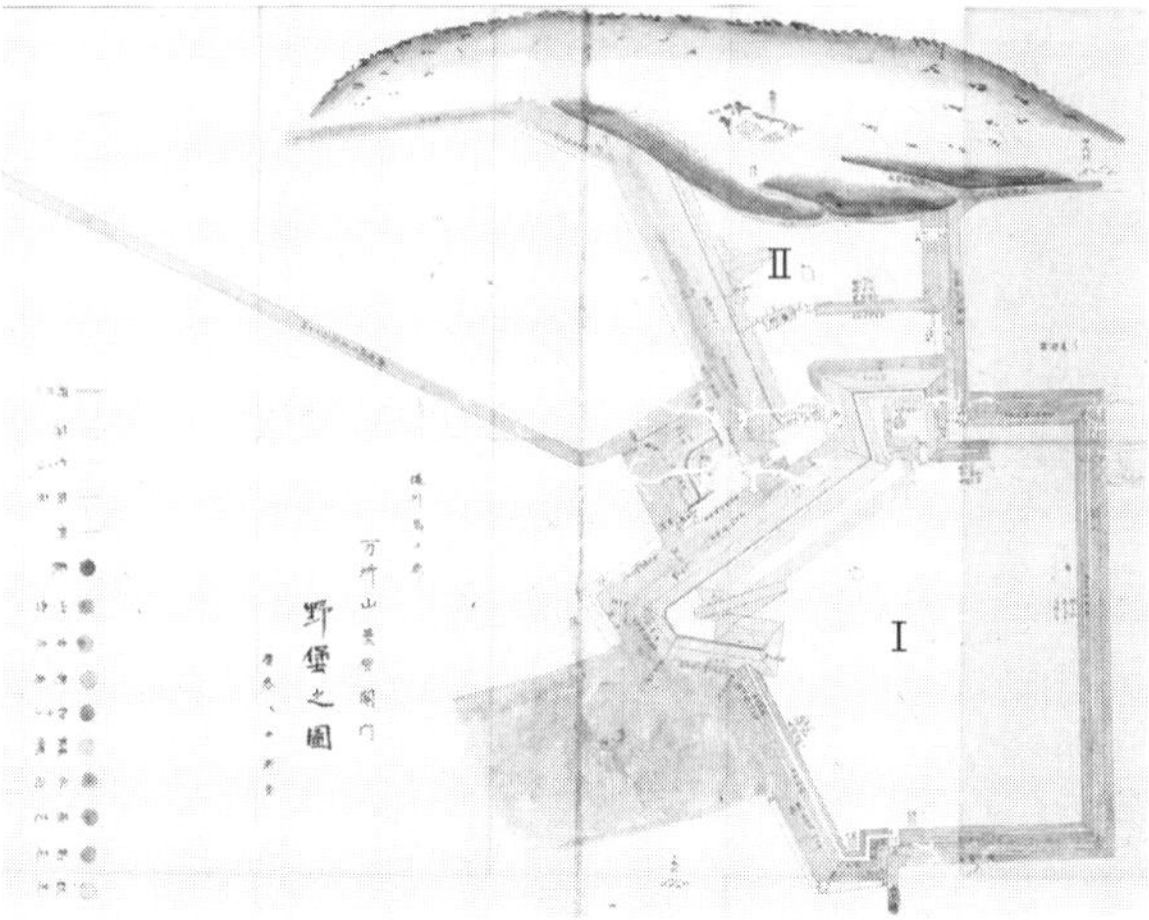

神内炮台図　摂州島上郡万所山塁壁關門　野堡之図（国土地理院蔵）に加筆

に台場の守備を広島藩と交代した。台場は、翌明治二年（一八六九）二月に機能を終える。

【構造と評価】 台場の構造は、国土地理院蔵「神内炮台図 摂州島上郡万所山塁壁關門 野堡之図」にみることができる。絵図の作者は、津藩抱えの伊賀の和算学者・村田恒光で、慶応元年（一八六五）の完成を示す「慶應乙丑新築」の記載がある。上方山裾の正覚寺、左下の内ヶ池、神内村・上牧村の位置は現在と変わらない。

台場は大きく二つの区画で構成され、南側の土塁と堀の規模が大きい。規模は、南北約二〇〇×東西約三〇〇メートルに復元される。Ⅰは弾薬庫と二ヶ所の虎口《こぐち》（出入口）を設けるが、Ⅱとは直接連絡せずに内ヶ池と街道を射程に収める稜堡《りょうほ》（砲台）を備えた。Ⅱは西国街道（「新規往還道筋」）を引き込み、番所を設けた。街道には、半月堡《はんげつほ》（馬出）や枡形《ますがた》という戦国期以来の城郭の虎口技術を駆使し、複雑な導線を設定する。街道に向く砲台が存在し、土塁と柵で街道と内部空間を分けていた。台場は、図の右側で「神南社」を避け、屈曲する形となった。

梶原台場の評価は、同時設置の楠葉台場（大阪府枚方市）に重なる。淀川に接した楠葉台場は、大坂方面の水面に稜堡（砲台）を向けつつ、内部に京街道を引き込んだ。馬部隆弘氏によれば、事実上の楠葉台場の機能は街道上の関門であったが、朝廷の淀川台場構想の実現を示すために稜堡を淀川に向けた。

梶原台場の場合、西国街道上に馬出（半月堡）を備えるなど、楠葉台場以上に関門機能が強化された。淀川と接続する内ヶ池に稜堡（砲台）を向けるが、この池に大型の艦船が遡上する条件はない。強引であるが、朝廷の淀川台場構想を受けた形での関門設置を意図している。幕末の長州藩は、軍事的に西国街道を利用した。この危機感が梶原台場の構造と立地に反映している。

また、両台場の築造予定地は「八幡・山崎」という町場であったが、実際には離れた村境に設置され、かつ既存の宗教施設を避けた。地域住民との軋轢《あつれき》を避け、現実的な築造場所を求めた結果であろう。

【現状】明治時代の絵図では台場の輪郭が認められるものの、明治九年（一八七六）に現ＪＲ京都線が内部を貫通し、同一二年の仮製地形図ではＩの稜堡のみがマウンドとして認められる。昭和三年（一九二八）には、現阪急京都線が稜堡上を通過する形で開通し、やがて梶原台場の存在は忘却されていく。代わって、鳥羽・伏見の戦いでの戦場となった高浜に恒常的な台場が所在したとの認識が広まるが、高浜に存在したのは船番所と仮設の台場であった。この事実誤認が梶原台場を近年まで忘却させていた。

現在、台場の遺構は地表面に確認できず、現地は住宅地や鉄道敷地などになるが、大まかな地割を追うことはできる。

（中西裕樹）

［参考文献］中西裕樹「梶原台場の復元と幕末の築城」（『城館史料学』六、二〇〇八年）／同「梶原台場の歴史と構造」（『ヒストリア』二一七、二〇〇九年）／枚方市立中央図書館市史資料室編『楠葉台場跡（史料編）』（馬部隆弘氏担当部分、財団法人 枚方市文化財研究調査会・枚方市教育委員会、二〇一〇年）

18 楠葉台場《くずはだいば》

①所在地：大阪府枚方市楠葉中之芝二丁目
②年　代：元治元年（一八六四）～慶応元年（一八六五）
③管　轄：徳川幕府（会津藩）
④遺　構：堀・平坦面・区画

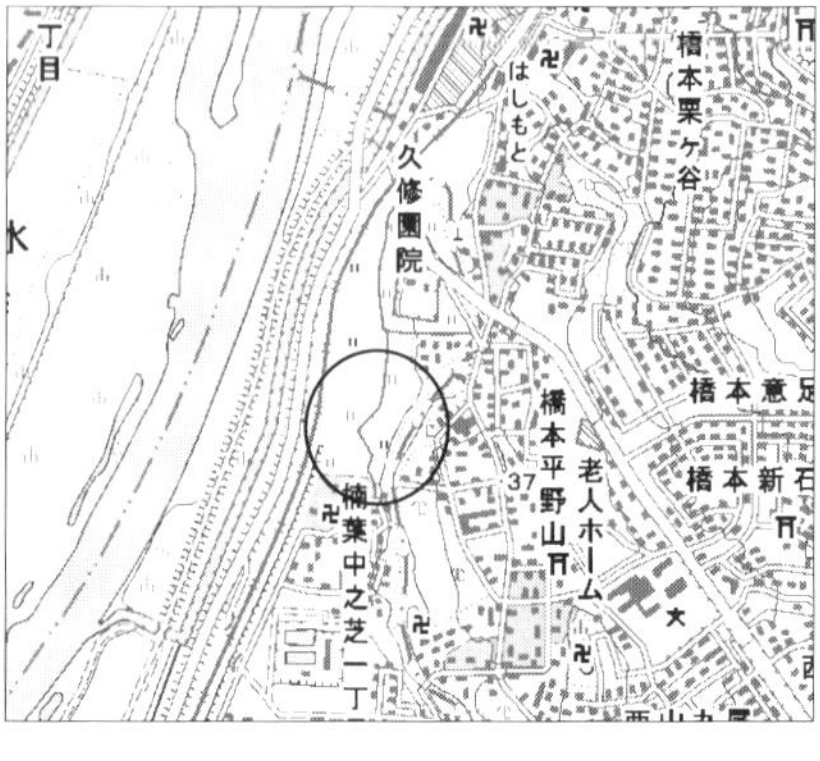

【立地】楠葉台場は、淀川左岸の男山丘陵と淀川の流れによる狭隘《きょうあい》な平地に立地し、付近は京都盆地南西を扼《やく》する山崎地峡の一角にあたる。当時の基幹陸路である京街道の直上に位置して、水上交通が発達した淀川とは放生《ほうじょう》川を挟んで向き合った。京街道の橋本宿（京都府八幡市）のはずれにあたる。二〇一一年に国の史跡に指定されている。

【築造の歴史と背景】楠葉台場の築造は、文久三年（一八六三）三月の京都守護職・会津藩主松平容保《かたもり》による幕府への「八幡」「山崎」関門設置の建白にはじまる（『七年史』）。安政元年（一八五四）にプチャーチンが乗るロシア艦が大阪湾内に侵入して以来、朝廷を中心に淀川の警衛が意識され、沿岸の台場築造が構想されていた。幕府はこの建白を採用して勝海舟（麟太郎）に修築総裁を命じ、補佐に津藩抱えの学者広瀬元恭《げんきょう》と京都の医師・栗原唯一を付けた。広瀬元恭は、西洋式城郭に関する著書『築城新法』を記した当代一流の蘭学者で、栗原唯一は大坂の適塾出身者であった。

当初から関門は、西洋式の築城プランを採る方針があり、勝海舟には万延元年（一八六〇）完成の稜堡《りょうほ》式プランを採用した神奈川台場（横浜市）の設計経験があった。会津藩では野村左兵衛らが担当者となり、五月には容保・海舟らが現地を視察した。この後、会津藩の京都守護職の罷免《ひめん》問題、八月一八日の政変で長州藩が京都を去る混乱などを経て、一〇月に会津藩の中沢帯刀《たてわき》・広瀬元恭のほか、京都町奉行所、幕府大工頭中井家の関係者らが楠葉の村役人らと立ち合い、築造地に杭が打たれた（今中家文書）。

元治元年（一八六四）の長州藩による禁門の変の騒動収束後、普請が本格化する。慶応元年（一八六五）五月一四日、完成した楠葉台場を松平容保と弟で京都所司代・桑名藩主の松平定敬《さだあき》が視察している（「浅羽忠之助日記」）。八月八日、幕府は梶原台場とともに供用開始を布告した（『続徳川実紀』）。楠葉台場は関門であり、楠葉の住人には出入り御免の鑑札が渡されたとの逸話が残され、実際に印札がつくられていた（今中家文書）。また、淀川筋の監視強化のため、楠葉台場と淀川対岸の高浜（大阪府島本町）には、船番所が設けられる。

史跡の仮整備がなされる以前の楠葉台場の堀

慶応四年一月三日、新政府軍と旧幕府軍が京都南郊で衝突した鳥羽・伏見の戦いがはじまると、五日に旧幕府軍は楠葉台場周辺に集まった。淀川対岸の津藩に同調を求めたが、梶原台場へ勅使が派遣されるに至り、否応なく津藩は旧幕府方へ手切れを通告する。津藩兵は淀川べりの高浜村周辺から砲撃を加え、周辺地域が混乱に巻き込まれるなか、旧幕府軍は敗退した。台場は、翌明治二年（一八六九）一二月、機能を終える。

【構造と評価】台場の現地の遺構に加え、京都府立京都学・歴彩館蔵「河州交野郡楠葉村関門絵図」にみることができる。規模は、南北約三〇〇×東西約

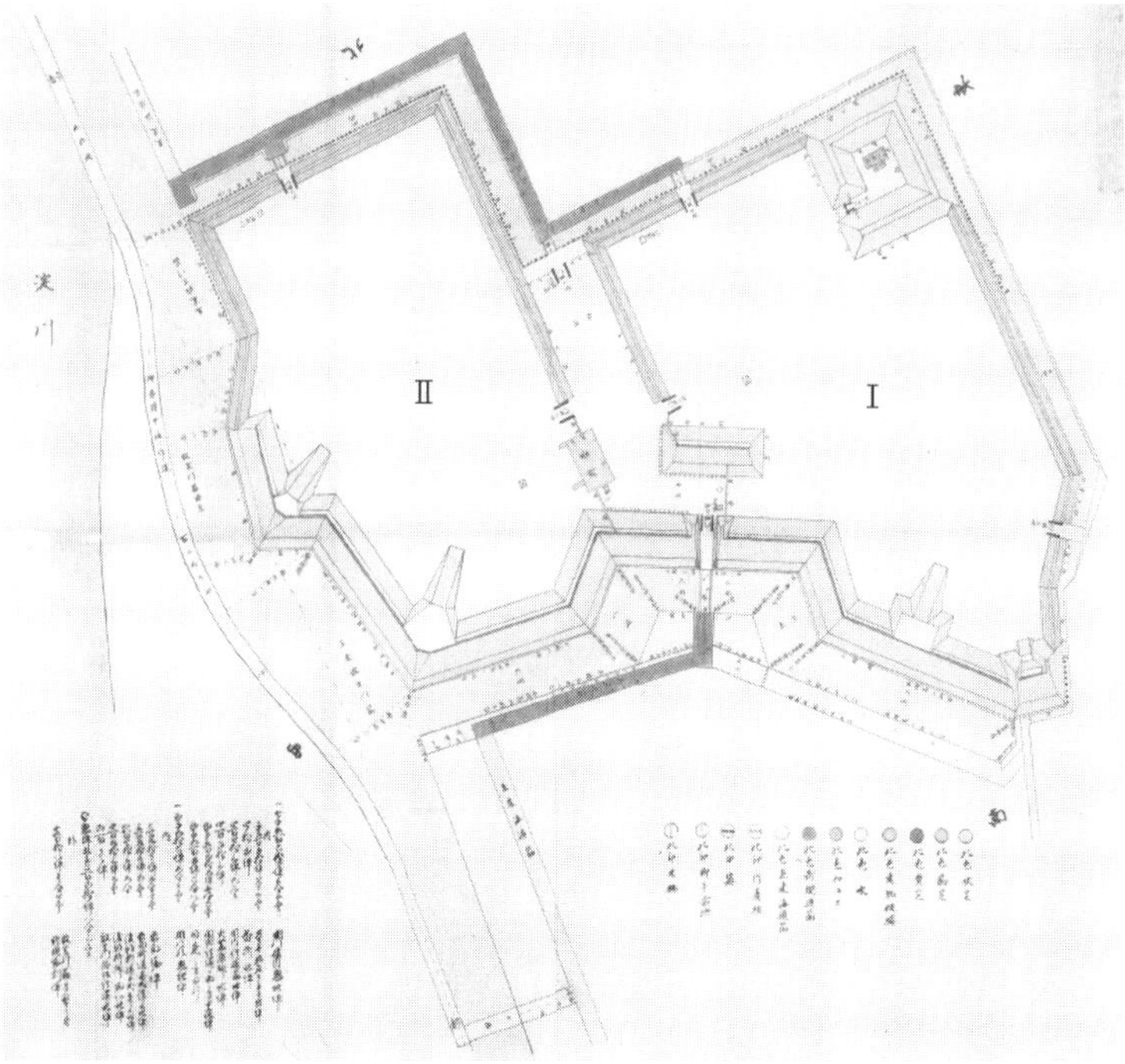

河州交野郡楠葉村関門絵図（京都府立京都学・歴彩館蔵）に加筆

二〇〇メートルであり、大きくⅠ・Ⅱの二つの区画がある。砲台の突出距離は短いものの、その形態は明らかな稜堡式城郭であり、南側の虎口《こぐち》（出入口）周辺の構造は五稜郭（北海道函館市）に近い。

Ⅰは北東隅を弾薬庫とし、三ヶ所の虎口を設ける。形態はすべて半入りであるが、二ヶ所が直接外部に連絡する一方、一ヶ所は内部を通過する京街道の通路に開く。南側の稜堡は、通常先端に配置されるはずの砲台が西にずれる。これは東側が丘陵斜面に接するためだろう。

Ⅱには番所があり、虎口は外部と街道に面した二ヶ所である。稜堡が二ヶ所あり、ともに先端は砲台となる。西側の砲台は小規模ながらも放生川、さらには淀川方面に向き、東側の砲台は淀川方面と京街道をともに砲撃できる位置にある。

堀と土塁は、全体的に南～西側が大規模で、この方面にのみ稜堡を設ける一方、北側の塁線は単純な直線で、屈曲は久修園院《くしゅうおんいん》の境内を避けるものであった。馬部隆弘氏は、この構造と歴史性を整合し、事実上の台場が街道の関門であり、淀川に向く稜堡は朝廷への台場構築を実現したというアピール、かつ敵対勢力へのカモフラージュであるとした。そして、京都を守る幕府を一般人にも知らしめるという、高度な政治性をともなった構築物という本質を喝破《かっぱ》した。見慣れない稜堡式築城は、最先端の技術を利用して権力を「見せる」仕掛けでもあった。これらの特徴は、同時築造の梶原台場に通じる（本書の中西「梶原台場」を参照）。

一方、両台場には異なる点もある。立地と構造上、楠葉台場が河川台場として機能し得る反面、梶原台場は淀川に対してまったく機能しない。淀川は京坂間を代表する交通路であり、楠葉台場の横には航行を監視する船番所が設置された。他方の西国街道は、幕府が押さえる大坂を経由せずに京都に到達し、実際に長州藩が軍事利用した。梶原台場は、この直上に築造場所を変更して築造され、半月堡《はんげつほ》（馬出）の設定などで楠葉台場よりも複雑な関門形態となった。両台場は本質を共有しつつ、それぞれ期待された個別機能を立地と構造に反映したと考えられる。

【現状】 現地では大規模な土地区画整理事業が実施され、国史跡として保存が図られている。堀や植栽、サイン設置などによる整備がなされ、台場跡は内部を通る京阪電車の車窓からもよく見える。ガイダンスのあり方や遺構の見せ方など、今後の本格的な整備内容の検討と実現が切望される。

（中西裕樹）

［参考文献］馬部隆弘「京都守護職会津藩の京都防衛構想と楠葉台場」（『ヒストリア』二〇六、二〇〇七年）／竹原伸仁ほか『楠葉台場跡（本編）』（財団法人 枚方市文化財研究調査会・枚方市教育委員会、二〇一〇年）／枚方市立中央図書館市史資料室編『楠葉台場跡（史料編）』（馬部隆弘氏担当部分、財団法人枚方市文化財研究調査会・枚方市教育委員会、二〇一〇年）／馬部隆弘「楠葉台場研究の回顧と展望」（本書所収）

あとがき

本書が刊行に至った経緯を述べて、あとがきとしたい。刊行の遠因は、編者の一人・中西が市民による城郭活用の取り組みに参加するなか、「お城グラフィッカー」を称する山本ゾンビさんから受けた相談にある。お住まいの近くに残る堺南台場のシンポジウムを企画したい、ついては私に報告と詳しい方の紹介を、というものだった。二〇一四年のことである。

この直前、城郭研究者として台場に精通されていた角田誠さんが急逝されていた。報告は、その立場で中西が安請け合いしたが、幕末史を論じる力は毛頭ない。そこで、後藤敦史さんに骨子《こっし》のご報告をお願いすべきと提案すると、すぐにご快諾を頂戴した。そして、シンポジウムに向けて、事前に堺南台場を見ておこうと思い、現地を訪れて呆然とした。都市公園の中に、「幕末の築城」たる巨大な台場遺構が非常によい状態で何げに残っている。しかも、公園にいる人たちと話をすると、台場がここにあったことなどは知らないという。これは何とかしたい、と私でさえ思った。

城郭は一種のブームを迎え、今ではコンビニでも城の本が買える。内容はピンキリである。しかし、学術に裏付けられた成果は正しく市民に理解され、遺跡を活《い》かす動きになることを、各地の研究や活動を通じて教わってきた。また、堺南台場の評価には、大阪湾全体の台場を知る必要がある。しかし、そのような成果は大阪歴史学会が二〇〇九年に発行した『ヒストリア』という学術誌しかない。大阪湾周辺の台場を「しっかり」とまとめた一冊がほしいと思うようになった。

二〇一五年三月に、ゾンビさん主催のシンポ「見よう！知ろう！堺台場」が開催されると、驚いたことに、会場には兵庫県域の台場に向き合う髙久智広さんらの研究者の姿があった。後藤さんと髙久さんには、二〇〇九年の楠葉台場をめぐるシンポでご一緒させていただいた縁もある。思い切って「台場本」の話をしたところ、即座に「やりましょう」と言っていただいた。白状すると、私の仕事はここまで。

編者の間では、「戦国時代に比べると、幕末の研究動向は一般に知られていないのではないか？」という話題にもなった。そこで、後藤さんと髙久さんが現在の学術テーマを牽引《けんいん》する各方面の研究者の方々に執筆を依頼し、ご快諾を得ることがかなった。本書は、当初のイメージをはるかに超えた幅をもつ、素晴らしいものに仕上がっている。玉稿をいただいた皆さまに、心から御礼と感謝を申し上げたい。また、刊行は当初の予定から大きく遅れてしまった。あわせて、お詫びを申し上げる次第です。

最後になりましたが、このような本書の趣旨をお汲み取りいただき、出版に踏み切っていただいた戎光祥出版株式会社代表取締役社長の伊藤光祥さん、さまざまな労をお執りいただいた同社編集長の丸山裕之さん、制作部の石田出さんに厚く御礼を申し上げます。

二〇一八年七月

中西裕樹

【執筆者一覧】

総論

後藤敦史　別掲。

髙久智広　別掲。

第1部

久住真也　一九七〇年生。現在、大東文化大学文学部准教授。

上田長生　一九七八年生。現在、金沢大学人間社会研究域歴史言語文化学系准教授。

唐澤靖彦　一九六六年生。現在、立命館大学文学部教授。

中西裕樹　別掲。

高田祐一　一九八三年生。現在、国立文化財機構奈良文化財研究所企画調整部文化財情報研究室研究員。

第2部

馬部隆弘　一九七六年生。現在、大阪大谷大学文学部准教授。

角田　誠　一九四九年生。二〇一四年逝去。城郭談話会・近代築城遺跡研究会・和歌山城郭調査研究会会員。

小林和美　一九七三年生。現在、堺市文化観光局文化部文化財課主査。

第3部

新谷和之　一九八五年生。現在、近畿大学文芸学部文化・歴史学科特任講師。

【編者紹介】

後藤敦史（ごとう・あつし）

1982年生まれ。大阪大学大学院文学研究科博士後期課程単位取得退学。博士（文学）。現在、京都橘大学文学部准教授。

主な著作に、『開国期徳川幕府の政治と外交』（有志舎、2015年）、『忘れられた黒船』（講談社、2017年）などがある。

高久智広（たかく・ともひろ）

1972年生まれ。総合研究大学院大学日本歴史専攻満期退学。現在、神戸市立博物館学芸員・事業係長。

主な著作に、『紀州藩士酒井伴四郎関係文書』（編著。清文堂、2014年）、『開国への潮流』（編著。神戸市立博物館、2017年）などがある。

中西裕樹（なかにし・ゆうき）

1972年生まれ。立命館大学文学部史学科日本史学専攻卒業。現在、高槻市教育委員会文化財課主幹。

主な著作に、『大阪府中世城館事典』（戎光祥出版、2015年）、『飯盛山城と三好長慶』（編著。戎光祥出版、2015年）などがある。

装丁：川本　要

戎光祥近代史論集1
幕末《ばくまつ》の大阪湾《おおさかわん》と台場《だいば》
海防《かいぼう》に沸《わ》き立《た》つ列島社会《れっとうしゃかい》

二〇一八年八月一日　初版初刷発行

編　者　後藤敦史　高久智広　中西裕樹
発行者　伊藤光祥
発行所　戎光祥出版株式会社
〒一〇二―〇〇八三
東京都千代田区麹町一―七　相互半蔵門ビル八階
電　話　〇三―五二七五―三三六一(代)
FAX　〇三―五二七五―三三六五
編集協力　株式会社イズシエ・コーポレーション
印刷・製本　モリモト印刷株式会社

https://www.ebisukosyo.co.jp
info@ebisukosyo.co.jp

ISBN978-4-86403-295-7